Ronald Langner, Timo Luks, Anette Schlimm,
Gregor Straube, Dirk Thomaschke (Hg.)

Ordnungen des Denkens

Verhandlungen mit der Gegenwart

herausgegeben im Auftrag von *Denkräume e. V.*
von

Mario Goldmann, Martin Krol, Timo Luks,
Michael Matzky-Eilers und Gregor Straube

Wissenschaftlicher Beirat:
Prof. Dr. Thomas Alkemeyer (Oldenburg),
Prof. Dr. Thomas Etzemüller (Oldenburg),
Prof. Dr. Gerhard Kraiker (Oldenburg),
PD Dr. Susanne Krasmann (Hamburg),
PD Dr. Reinhard Kreissl (München),
Prof. Dr. Bernhard Pörksen (Hamburg),
Prof. Dr. Silke Wenk (Oldenburg)

Band 2

LIT

Ronald Langner, Timo Luks, Anette Schlimm,
Gregor Straube, Dirk Thomaschke (Hg.)

Ordnungen des Denkens

Debatten um Wissenschaftstheorie und Erkenntniskritik

LIT

Gedruckt mit der freundlichen Unterstützung der EWE-Stiftung

Bibliografische Information der Deutschen Nationalbibliothek
Die Deutsche Nationalbibliothek verzeichnet diese Publikation in der
Deutschen Nationalbibliografie; detaillierte bibliografische Daten sind
im Internet über http://dnb.d-nb.de abrufbar.

ISBN 978-3-8258-0358-2

© LIT VERLAG Dr. W. Hopf Berlin 2007
Chausseestr. 128 – 129
D-10115 Berlin

Auslieferung:
LIT Verlag Fresnostr. 2, D-48159 Münster
Tel. +49 (0) 2 51/620 32 - 22, Fax +49 (0) 2 51/922 60 99, e-Mail: lit@lit-verlag.de

Über die Reihe

Die Reihe „Verhandlungen mit der Gegenwart" bietet ein Forum für kultur- und gesellschaftswissenschaftliche Diskussionen, die eine problembezogene Analyse wissenschaftlicher und kultureller Praktiken und Formationen unternehmen. Im Sinne einer Archäologie der Gegenwart geht es in dieser Reihe um die Problematisierung von Selbstverständlichkeiten.

In den Blick genommen werden dabei konkrete Formationen der Wissensproduktion, ihr Verhältnis zu Praktiken der Machtausübung, Theorien und ihre Möglichkeiten einer Analyse der Gegenwart sowie die Thematisierung politischer, sozialer oder ästhetischer Phänomene in ihrer Gegenwartsrelevanz.

Grundlegend ist eine wissenschaftliche Praxis, die sich selbstreflexiv in die Analyse ihres Gegenstandes einzubeziehen weiß und im Bewusstsein der Beobachterabhängigkeit von Erkenntnis und der Perspektivität des Wissens eine theoretische, methodische und disziplinäre Offenheit anstrebt. Gemeinsamer Ausgangspunkt der in der Reihe erscheinenden Beiträge ist daher der Blick auf diejenigen Diskurse und Praktiken, die gegenwärtiges Denken und Handeln ermöglichen, strukturieren und transformieren.

Inhalt

Einleitung der HerausgeberInnen   5

I. Epistemologische Grundlagen

Kasra Seirafi
Die Krise des Subjekts als Grundlage neuerer Wissenschaftstheorie   13

David Kaldewey
Die Form der Realität   25

Dirk Thomaschke
Ästhetische Elemente in (post)moderner Gesellschaftswissenschaft   37

Roman Eichler
„Chaos mit System?" Ein Blick auf die Zusammenhänge von ‚Chaosforschung' und soziologischer Systemtheorie   49

Tanja Maier
Forschende, die auch Zuschauende sind   61

Claas Wehlen
Wissenschaftsverständnis von Schülerinnen und Schülern und Möglichkeiten zur Veränderung   73

II. Techniken und Strategien der Sichtbarmachung

Stefan Meißner
Wahrheit oder Plausibilität? Mögliche Konsequenzen in der Wissenschaft   87

Anette Schlimm
Das „epistemische Ding" Bevölkerung. Möglichkeiten einer kulturgeschichtlichen Betrachtung der Bevölkerungswissenschaft   97

René Thun
Biomusicology. Wege, Abwege, Irrwege   109

Hans-Jörg Schulz/Thomas Nocke
Maschinelle Datenanalyse im Informationszeitalter – können oder müssen wir ihr vertrauen?   121

Rainer Grübel
Dialogik vs. Dialektik. Kreative Spannungen zwischen Reden und Denken   133

Reto Holzner
Faszination Chaos   153

III. Ordnungen des Sozialen

Andreas Schneider
Sehnsucht nach Harmonie und Ganzheit. Friedrich Meineckes „Die deutsche Katastrophe" und das Ordnungsdenken der Klassischen Moderne   165

Timo Luks
Wissenschaftliche Expertise im Angesicht der „lebenden Toten". George A. Romeros „Trilogy of the Dead" (1968–1985)   175

IV. Körper und Geschlecht

Josch Hoenes
„Im falschen Körper". Ambivalenzen einer Metapher   189

Silke Förschler
Die durchsichtige Burka. Orientalismen in der Gegenwartskultur am Beispiel von „Submission Part I"   201

Gregor Straube
Geschlechterpädagogische Jugendarbeit – Theorien, Konzepte, Praxis   213

V. Ethisches Handeln/Politik des Wissens

Nina von Dahlern
Judith Butler und die Möglichkeiten des ethischen Handelns – eine Einordnung der Probleme der Motivation und der Urteilskraft   227

Daniel Schubbe
Wissenschaftskritische Aspekte im politischen Denken Hannah Arendts   237

Janine Böckelmann
Leben ist immer politisch. Zur Ontologie Giorgio Agambens   249

Frank Meier
Aufstand des Denkens. Denkordnung, Wahrheits-Ereignis und logische Revolte bei Alain Badiou   259

Antke Engel
Unter Verzicht auf Autorisierung. Foucaults Begriff der Akzeptanz und der Status des Wissens in queerer Theorie und Bewegung   269

Zu den AutorInnen   287

Ronald Langner, Timo Luks, Anette Schlimm, Gregor Straube, Dirk Thomaschke

Einleitung

Die wissenschaftliche Tätigkeit ist am Beginn des 21. Jahrhunderts zunehmender Skepsis am Wahrheitsanspruch ihres Wissens ausgesetzt. Unter diesem Leitmotiv stand die dritte von *Denkräume e.V.* 2005 an der Carl von Ossietzky Universität Oldenburg veranstaltete Tagung. Diskussionen über die Grundlagen des eigenen Tuns erwecken für Außenstehende in der Regel den Eindruck eines Zustands der Orientierungslosigkeit oder gar der Dissipation. Für ein erfolgreiches Fortbestehen der Wissenschaft erscheint es kaum wünschenswert, Zweifel an der Wissensproduktion anzumelden, bzw. sollte dies allerhöchstens ein Vorgang von vorübergehender Dauer sein. Es erwies sich in den Vorträgen und Gesprächen der Tagung jedoch, dass dieses Rütteln an den Fundamenten der Wissenschaften keineswegs in erkenntnishemmende und letztlich autodestruktive Bahnen führen muss. Ohnehin stellt es sich keinem wissenschaftlich Interessierten als herausragendes Novum oder besondere Eigenschaft nur der modernen Wissenschaften dar, vorliegende Wahrheiten und den Status des überkommenen Wissens in Frage zu stellen. Vielmehr handelt es sich hierbei um einen originären Entstehungsgrund von Wissenschaft überhaupt. Die Produktion der in diesem Band versammelten Arbeiten steht jedoch vor einer neuen Qualität dieser Frage nach dem Geltungsanspruch: Beginnt die wissenschaftliche Tätigkeit ausschließlich bei der Skepsis gegenüber dem Wissen und seinen Grundlagen oder endet sie dort auch? Richtet sich der disziplinierte Durchlauf der Selbstkritik nur auf letztlich gesicherte Endergebnisse oder führt er in prinzipielle Unabgeschlossenheit? Auch wenn gegenüber dieser Ausgangsfrage in den nachfolgenden Beiträgen sicherlich kontroverse Positionen eingenommen werden, begründete sie zahlreiche Ein- und Ausblicke anregender Wissenschaft. Dabei werden verschiedene Wege jenseits eines klassischen Wahrheitsglaubens aufgezeigt, die trotz des Verlusts allseits gesicherter Zwecke nicht in die Orientierungslosigkeit führen.

Das breite thematische Spektrum der durchgehend theoretisch inspirierten Vorträge lässt sich durch einige Kunstgriffe in Ordnungen bringen. Dabei stellt die Strukturierung dieser Dokumentation nur eine von vielen denkbaren Ordnungen des Denkens dar. Die gewählte Gliederung lädt eher zum Durchkreuzen als zum unhinterfragten Nachvollzug ein. Wie die Sinnangebote der Texte selbst kann auch ihre Kontextualisierung kaum mehr zur Verabsolutierung des produzierten Wissens dienen.

Wissen – Denken – Strukturierungen

Der erste Abschnitt versammelt sechs Beiträge, die sich von sehr heterogenen Ausgangspunkten aus damit beschäftigen, wie Wissen und seine Hervorbringung strukturiert sind. Die wissenschaftlichen und gesellschaftlichen Voraussetzungen und Folgen dieser Strukturierungsformen werden aus unterschiedlichen Perspektiven beleuchtet. Zu Beginn geht *Kasra Seirafi* den Chancen und Risiken eines ‚postmodernen' Erkenntnissubjekts für neuere Ansätze der Wissenschaftstheorie nach. Dabei zeichnet Seirafi nicht nur die Entwicklungen nach, die zu einer veränderten Vorstellung des Subjekts geführt haben, sondern deutet zugleich Konsequenzen dieser Subjektkonstituierung für die Ethik an. *David Kaldewey* setzt an der bereits klassischen Debatte um Konstruktivismus und Realismus an und führt vor, wie die Konstruktion von Realität in der luhmannschen Systemtheorie immer wieder auf die ‚Innenseite einer Zweiseitenform' zurückführt. Im Aufsatz von *Dirk Thomaschke* wird die wissenschaftliche Wahrheit von ästhetischen Gesichtspunkten aus konzeptualisiert. Die gesellschaftlichen Voraussetzungen und die wissenschaftlichen Bedingungen eines ästhetischen Wahrheitsverständnisses erarbeitet Thomaschke im Zusammenspiel der Theorieauffassungen von Wolfgang Welsch, Niklas Luhmann und der ‚Postmoderne'. *Roman Eichler* beschäftigt sich mit der Diffusion wissenschaftlicher Begrifflichkeiten über ‚Disziplingrenzen' hinweg. Am Fall der Chaostheorie und ihrer Adaption in der Theorie sozialer Systeme stellt er Fragen zu Chancen und Problemen transdisziplinärer Erkenntnissysteme. Aus ganz anderer Perspektive beschäftigt sich *Tanja Maier* mit grundlegenden Strukturen der Erkenntnis: Ihr Ausgangspunkt ist, dass das ‚forschende Individuum' der Medienrezeptionsforschung sich nicht von den eigenen ‚Schaulüsten' frei machen kann. Dabei geht es ihr insbesondere darum, Privates und Wissenschaftliches im Forschungsprozess in produktiver Weise gegeneinander auszuspielen. *Claas Wehlen* geht es schließlich um die Bedingungen, ein relativierendes Wissenschaftsverständnis im naturwissenschaftlichen Schulunterricht zu vermitteln. Auf Grundlage der Chemiedidaktik fordert er, die sozialen und kulturellen Aspekte wissenschaftlicher Arbeit auch im naturwissenschaftlichen Schulunterricht stärker einzubeziehen.

Einleitung

Wissen – Denken – Sichtbarkeit

Auch der zweite Abschnitt befasst sich mit Formen der Wissenserzeugung. Gemeinsam ist diesen Aufsätzen, dass sie sich besonders mit der Frage beschäftigen, wie Wissen als wahr gekennzeichnet wird und so erst den Status von Wissen bekommt. Grundlegende Überlegungen bietet *Stefan Meißner*, der ausgehend von den Problemen postmoderner Erkenntniskritik fragt, wie nach dem ‚Ende der allgemeinen und überzeitlichen Wahrheiten' Wissen überhaupt noch als wahr gelten kann. Paradigmatisch für das Wahrheitsverständnis wird dann der Plausibilitätsbegriff. Am vergleichsweise konkreten Beispiel der deutschen Bevölkerungswissenschaft des 20. Jahrhunderts zeigt *Anette Schlimm*, wie Bevölkerungswissen in enger Verbindung mit der Statistik als wissenschaftlicher Methode entsteht und durch diese Methode zur Wahrheit stabilisiert wird. *René Thun* beschäftigt sich mit dem relativ jungen Ansatz der Biomusicology an der Schnittstelle zwischen Neuro- und Kulturwissenschaft. Er zeigt hierbei exemplarisch auf, wie mit Hilfe naturwissenschaftlicher Methoden geisteswissenschaftliches Wissen einen identischen Wahrheitsstatus erhalten soll, und bietet zwingende Gründe für das Scheitern derartiger Versuche. Besonders sichtbar – nicht zuletzt durch das eindrückliche Anschauungsmaterial – ist das Thema der Autoren *Hans-Jörg Schulz* und *Thomas Nocke*. Sie befassen sich mit der Frage nach der Kooperation von Mensch und Maschine bei der maschinellen Datenauswertung und stellen vor, wie mittels der Methode des Visuellen Data-Minings die Vorteile von Erkenntnissubjekt und Computer bei der Datenverarbeitung genutzt werden können. Der Aufsatz von *Rainer Grübel* stellt zwei Kommunikationsformen an den Anfang seiner Ausführungen: die dialogische und die dialektische. Während die Dialektik vom Denken her argumentiere, beziehe die Dialogik auch unterschiedliche Redeformen mit ein. Nicht allein im Denken, sondern in dessen Zusammenspiel mit Sprache, deren Möglichkeiten er im Feld gegenwärtiger wissenschaftlicher und literarischer Entwicklungen positioniert, verortet Grübel Wahrheit und Wissen. Widersprüche und Schwierigkeiten des sprachlichen Verstehens werden zu produktiven Elementen in Prozessen der Wissensproduktion. Während Grübel seinen Beitrag literaturwissenschaftlich orientiert, konzentriert sich *Reto Holzner* auf naturwissenschaftliche Denkweisen. Die Chaostheorie, die er kursorisch in ihren Implikationen für das gegenwärtige Denken vorstellt, erfordert einen veränderten Wahrheitstypus, der weniger durch exakte Prognostizierbarkeit gekennzeichnet ist als vielmehr durch neue Möglichkeiten, Komplexität handhaben zu können.

Wissen – Ordnung – Gesellschaft

Ordnungen des Denkens bestimmen in besonderem Maße, wie Vorstellungen der sozialen Welt gebildet und ausgestaltet werden. Die Sozialwissenschaften als Forschungslaboratorien des Sozialen spielen eine ebenso wichtige Rolle bei diesem Prozess wie die gesellschaftliche Positionierung, die Wissenschaftlern aufgrund ihres Expertenstatus zugesprochen wird. Während *Andreas Schneider* am Beispiel von Friedrich Meineckes „Die deutsche Katastrophe" beschreibt, wie das Verlangen nach geordneter Gemeinschaft die wissenschaftliche Analyse gesellschaftlicher Vorgänge in der unmittelbaren Nachkriegszeit determiniert, analysiert *Timo Luks* die Rolle des Wissenschaftlers im gesellschaftlichen Setting an einer Reihe von Horrorfilmen George A. Romeros und bezieht hierbei neben massenmedialen Repräsentationen durch und im Film ebenso eine diachrone Perspektive mit ein. In beiden Fällen gerät in den Blick, dass und wie wissenschaftliche und mediale Repräsentationen sozialer Ordnung ihrerseits Realitätseffekte zeitigen, d.h. in jeweils konkreter Weise an der Realisierung des Sozialen teilhaben.

Wissen – Körper – Geschlecht

Wissenschaftliches und soziales Wissen ist immer auch vergeschlechtlichtes Wissen. In dieser Perspektive erscheint der Körper, als Medium von Geschlecht und Identität, als wichtige Determinante von Wissen und Erkenntnis. Dieser Perspektive geht *Josch Hoenes* in seinem Aufsatz nach, indem er die Metapher des „Im-falschen-Körper-Seins" auf ihre ambivalenten Effekte hin befragt, die im (wissenschaftlichen) Umgang mit Transsexualität hervortreten. *Silke Förschler* stellt in ihrer Analyse des Films „Submission Part I" von Theo van Gogh die zeitgenössischen Orientalismen in den Mittelpunkt und zeigt so die vielfältigen Wechselbeziehungen von eigener und fremder kultureller Identität auf. *Gregor Straube* befasst sich im Anschluss an die theoretischen Debatten des Geschlechterkonstruktivismus mit den praktischen Implikationen der Gegenüberstellung von Sex und Gender. Es stellt sich die Frage, welche Auswirkung die theoretische Perspektive in der geschlechterpädagogischen Jugendarbeit haben kann und sollte.

Einleitung

Wissen – Handeln – Gesellschaft

Wissen ist nicht nur in seiner Entstehung, sondern auch in seiner Funktion als Handlungsorientierung nie von gesellschaftlichen Interessen und Zusammenhängen zu trennen. Wie aus einem reflektierten Umgang mit wissenschaftlicher Erkenntnis neue Handlungsperspektiven gewonnen werden können, fragen die Autorinnen und Autoren des letzten Abschnitts. *Nina von Dahlern* beleuchtet in ihrem Aufsatz die ethische Dimension von Judith Butlers „Kritik der ethischen Gewalt". Dabei stellt sie die Frage, wie sich Butler durch einen veränderten Subjektbegriff der ethischen Perspektive entzieht und ob ein ethisches Handeln im Anschluss an ihre theoretische Problematisierung von Ethik überhaupt möglich ist. *Daniel Schubbe* befragt Hannah Arendts Werk auf wissenschaftskritische Aspekte und kommt so zu der Folgerung, dass wissenschaftliche Erkenntnis, so sie denn alleine steht, politisches und damit gesellschaftliches Handeln erschwert oder sogar vollkommen verunmöglicht. Giorgio Agamben ist der theoretische Bezugspunkt von *Janine Böckelmann*. Ausgehend von dessen Ontologie des homo sacer betont Böckelmann den ambivalenten Charakter der politischen Handlungsfähigkeit im Spannungsfeld von Fremd- und Selbstbestimmung des Menschen. Das Wahrheitsereignis stellt in der politischen Theorie Alain Badious, die von *Frank Meier* präsentiert wird, die Möglichkeit dar, sich von der politischen Philosophie zu verabschieden, um die Handlungsperspektive zu stärken. Durch diese ‚Wahrheitsereignisse' können gesellschaftliche Machtstrukturen nicht nur theoretisch hinterfragt, sondern auch politisch bekämpft werden. Wie ist gesellschaftliches Handeln möglich, so fragt *Antke Engel*, wenn im Anschluss an die Queer-Theory auf fixe Identitäten verzichtet wird? Ihre Schlussfolgerung ist, dass der Verzicht auf Allgemeinansprüche Handeln keineswegs verunmöglicht, sondern in erster Linie gesellschaftliche Machtverhältnisse flüssig halten kann.

Es bleibt zu wünschen, dass der vorliegende Band nicht nur zu einem anregenden Dialog unterschiedlicher Fächer führt, sondern auch über die theoretische Perspektive hinausgeht, um Erkenntniskritik zu einer gesellschaftlichen Kraft zu machen.

I.
Epistemologische Grundlagen

Kasra Seirafi

Die Krise des Subjekts als Grundlage neuerer Wissenschaftstheorie

Die Ordnungen des Denkens sind von den Denkenden nicht zu trennen. Wissenschaft nicht vom Subjekt des Wissens, nicht von den WissenschaftlerInnen und ihrem Kontext. Doch was, wenn dieses Subjekt keines ist? Zumindest durch keinen eindeutigen Signifikanten mehr fixierbar ist? Wenn das Subjekt nicht mehr die solide Identität darstellt, die sich als scharfe Trennung zur Objektwelt konstituiert und dadurch die ontologische Unzweideutigkeit rationaler Wissenschaft absichert? Was, wenn die Entstehung von Wissen ein Subjekt hat, das in sich fragmentiert, in heteronomen, netzwerkartigen Strukturen zersplittert ist – und schon lange nicht mehr einfach nur aus „Menschen" besteht? Ich werde versuchen, diese Fragen neuerer Wissenschaftstheorie über die Krise des neuzeitlichen Subjekts – von seinen Anfängen bei Descartes und Kant, dann entlang der Fundamentalkritik bei Nietzsche und der Weiterführung im Poststrukturalismus – darzustellen. Mein Abriss dieser dekonstruktiven „Entwicklung" abendländischer Philosophie mündet in dem wissenschaftstheoretischen Ansatz von John Law und der *Actor-Network-Theory* (ANT). Ich werde aufzeigen, wie diese Herangehensweise an das wissenschaftliche Feld strukturell an den klassischen Subjektbegriff und dessen neuzeitliche Dekonstruktion gebunden ist. Zuletzt versuche ich, die Gefahr der Suspension des Ethischen im wissenschaftstheoretischen Zugang zu problematisieren und auf eine offene Problemstellung hinzuweisen: die kritische Reflexion normativer Grundlagen im Kontext poststrukturalistischer Wissenschaftstheorie.

Actor-Network-Theory

Im Rahmen der ANT werden wissenschaftliche Erkenntnis und technische Innovation als eingebettet in komplexen und heterogenen sozialen Feldern verstanden. Entstanden ist die ANT aus der *Wissenschaftsforschung*, d.h. der sozialwissenschaftlich-empirischen Untersuchung von Wissenschafts- und Innovationsprozessen. Diese Untersuchungen des Entstehens von Wissen eröffnen einen Blick auch auf die *hard sciences*: gerade hier gelte es zu sehen, dass Wissen nicht im objektiven, luftleeren Raum entsteht, sondern in einem sozial vernetzten, höchst selektiven und performativen Umfeld sich konstituiert. Bestimmte Untersuchungswerkzeuge (im Labor), sich spezialisierende Schulbildungen und Konkurrenzsituationen (in Kontroversen), eigene Reputations- und Anerkennungsregeln, die Orientierung an pragmatischen „does it work"-Strategien (statt am Wahr-Falsch-Paradigma) oder die ständige und notwendige Akkumulation von bereits erzeugtem Wissen verweisen darauf, dass Wissenschaft die Welt nicht aus einer unabhängigen Position heraus abbildet, sondern performativ erzeugt. Der Begriff der Konstruktion wird also nicht direkt aus einem theoretischen Diskurs abgeleitet, sondern aus der empirischen Praxis der Wissenschaftsforschung. Rund um John Law, Bruno Latour und Michael Callon entstanden so theoretische Konzeptionen und Reflexionen dieser sozialwissenschaftlichen Wissenschaftsforschung. Die daraus evolvierten Begriffe wie „Netzwerke", „Hybridität", „Effekt" oder „multiple Welten" deuten schon auf einen Gegensatz zur klassischen Theoriebildung hin, für die Hierarchie, deduktive Ordnung oder Linearität zentrale Orientierungsmarken bildeten. Die politisch-gesellschaftliche Transformation vom nationalstaatlichen Modell des 19. und 20. Jahrhunderts, welches von Entgegensetzung, Ausschluss, Separation und Linearität geprägt war, hin zu einer globalen Weltordnung der Komplexität, Vernetzung und Unvorhersehbarkeit durchzieht auch die Wissenschaften und den philosophischen Diskurs (vgl. Law/Urry 2003: 6f.).

Zwischen klassischer Abbildungs- oder Korrespondenztheorie einerseits und der Beschreibung von Wissenschaft als kontextabhängiger Konstruktion multipler Welten andererseits klafft eine Lücke; ein Bruch, der vor allem im Blick auf die Subjektkategorie deutlich wird.

Wie ist nun die Herangehensweise an Wissenschaft in der neueren Wissenschaftstheorie bzw. der ANT? Die Leitfrage traditioneller Herangehensweisen wird um eine entscheidende Nuance verschoben: „Was *ist* wissenschaftliche Erkenntnis?" wird transponiert zu: „Wie *entsteht* wissenschaftliche Erkenntnis?" Welche sozialen Faktoren, Akteure, Elemente, Strukturen bestimmen das, was wir die Wissenschaft nennen? Das Verorten wissenschaftlicher Produktionsprozesse im sozialen Raum[1] bringt freilich eine Implikation, die mit einer enormen Folgelast belegt ist: Wer nach Wissenschaft fragt, kauft die Frage nach dem Sozialen gleich mit ein. Die ANT geht hier

---

[1] Eine Verbindung, die – mittels Erschaffung formalisierter Sprachen und institutioneller Abschottung – beharrlich zu entkoppeln versucht wurde. Die frühe analytische Philosophie und ihre Emphase auf Korrektur und Aufhebung der unvollkommenen Alltagssprache in formalen Kalkülen sind theoretische Begleiter und ideologische Exponenten dieser Entwicklung.

davon aus, dass soziale Einheiten (Menschen, Organisationen) „Effekte heterogener Netzwerke" sind. Diese Netzwerke setzen sich aus – miteinander in Beziehung stehenden – materialen Elementen zusammen, die auf bestimmte Art und Weise geordnet und kontrolliert werden müssen, um bestimmte soziale Ordnungen hervorzubringen. Wissenschaft und Kommunikation wären nicht möglich ohne materielle Medien, die untereinander in Beziehung stehen: Messinstrumente, Labors, Experimentierszenarien, Fachzeitschriften usw. sind notwendige Faktoren, um etwa einen Wissenschaftsbetrieb, und somit Wissenschaft überhaupt zu ermöglichen. Dabei legt sich die ANT nicht auf einen platten technizistischen Materialismus fest, sondern nimmt gerade auch den Menschen, als Teil verschränkter Netzwerke, in ihre Theorie auf. Oder, um die Emphase dieser Theorie herauszustreichen (und den Technizismus gewissermaßen doch zu radikalisieren): der Mensch ist *nur* ein Teil. Computer, Laborinstrumente, WissenschaftlerInnen, InstitutsleiterInnen, ZeitungsredakteurInnen, Papier, Zeitungen, Bücher, Texte sind alle im Prinzip gleichberechtigte (und gleichzeitig verschiedene) Elemente komplexer Netzwerke, welche, in eine bestimmte Ordnung gebracht, Wissenschaft als Effekt erst hervorbringen. Diese Idee nun, auf die soziale Ordnung generalisiert, ergibt den Kern der ANT:

> „If human beings form a social network it is not because they interact with other human beings. It is because they interact with human beings and endless other materials too. And, just as human beings have their preferences – they prefer to interact in certain ways rather than in others – so too do the other materials that make up the heterogeneous networks of the social. Machines, architectures, clothes, texts – all contribute to the pattering of the social. And [...] if these materials were to disappear then so too would what we sometimes call the social order." (Law 1992: 3)

Das bringt uns auch schon zur Transformation der Subjektkategorie, die ich zunächst (unerlaubt vereinfachend) mit dem „Menschen" gleichsetze. So ist Law hier einer Denkweise verhaftet, die von einer Überwindung und immanenter Kritik an Dualismen, Entgegensetzungen oder Ausschlüssen ausgeht (und Dekonstruktion oder Poststrukturalismus genannt wird). Beim Dualismus Mensch/Technik oder Mensch/Umwelt (ein Gegensatz. der im Subjekt/Objekt-Dualismus und der neuzeitlichen Hierarchisierung als solcher begründet liegt) wird dies am deutlichsten. Der Unterschied zwischen Mensch und Maschine wird als prinzipieller verworfen, denn wie diese ist jener nichts anderes als ein „effect generated by a network of heterogeneous, interacting, materials" (ebd.: 4).[2]

Die soziale Welt als Effekt komplexer Netzwerke verschiedenster heterogener Elemente, von denen der Mensch auch nur eines ist, weist schon auf die Transformation des Subjektbegriffes hin. Anstatt den Menschen als autonomes, von seiner Umwelt unabhängiges Wesen zu sehen, wird er hier ein Akteur und Effekt in heterogenen Netzwerken. Ein/e Wissenschaftler/in ist verwoben mit unzähligen anderen sozialen Elementen und Materialien. Sie sind es, die Wissenschaftler als solche ausmachen: der/die Wissenschaftler/in als Subjekt der Wissenschaft ist nicht genialer Ursprung des Fortschritts, sondern eine fragmentierte Verknüpfung miteinander verschränkter Elemente. Law schreibt über sich selbst:

> „If you took away my computer, my colleagues, my office, my books, my desk, my telephone I wouldn't be a sociologist writing papers, delivering lectures, and producing 'knowledge'. I'd be something quite other – and the same is true for all of us." (ebd.)

Herkunft und Auflösung des autonomen Subjekts

Diese Herangehensweise kann letztlich nur im Rahmen einer Krise des Subjekts verstanden werden, die gerade da einsetzt, wo dieses Subjekt konstituiert wird. Aufklärung und Humanismus konstituieren sich auf der Basis der Emanzipation des Menschen von Natur, durch das strukturierte Wissen über sie, durch Beherrschung, Kontrolle, rationelle Verfügbarkeit. Diese Befreiung durch Vernunft wurde durch das autonome, sich von der Außenwelt unterscheidbare Subjekt legitimiert wie ermöglicht. Erst die irreduzible Differenz zum Objekt, die Abschottung von der Welt, bringt es hervor: Das Subjekt ist ein Abstand, eine Distanz (vgl. Brennan 1996; Bordo 1987).

---

[2] Worauf ich hier nicht näher eingehen werde, ist die Frage, wie und wieso eine Ansammlung von verschiedenen, mit vielen Potentialitäten ausgestatteten Elementen überhaupt längerfristig relativ stabil bleibt und sich zumindest temporär strukturieren kann. Die ANT sucht den Grund derartiger Stabilisierungen nicht simplifizierend in einer besseren Erkenntnis der Wirklichkeit, d.h. einer objektiv bestimmbaren Überlegenheit, sondern sie versucht die Verdichtung bestimmter Interpretationen zu hegemonialen Fakten anhand sozialer Prozesse zu erklären (vgl. Bijker/Pinch 1984).

Krise des Subjekts

In Descartes' „Meditationen" finden wir die bekannte Reduktion aller empirischer und sozialer Wirklichkeit hin zum rationellen Nullpunkt von Erkenntnis, der zwar ein radikales Zweifeln ist, damit jedoch auch den vernünftig-logischen Kern von Erkennen, Handeln und Sein ankündigt. Auch bei Kant sollte das Subjekt die „Bedingung der Möglichkeit von Erkenntnis" sein. Beide Denkweisen versuchen, dem vorgängigen, allem zugrunde liegenden Subjekt – mittels der Methode der Reduktion – auf die Schliche zu kommen. Descartes in den „Meditationen" und Kant im Deduktionskapitel der „Kritik der reinen Vernunft" für das erkennende und in der „Grundlegung zur Metaphysik der Sitten" für das handelnde Subjekt. Sie versuchen über diese Reduktion aller empirischen, äußeren Einflüsse, ein Subjekt zu fixieren, welches als unabhängiger Ausgangspunkt von Erkenntnis und Handeln bestimmbar wäre. Beide scheitern: Descartes bringt es zum radikalen Zweifel, der zwar die Existenz eines zweifelnden Subjektes nachweist, jedoch von da ausgehend nur über den Umweg einer Konzeption Gottes zum konkreten Subjekt (und Objekt) zurückkommt. Bei Kant ist das Scheitern eher schon Programm, also bewusst und methodisch. Das Subjekt kann sich material gar nicht sicher bestimmen, das gilt für seine konkreten Handlungsmaximen genauso wie für seine Selbsterkenntnis: in der „Kritik der reinen Vernunft" zeigt Kant die Unmöglichkeit des Subjekts auf, sich selbst voll zu durchschauen und als eine bleibende Substanz zu bestimmen. Eine essentialistische, inhaltliche Bestimmung des Subjekts, seine ontologische Fundierung, ist bei Kant letztlich unmöglich, da das Subjekt, dem Erkennen reflexiv vorgelagert, sich immer im Rücken liegt. Gegen die Vorstellung einer naiven Aufklärungsideologie, das Subjekt mit einer omnipotenten Erkenntnisfähigkeit auszustatten, zeigt Kant die methodische Unmöglichkeit des Subjekts gerade sich selbst zu bestimmen. Dieses Scheitern ist jedoch nicht ein korrigierbarer Fehler des Subjekts, sondern eine konstitutive Verfehlung, die das Subjekt selbst überhaupt möglich macht.[3] In seiner praktischen Philosophie ergibt eine genauere Analyse des kategorischen Imperativs, dass dieser gerade aus der Unmöglichkeit resultiert, konkrete menschliche Tugenden zu fixieren. Die Krise der menschlichen Identität führt zur

---

[3] Hundert Jahre später weist Nietzsche (1980: 73) auf den dekonstruktiven Gestus der kantischen Philosophie hin: „Kant wollte im Grunde beweisen, dass vom Subjekt aus das Subjekt nicht bewiesen werden könne." Wobei Nietzsche dann gleich anhängt: „das Objekt auch nicht."

abstrahierenden Formalisierung des „Sittengesetzes", das nicht essentialistisch bestimmt, was zu tun ist, sondern eher ein Versuch darstellt, die Fragilität des Subjekts zu organisieren.[4]

In der späteren philosophischen Entwicklung kommt es in marxistischen und psychoanalytischen Strömungen zu einer dezidierten Konterkarierung des autonomen Subjekts:[5] einmal wird es auf das Wesen der Ökonomie, einmal auf den Trieb reduziert. Freilich waren bei Marx der Klassenkampf und die Befreiung des unterdrückten Subjekts entscheidend, jedoch letztlich nur aufgrund objektiver, ökonomischer Ursachen und Notwendigkeiten. Bei Freud war über die Sublimierung des Triebes zwar rationale Subjektivierung möglich, das Subjekt, als im Vorfeld gegebenes, stabiles Wesen, wird jedoch aufgegeben. Auch das Aufkommen des Existentialismus ist hierfür paradigmatisch. Sein berühmter Leitsatz „Existenz vor Essenz" bedeutet nichts anderes als die Unmöglichkeit, ein festes Wesen des Menschen bestimmen zu können: es wird immer neu erschaffen und konstruiert. Das Sein des Menschen geht, nach Sartre, immer über sich hinaus, es ist „ekstatisch", grundsätzlich veränderbar und dynamisch, nicht festgelegt oder von einem essentialistischen Wesen determiniert. Andererseits wird in den formallogischen Kalkülen der (frühen) analytischen Philosophie das Subjekt (vor allem das das sprachliche) gewissermaßen wegrationalisiert. Schon bei Frege (2002) wird die Struktur von Subjekt-Prädikat durch Funktion-Argument ersetzt. Das klassische Satzsubjekt wird in Asymmetrie zu allgemeinen Kennzeichnungen gesetzt: Die Bedeutung von „Sokrates ist weise" (S ist W) kann hier nur mehr als Funktion Wx, die „gesättigt" werden muss, verstanden werden. Was ehemals Subjekt war, wird zum „Funktions-Prädikat".

Der Poststrukturalismus scheint umgekehrt den Weg über eine Rationalitäts*kritik* zu gehen. Rationalität wird als ausschließende Operation verstanden: Jeder rationale Begriff schließt eo ipso etwas „anderes" aus. Jede Identität konstituiert sich als „binäre Opposition" (Derrida) zu etwas anderem.

---

[4] Ich habe dies an anderer Stelle „Ethik als Differenz" genannt (vgl. Seirafi 2006).

[5] Hegels Projekt, in der das Subjekt rekonstruiert wird, blende ich hier aus. Obwohl es durchaus subjektkritische Elemente und verschiedene Lesarten gibt, mündet seine Herangehensweise letztlich durchaus in eine Totalisierung des Subjektbegriffs als logozentristische Bewegung, die man „Begierde des Logos" nennen könnte (vgl. Seirafi 2005).

Krise des Subjekts

Die Beziehung zum „Anderen" wird nicht nur als Abgrenzung zu einem Außen, sondern auch als *hierarchisches Gefälle* strukturiert: Mann/Frau, Mensch/Natur, Abendland/Orient, Vernunft/Wahnsinn usw. Spätestens im Bereich sozialer Identitäten wird dies problematisch, da vermeintlich bloß deskriptive Begriffe wie Mann, Mensch, Nation, Rasse oder Klasse Ausschlussmechanismen wie Rassismen, Sexismen usw. produzieren.

Letztere Konzeption wird klarer, wenn wir wieder einen Blick zurück auf Nietzsche werfen; dieser formuliert eine radikale Deontologisierung der Welt, also das Verwerfen der Idee eines objektiv-eindeutigen Seins, das bloß richtig erkannt werden müsse. Die Welt stellt sich eher als ein vielschichtiges, konstruiertes Begriffsnetz dar, dessen Struktur abhängig von verschiedensten Faktoren, Diskursen, Methoden, Werkzeugen, Denkarten und Mächten ist.[6] Und das in dem Sinn, dass sich gewisse (auch wissenschaftliche) Begriffe über die Welt durchsetzen und sich durch ständige Wiederholung und Internalisierung als reales Sein verfestigen und somit fälschlich einen ontologischen Status annehmen.[7]

Aufnahme der Subjektkrisis in Wissenschaftstheorie

Wie eben gezeigt, ist der Begriff des Subjekts durch eine schwere Krise gegangen: Seine Autonomie, Unabhängigkeit, Ursprünglichkeit und Reinheit wurden eingebüßt. In diesem Kontext und strukturell an diese Entwicklung andockend, stehen neuere wissenschaftstheoretische Ansätze wie die ANT.

Die eine Welt, die hinter den Erscheinungen liegen soll, wird bei Nietzsche, wie gezeigt, vollends verabschiedet. So weit geht die ANT jedoch nicht. Weder sind wissenschaftliche Begriffe als solche Lügen, noch ist Wissenschaft eine creatio ex nihilo, die aus sich heraus in einer omnipotenten Geste Realität setzt. Stattdessen ist sie ein „relationaler Effekt", der das Materielle

---

[6] Alle begrifflichen Konstruktionen und wissenschaftlichen Wahrheiten werden hier zu einem „bewegliche[n] Heer von Metaphern", „Illusionen, von denen man vergessen hat, dass sie welche sind." (Nietzsche 1988: 880f.)

[7] Die postmoderne feministische Kritik hat diesen Gedanken wieder aufgenommen und gezeigt, wie hegemoniale Begriffe sowie die mit ihnen konnotierten Bedeutungen keine natürlich gegebenen Tatsachen, sondern vielmehr Effekte naturalisierender Machtdiskurse sind.

(oder die Natur) mit dem Sozialen verbindet. Wissenschaft ist „performativ", womit eine Abwendung von korrespondenztheoretischen Zugängen gemeint ist; Wissenschaft bringt Realität überhaupt erst hervor, sie ist ontologisch konstituierend anstatt nur erkenntnistheoretisch reflexiv. Dies äußert sich sowohl darin, dass besonders sozialwissenschaftliche Forschung Tatsachen erst erschafft, als auch in dem Faktum, dass diese auf die soziale Welt einwirken und sie verändern (vgl. Law/Urry 2003).[8]

Das Verwerfen der Korrespondenztheorie gefährdet auch die Dualität von Subjekt und Objekt: Das menschliche Subjekt ist nicht mehr bloß durch eine Polarisierung und Abgrenzung zu seiner Umwelt konstituiert, sondern in einer fluktuierenden Verbindung verschiedenster Elemente strukturiert. Es weitet sich aus und verliert sich gleichzeitig.

Bei John Laws Bemerkungen zur ANT ist in der Tiefenstruktur das Konzept des Menschen ebenfalls zentral und durch eine Abgrenzung zum klassischen Subjektbegriff in drei Schritten vollzogen. Das Soziale ist erstens als Netzwerk viel mehr als nur ein Zusammenschluss von Menschen: „[T]hese networks are composed not only of people, but also of machines, animals, texts, money, architectures – any material that you care to mention. So the argument is that the stuff of the social isn't simply human. It is all these other materials too." (Law 1992: 2) Die Dinge, die Materialien, die Werkzeuge des Menschen sind demnach nicht bloße Attribute eines humanen Nukleus, sondern seine integrativen Elemente. Wenn zweitens Dinge jedoch nicht mehr bloße Attribute des Sozialen sind, sondern notwendig dieses mit ausmachen, so gibt es eigentlich keinen signifikanten Unterschied mehr zwischen Ding und Mensch. Die ANT bestreitet „that there is a difference in kind between people on the one hand, and objects on the other. It denies that people are necessarily special." (ebd.: 4) Damit ist der Mensch, das Subjekt, in die Komplexität der sozialen Netzwerke eingebunden und wird somit eine dynamisch bestimmte und veränderbare Instanz. Noch deutlicher wird der Zusammenhang zur Subjektkrise im letzten Schritt, bei der Auflösung von Subjekt und Außen. Hier wird das Subjekt endgültig als „effect,

---

[8] Der Ansatz ist jedoch nicht ein radikal konstruktivistischer. Zentral ist nämlich nicht die materielle Erschaffung der Welt, sondern die Tatsache, dass Realität immer nur als sozial explorierte zu denken ist, dass also das Materielle und das Soziale immer in Wechselbeziehung stehen, das eine nicht vom anderen zu isolieren ist.

generated by a network of heterogeneous, interacting materials" (ebd.) entsubstantialisiert. Kein „intelligibles" Subjekt ist dem Sozialen vorgelagert. Der Mensch ist ein dynamischer Prozess, der ständig über und in seinen ihn konstituierenden Netzwerken remodelliert und verändert werden kann und wird. Das menschliche Subjekt ist kein Substantiell-Seiendes, sondern eine kontingente Seinsweise.

Eine mögliche Kritik könnte einwenden, dass der Verlust eines essentiellen Kerns des Menschen und die Aufhebung aller Grenzen zwischen Menschen und Dingen zu einem wütenden Nihilismus führen. Auch Law (ebd.) nimmt dazu Stellung und durchtrennt jede Verbindung zu ethischen und moralischen Diskursen qua Eigendefinition der ANT. Sie sei rein analytisch und deskriptiv, nur an Beschreibung, nicht an Wertung oder moralischen Urteilen interessiert: „To say that there is no fundamental difference between people and objects is an analytical stance, not an ethical position." Um daher Menschen nicht gewisse Rechte und Pflichten abzusprechen, sie nicht als bloße „Dinge" zu behandeln, führt Law die Trennung zwischen Ethik und Soziologie ein. Er als Soziologe beschreibt also eine soziale Welt mit hybriden Elementen, die qualitativ nicht unterschieden werden. Ethische Implikationen und Probleme sollen jedoch in einem anderen Ressort oder einer anderen Disziplin aufgefangen und bearbeitet werden: wissenschaftliche Arbeitsteilung als Lösung des Problems. Doch dieser Ansatz ist höchst problematisch. Er macht nicht nur einen neuen Dualismus auf, sondern ignoriert die Wichtigkeit ethischer Überlegungen, die in Betrachtung und Analyse des Sozialen einfließen sollten. So ist die Handlung und Handlungsfähigkeit ein zentrales Problem der Ethik: Was/Wer handelt wie nach welchen Motiven, Überlegungen oder Zwängen? Diese Frage ist für die soziologische Betrachtung genauso wichtig, geht es doch gerade auch in der ANT darum, handelnde Akteure zu analysieren (zumindest eine „deskriptive Ethik" sollte also nicht fehlen). Wie eine eindeutig objektive Sicht der Welt, die allen anderen voraus ist, nicht möglich ist, ist auch eine rein deskriptive Sicht der Welt nicht möglich. Normative Momente müssen reflexiv berücksichtigt werden, will man ihnen nicht vollends verfallen: Ethische Überlegungen werden einerseits selbst beschrieben, genauso wie sie in die Beschreibung mit einfließen. Ein „rein registrierendes Denken" (M. Horkheimer) übersieht – wenn auch bewusst, etwa im Kontext von Objektivität und Wertfreiheit –

die ethisch-politische Relevanz wissenschaftlicher Prozesse.[9] Werden diese ignoriert, wird nicht nur zu *wenig* „registriert", sondern auch die Möglichkeit verabsäumt, ihre emanzipierte Wirkung zu reflektieren und voranzutreiben, aber auch ihr möglicherweise desaströses Potential in Sicht zu bringen. Law selbst schlägt jedoch 2003 (gemeinsam mit John Urry) vor, die performative Leistung der Sozialwissenschaften gegen eine bloß unschuldige und neutrale Beschreibung der Welt in Schutz zu nehmen:

> „If methods also produce reality, then whatever we do, and whatever we tell, social science is in some measure involved in the creation of the real. There is no innocence. [...] If methods are not innocent, then they are also political. They help us to make realities. But the question is: which realities? Which do we want to help to make more real, and which less real? How do we want to interfere?" (Law/Urry 2003)

Wenn also Sozialwissenschaften Teil der „ontological politics" (ebd.: 9) sind und Realität erschaffen, somit nicht unschuldig sind, wird Wissenschaft zur ontologischen Produktionsstätte des Politischen. Sie bestimmt mit, welche Begriffe hegemonial werden und welche nicht. Diese unvermeidbare Verstrickung in den Kampf um die Wirklichkeit macht eine Suspension politischer und somit auch ethischer Belange unmöglich und einen Dualismus zwischen Deskriptivem und Normativem zur ideologischen Falle. Die Beschränkung auf bloße Deskription bleibt ein blinder Fleck der Theoriebildung und öffnet ein Feld für kritische Reflexion über normative Grundlagen. Denn gerade dann, wenn Wissenschaft einen Platz in verschiedensten Machtdiskursen einnimmt, muss auch die Wissenschaftstheorie die ethische und politische Dimension mitreflektieren. Trotzdem ist die Trennung zwischen ethischer Reflexion und deskriptiver Analyse nur allzu verständlich, denn die argumentative Fundierung ethischer und politischer Grundlagen tritt in einen unbestimmten und höchst diffusen Raum, wenn das Subjekt als einheitsstiftendes Fundament ethischer Grundlagenbildung zerfällt. Um eine Suspension des Ethischen zu verhindern, gilt es somit, das Drama der Legitimation einzugehen. Das heißt, eine Ethik (und wohl auch eine Politik) zu konzipieren, die ohne ein essentialistisches Subjekt auskommt, indem gerade

---

[9] Es gilt hier, den oftmaligen Fehler von wissenschaftskritischen Ansätzen nicht zu wiederholen: dass Wissenschaft ethische, politische, normative Komponenten enthält, ist *nicht ein Mangel*, sondern oftmals konstituierend.

Diffusion, Explosion und Erweiterung des Subjekts fragile Grundlagen ethischer Wahrheit bilden. Somit bin ich, trotz dieser Explikation des ethischen Problems, eigentlich in dieselbe Falle getappt: ich habe die Frage nach der Ethik auf ein anderes Mal verschoben.

Literatur

Bijker, Wiebe E./Pinch, Trevor J. (1984): The Social Construction of Facts and Artefacts: Or how the Sociology of Science and the Sociology of Technology Might Benefit Each Other, in: Social Studies of Science, Bd. 14, S. 399-441.

Bordo, Susan (1987): The Flight to Objectivity. Essays on Cartesianism and Culture, Albany/NY.

Frege, Gottlob (2002): Funktion und Begriff, in: ders.: Funktion – Begriff – Bedeutung, Göttingen, S. 2-22 [1891].

Law, John (1992): Notes on the Theory of the Actor Network: Ordering, Strategy and Heterogenity, http://www.lancs.ac.uk/fss/sociology/papers/law-notes-on-ant.pdf.

Law, John/Urry, John (2003): Enacting the social, Lancester.

Law, John (2004): After Method. Mess in social science research, London u. New York.

Nietzsche, Friedrich (1988): Über Wahrheit und Lüge im aussermoralischen Sinne, in: ders.: Kritische Studienausgabe, Bd. 1, Berlin, S. 871-890 [1873].

Nietzsche, Friedrich (1980): Jenseits von Gut und Böse. Vorspiel einer Philosophie der Zukunft, in: ders.: Kritische Studienausgabe, Bd. 5, Berlin, S. 9-244 [1886].

Seirafi, Kasra (2005): Begierde des Logos. Hegels begehrendes Selbstbewußtsein, programmatisch punktiert, in: Tabula Rasa. Jenenser Zeitschrift für kritisches Denken, Nr. 21, http://www2.uni-jena.de/philosophie/phil/tr/.

Seirafi, Kasra (2006): Ethik als Differenz. Versuch einer sach- und zeitgemäßen Interpretation der Kant'schen Bestimmung des handelnden Menschen, in: Ruckenbauer, Hans-Walter/Prakisch, Alexandra (Hg.): Ethik – Zwischen Inflation und Moralin, Wien u.a. (i.E.).

David Kaldewey

Die Form der Realität

Der Konstruktivismus ist langweilig geworden. Heinz von Foerster und Bernhard Pörksen (2001: 42ff.) charakterisieren ihn im Rückblick als eine Art kritische Theorie, deren Attraktivität darin lag, die Selbstverständlichkeiten des Realismus in Zweifel zu ziehen. Mittlerweile, so die verbreitete Einschätzung, hat sich diese Attraktivität verbraucht. In einer Tagungsankündigung der Gesellschaft für Wissenschafts- und Technikforschung liest man: „Die Allpräsenz der Vokabel ‚Konstruktion' lässt kaum mehr etwas von dem ursprünglichen Furor erkennen, der diese so revolutionär machte. Wann sind wir durch den Konstruktivismus das letzte Mal überrascht worden? Welche neuen Einsichten verdanken wir den letzten Jahren? Man kann sich des Eindrucks nicht erwehren, dass sich das konstruktivistische Programm erschöpft hat." (GWTF 2004) Entgegen diesem Zeitgeist geht der vorliegende Aufsatz auf die Vermutung zurück, dass das Analysepotential des Konstruktivismus noch nicht ausgeschöpft ist. Angesichts der Pluralität heutiger Konstruktivismen muss jedoch präzisiert werden, welche Schattierungen noch für Überraschungen gut sind. Dazu werde ich im Folgenden darstellen, dass der klassische „radikale Konstruktivismus", der auf Autoren wie Ernst von Glasersfeld, Paul Watzlawick oder Gerhard Roth zurückgeht, sich als weniger radikal erweist, als es die Selbstbeschreibung vermuten ließe. Dagegen gehe ich davon aus, dass der „operative Konstruktivismus" Niklas Luhmanns und der Bielefelder Systemtheorie Ansatzpunkte für ein konsequenteres konstruktivistisches Denken enthält.

1. Das dualistische Erkenntnisprinzip

Der Konstruktivismus wird im Folgenden als Erkenntnistheorie und nicht als ‚kritische Haltung' thematisiert. Erkenntnistheorie (bzw. Epistemologie) wird in Lexika typischerweise definiert als der Zweig der Philosophie, der sich mit der Frage nach den Bedingungen, Möglichkeiten und Grenzen von Erkenntnis und Wissen beschäftigt. Das Interessante an dieser Definition ist, dass sie allein auf Erkenntnis und Wissen, nicht jedoch auf den Gegenstand dieser Erkenntnis oder dieses Wissens abstellt. Dennoch implizieren gerade traditionelle Erkenntnistheorien, dass Erkenntnis immer Erkenntnis *von*, dass Wissen immer Wissen *von* etwas ist. Erkenntnis führt deshalb notwendig den Verweis auf etwas anderes mit sich: auf Welt, auf Wahrheit, auf Realität, auf Natur usw. Dass *Erkenntnis* immer im Verhältnis zu etwas *zu Erkennendem* gedacht wird, ist derart selbstverständlich, dass es nicht weiter erwähnt wird. Verschiedene Erkenntnistheorien können nun daraufhin beobachtet werden, welche Form diese basale Unterscheidung jeweils annimmt: Erkenntnis/Gegenstand, Subjekt/Objekt, Phänomenon/Noumenon, Sprache/Welt etc.

Der gemeinsame Nenner verschiedener erkenntnistheoretischer Positionen liegt also in ihrer basalen Leitunterscheidung. Josef Mitterer (1993, 2000) beschreibt letztere als Unterscheidung eines „Diesseits" und eines „Jenseits" des Diskurses und spricht von einem der gesamten abendländischen Philosophie zugrunde liegenden „dualistischen Erkenntnisprinzip". Seine These ist, dass dieses universelle Prinzip sowohl realistischen wie konstruktivistischen Erkenntnistheorien zugrunde liegt.

Das dualistische Erkenntnisprinzip ist hilfreich, um Gemeinsamkeiten sowie Unterschiede zwischen Realismus und Konstruktivismus aufzuzeigen. Die Gemeinsamkeit besteht darin, dass beide von einer ‚jenseitigen' Welt ausgehen. Der Unterschied liegt darin, dass der Realist diese als primär, der Konstruktivist sie dagegen als sekundär denkt. Für den Realisten ist die jenseitige Welt gegeben, zugänglich und erkennbar. Für den Konstruktivisten ist diese Welt unerreichbar und unerkennbar. Ausgehend von den genannten Leitunterscheidungen könnte man sagen: Der Realist argumentiert mit Verweis auf Gegenstand, Objekt, Noumenon, Welt etc., der Konstruktivist mit Verweis auf Erkenntnis, Subjekt, Phänomenon, Sprache etc. Wenn jedoch das Jenseits des Diskurses für den Konstruktivisten als unerreichbar und als für die Erkenntnis irrelevant gilt, wieso wird es dann nicht aufgegeben? Wieso verzichtet der Konstruktivismus nicht einfach auf die Annahme der Existenz einer derartigen Außenwelt und beschränkt sich auf das Diesseits des Diskurses? Um diese keineswegs einfache Frage zu beantworten (vgl. Weber 1996: 49), muss die Bedeutung des Jenseits des Diskurses für die konstruktivistische Theoriearchitektur genauer untersucht werden.

2. Wirklichkeit und Realität im radikalen Konstruktivismus

Welche Form nimmt das dualistische Erkenntnisprinzip im radikalen Konstruktivismus an? Welche Leitunterscheidungen werden in konstruktivistischen Theorien verwendet? Ein Überblick über die konstruktivistische Theorielandschaft zeigt, dass die Unterscheidung des Diesseits und Jenseits des

Diskurses zumindest im deutschen Sprachraum als Unterscheidung von *Wirklichkeit* und *Realität* thematisiert wird. Wirklichkeit gilt dem radikalen Konstruktivismus als phänomenale, subjektive, kognitiv *zugängliche Innenwelt*, Realität dagegen als transphänomenale, objektive, kognitiv *unzugängliche Außenwelt* (vgl. Roth 1995: 278ff.; Glasersfeld 1997: 47; Ameln 2004: 3ff.).

Es gibt jedoch auch Abweichungen von diesem Sprachgebrauch. So spricht z.B. Paul Watzlawick (1976: 142f.), ein klassischer Vertreter des radikalen Konstruktivismus, von einer „Wirklichkeit erster Ordnung", auf der die „Wirklichkeit zweiter Ordnung" aufbaut. Diese Begrifflichkeit erklärt sich nicht zuletzt dadurch, dass es im Englischen nur ein Wort für Wirklichkeit und Realität gibt („reality"). Interessanterweise zwingt dies dazu, die Unterscheidung zu asymmetrisieren und anzugeben, welche Realität als primär, welche als sekundär konzipiert wird. So erscheint Watzlawicks Konstruktivismus letztlich als wenig radikal, denn er gesteht dem Jenseits des Diskurses, der ‚realistischen' Außenwelt, den Primat zu. Mitterer (1993: 122ff.) dagegen charakterisiert den Konstruktivismus gerade umgekehrt: Dieser gehe von einer Vielzahl subjektiver „Welten-1" aus, halte jedoch an der Vorstellung einer erkenntnisunabhängigen „Welt-2" fest.

Zusammenfassend kann man festhalten, dass sich die Begriffe der Realität und der Wirklichkeit im radikalen Konstruktivismus unter den gleichen Dualismus subsumieren lassen, der schon die klassischen Erkenntnistheorien geprägt hatte. Mitterer (2000: 62) kritisiert deshalb, dass der radikale Konstruktivismus die „dualistische Argumentationstechnik" des Realismus übernommen hat.

3. Die Form der Realität im operativen Konstruktivismus

Niklas Luhmann (1990a) hat seinen „operativen Konstruktivismus" in skeptischer Abgrenzung vom radikalen Konstruktivismus entwickelt. Wie wird nun das dualistische Erkenntnisprinzip in Luhmanns erkenntnistheoretischen Schriften verhandelt? Meine im Folgenden dargestellte These ist, dass der operative Konstruktivismus den *Dualismus der Realität* aufhebt und durch die Annahme einer *Form der Realität* ersetzt.

Im Hintergrund dieser Transformation stehen Vorarbeiten von Humberto Maturana und Heinz von Foerster, vor allem aber die Formtheorie von George Spencer-Brown. Im Vergleich mit dem radikalen Konstruktivismus fällt zunächst auf, dass der Begriff der Wirklichkeit bei diesen Autoren wegfällt und durch Realität ersetzt wird. Die Realität wird quasi vom Jenseits ins Diesseits geholt, sie wird nicht mehr transzendent, sondern immanent gedacht. Insbesondere in Luhmanns operativem Konstruktivismus geht es nicht mehr um die Entlarvungsgeste des Konstruktivismus, die darüber aufklärt, dass die Wirklichkeit gar nicht wirklich ist, sondern um eine Theorie, die die Konstruktion der Realität erklären kann. Weiter wird die vom radikalen Konstruktivismus vorausgesetzte kognitiv unzugängliche Realität bei Maturana ersetzt durch die Vorstellung eines „substratum", bei von Foerster durch „noise", bei Luhmann durch Begriffe wie „Realitätsunterbau" oder „Materialitätskontinuum". Diese Theorien konzipieren Realität demnach als emergenten Effekt auf der Grundlage eines irgendwie strukturierten Unterbaus oder eines elementaren Rauschens. Als emergente Ebene koppelt sich Realität jedoch zugleich von diesem Unterbau ab und bildet eine selbstorganisierende Prozessdynamik, eine eigene Ordnung.

Zunächst ist jedoch darauf hinzuweisen, dass Luhmann keinen klar definierten Realitätsbegriff verwendet (vgl. Lohmann 1994). Im Vergleich zu der präzisen Ausarbeitung der meisten Begriffe der Systemtheorie ist der Begriff der Realität eher unterbelichtet geblieben. Eine genauere Betrachtung der verschiedenen Verwendungsweisen und Varianten ermöglicht es jedoch, drei Konzepte analytisch zu unterscheiden:

a. Operative Realität

Realität ist bei Luhmann (1990b: 77) primär eine Bezeichnung für die „empirische Faktizität" der „real ablaufenden Operationen, mit denen das System sich selbst und seine Differenz zur Umwelt reproduziert" (ders. 1996: 14). Realität ist also mit dem „Vollzug der Operationen" gegeben, und beobachtende Systeme müssen somit „reale Systeme" sein (ders. 1990b: 78). Aus dieser Definition folgt, dass der Realitätswert von Erkenntnis – d.h. von erkennender Beobachtung – nicht in der Realität der beobachteten Gegenstände, sondern in der „Realität der Beobachtungsoperationen selbst" liegt (ders. 1997: 538). Luhmann (1996: 12ff.; 1997: 218) beschreibt dieses Realitätskonzept als „reale Realität", „erste Realität" oder „primäre Realität" und begründet es mit einem explizit cartesianischen Argument: „Der Ausgangspunkt liegt jetzt in den empirischen (also beobachtbaren) Operationen empirischer Systeme, deren Realität für sie selbst, weil selbstproduziert, außer

Form der Realität

Frage steht" (ders. 1994). Das Cogito ergo sum der Systemtheorie lautet demnach: Die Beobachtung beobachtet, also ist sie – denn *als Operation ist jede Beobachtung real*. Ich bezeichne dieses Realitätskonzept im Folgenden als operative Realität.

b. Semiotische Realität

Der operativen Realität stellt Luhmann (1996: 14ff.) eine „zweite Realität" gegenüber. Diese emergiert als Eigenwert der „rekursiven Anwendung von Kommunikation auf Kommunikation" und stabilisiert sich als „imaginärer Raum von Bedeutungen" (ders. 1997: 219). Der Unterschied zwischen erster und zweiter Realität ergibt sich aus der für die Systemtheorie zentralen Unterscheidung von Operation und Beobachtung: Während die operative Realität auf die „Sequenz von Operationen" abstellt, geht es in der zweiten Realität um die „Sequenz von Beobachtungen" (ders. 1996: 14). Luhmann (1997: 218) schlägt vor, dieses zweite Realitätskonzept „semiotische Realität" zu nennen, verweist aber zugleich auf andere mögliche Bezeichnungen; man könne auch von „imaginärer" oder „konstruierender" Realität sprechen. Das Konzept kann enger oder weiter gefasst werden. In einem engeren Sinne steht die semiotische Realität für die Gesamtheit der Selbstbeobachtungen und Selbstbeschreibungen der Gesellschaft. Sie wird dann zu einem Synonym für die *Semantik*, d.h. für die kondensierten Kommunikationen, die bewahrenswerten Sinn zur Wiederverwendung aufbewahren (vgl. ebd.: 643, 887). In einem weiteren Sinne kann die semiotische Realität auch als *Sprache* verstanden werden. Dabei zeigt sich, dass Luhmann (ebd.: 996f.) seine Überlegungen durchaus an den linguistic turn anschließt: „Die Gesellschaft richtet sich im Gefängnis der eigenen Sprache ein". Unabhängig von diesen zwei Bedeutungsnuancen plausibilisiert Luhmann das Konzept der semiotischen Realität durch den Hinweis, *dass Realität am Widerstand von Kommunikation gegen Kommunikation erkennbar sei* (vgl. ebd.: 33, 95, 127, 538, 581, 864f., 1126f.). Die Konzepte der operativen und semiotischen Realität werden also unterschiedlich begründet: Das erste durch ein cartesianisches Argument, das zweite durch Rückgriff auf den Realitätsindikator Widerstand.

c. Realitätsunterbau

Das dritte relevante Realitätskonzept firmiert bei Luhmann unter sehr verschiedenen Begriffen. Eingeführt wird es in „Soziale Systeme" unter der Bezeichnung „Realitätsunterbau", und zwar im Zusammenhang mit der Aussage, dass die Universalität und Differenzlosigkeit des Sinns nicht bedeuten, dass es außer Sinn nichts gibt. Luhmann verweist dazu auf literarische und philosophische Erfahrungsgehalte, die in der Tradition mit Titeln wie „Genuß, Faktizität, Existenz" benannt worden sind. Er konstatiert, dass „deren Sinn das nicht decken kann, was sie meinen" und schlägt vor, stattdessen davon auszugehen, „daß die Genese und Reproduktion von Sinn einen Realitätsunterbau voraussetzt, der seine Zustände ständig wechselt". Sinn entziehe diesem Unterbau dann Differenzen und ermögliche dadurch differenzorientierte Informationsverarbeitung (Luhmann 1984: 97, vgl. auch ebd.: 43, 245). In späteren Schriften taucht der Begriff des Realitätsunterbaus nicht mehr auf. Stattdessen experimentiert Luhmann (1990b: 30, 39; 1997: 100ff.) mit verschiedenen anderen Beschreibungen, die man als semantische Variationen des gleichen Themas begreifen kann. Luhmann neigt zu einer physikalischen Beschreibung und spricht dann von einem „Materialitätskontinuum". Daneben verwendet er in seinen erkenntnistheoretischen Schriften philosophische Semantiken wie „Außenwelt" oder „unbekannt bleibende Realität" (Luhmann 1990a). Auch die informationstheoretischen Metaphern des „Rauschens" und des „order from noise principle" verweisen auf den Realitätsunterbau (vgl. ders. 1984: 122, 291f.; 1997: 64f.); und in abstrakter kybernetischer Terminologie ist von (unreduzierter) Komplexität die Rede. So heißt es z.B.: „Systeme bilden sich, gleichsam schwebend auf einem undefinierbaren, grenzenlosen, komplexen Untergrund" (ders. 1995: 270). Der späte Luhmann schließlich tendiert zu einer Beschreibung, die auf die Begrifflichkeit von Spencer-Brown rekurriert und den Realitätsunterbau als „unmarked state", also als den Zustand jenseits der ersten Unterscheidung bezeichnet. In „Die Gesellschaft der Gesellschaft" lautet das Pendant zur oben zitierten Passage aus „Soziale Systeme": „Was mit der Sinnthese ausgeschlossen ist, ist nur der Gegenfall absoluter Leere, Nichtheit, das Chaos im ursprünglichen Sinne des Wortes und auch der Weltzustand des ‚unmarked state' im Sinne von Spencer Brown" (ders. 1997: 49; vgl. Stäheli 2000: 82ff.). Zusammenfassend kann der Realitätsunterbau verstanden werden als Luhmanns Variante des „Jenseits des Diskurses".

Wie ist nun die These zu verstehen, dass man es bei Luhmann mit einer Form und nicht mit einem Dualismus der Realität zu tun hat? Ich greife hier auf den Formbegriff von Spencer-Brown zurück, den der späte Luhmann zu einem Grundbegriff der Systemtheorie gemacht hat. Eine Form ist definiert als Einheit einer Unterscheidung (*distinction*) und einer Bezeichnung (*indication*). Eine Form entsteht, wenn eine Unterscheidung in einen unmarkierten Raum eingeführt wird, diesen durch eine Grenze spaltet, und eine der zwei so getrennten Seiten bezeichnet. Eine Form ist also immer eine asymmetrisierte Zweiseitenform. Die bezeichnete Seite der Form kann „Innenseite", die unbezeichnete Seite „Außenseite" genannt werden. Die Asymmetrisierung bedeutet, dass die Grenze der Form nicht von innen nach außen gekreuzt werden kann – denn damit gelänge man zurück in einen unmarkierten Zustand und würde die Form aufheben (vgl. Spencer-Brown 1999: 1ff.). Luhmann (2004: 76) spricht deshalb von „einer Theorie nur einseitig verwendbarer Zweiseitenformen".

Wenn nun Realität mit Hilfe dieses Formbegriffs konzeptualisiert werden soll, erinnert dies zunächst an das klassische dualistische Erkenntnisprinzip. Unterschieden werden einfach eine Innen- und eine Außenseite anstatt eines Diesseits und eines Jenseits des Diskurses. Insofern bleibt auch der Formbegriff dualistisch. Anders als der klassische Dualismus enthält die Form aber ein drittes Element: die Grenze zwischen den beiden Seiten. Die Grenze wiederum verweist auf einen Akt der Demarkierung und damit auf einen Beobachter, der eine Unterscheidung getroffen (*distinction*) und einen Raum markiert hat (*indication*). Diese drei Elemente der Form entsprechen den drei Realitätskonzepten bei Luhmann.

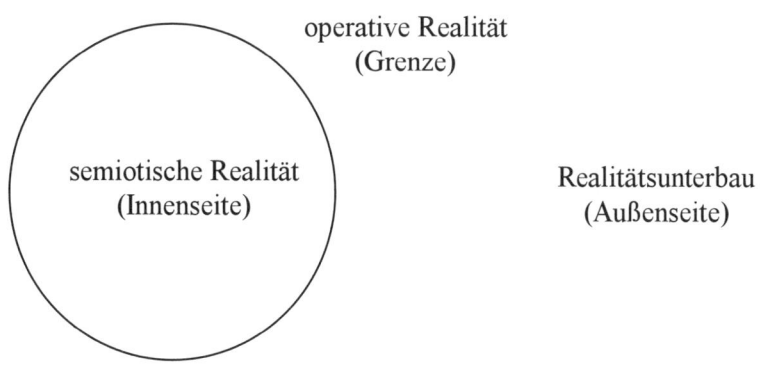

Die drei Elemente zusammen ergeben die Form der Realität. Es wird nun deutlich, dass Realität bei Luhmann ein äquivoker Begriff ist, der einerseits für eines der drei analytisch unterscheidbaren Konzepte, andererseits für deren Einheit stehen kann. Im letzteren Fall wird Realität zum differenzlosen Begriff (vgl. Luhmann 1988: 42). Allein, Differenzlosigkeit ist nicht beobachtbar. Realität muss, um beobachtet zu werden, in sich selbst von sich selbst unterschieden werden. Dies wiederum kann nur auf der Innenseite der Form geschehen (denn nur diese ist operativ anschlussfähig). Abschließend versuche ich, diese Selbstunterscheidung der Realität als Wiedereintritt der Form in die Form zu beschreiben.

4. Der Wiedereintritt der Realität in die Realität

Die Umstellung vom dualistischen Erkenntnisprinzip auf den dreiteiligen Formbegriff und die Zentralstellung der operativen Realität als Unterscheiden-und-Bezeichnen radikalisiert die Idee der Beobachterabhängigkeit der Realität. Der (scheinbar) radikale Konstruktivismus ging noch von einer *unabhängigen* Realität aus und stellte ihr eine *beobachterabhängige* Wirklichkeit gegenüber. Dagegen verdeutlicht die Konzeption der Realität als Form, dass nicht nur eine Seite der Unterscheidung, sondern die Unterscheidung *an sich* als Leistung eines Beobachters verstanden werden muss. Es geht also um eine Art höherstufigen Konstruktivismus, der nicht mehr einfach die Unzugänglichkeit der Außenseite postuliert und die Konstruiertheit der Innenseite demonstriert. Vielmehr stellt sich jetzt folgende Frage: Wenn das Jenseits des Diskurses, die Außenwelt der Philosophen oder der Realitätsunterbau Luhmanns nicht mehr als transzendentale Bedingung, sondern als (unmarkierte) Außenseite der operativen Realität konzipiert wird, bedeutet das dann, dass diese Außenseite irgendwie ‚zugänglicher' wird? Zunächst scheint man nicht viel weiter zu sein, denn auch Luhmanns Realitätsunterbau ist insofern unerreichbar, als die Grenze der Form nicht nach außen gekreuzt werden kann, ohne die Form aufzulösen. Die Frage muss denn auch allgemeiner formuliert werden: Wie ist es überhaupt möglich, die Form der Realität *als* Form in den Blick zu bekommen? Denn ähnlich wie im dualistischen Erkenntnisprinzip ist nur die markierte Innenseite der Form operativ anschlussfähig. Die Unmöglichkeit des Kreuzens der Form von der Innenseite (semiotische Realität) auf die Außenseite (Realitätsunterbau) bedeutet, dass Beobachten nur in der semiotischen Realität möglich ist. Dazu noch einmal Luhmann (1990c: 11): „Die Welt [...] kann nur von innen beschrieben werden".

Die Lösung, die Luhmann für derartige Probleme vorschlägt, basiert auf Spencer-Browns Begriff des re-entry. Diese abstrakte Figur verweist auf die Möglichkeit des Wiedereintritts der Form in die Form. Luhmann kennzeichnet Unterscheidungen als „wiedereintrittsfähig", wenn sie so gebaut sind, dass sie in dem durch sie Unterschiedenen wieder vorkommen können. Während beispielsweise ein Wiedereintritt der Unterscheidung Blau/Gelb auf der Seite ‚Blau' bzw. ‚Gelb' nicht funktioniert (das Resultat wäre ‚Grün' und die Unterscheidung wäre damit aufgehoben), ist die Unterscheidung System/Umwelt auf der Seite des Systems wiedereintrittsfähig, denn ein System kann seine eigenen Operationen an dieser Differenz orientieren. Wiedereintrittsfähigkeit bedeutet also Reflexivität: Nur eine wieder eingetretene Unterscheidung kann sich selbst als Form beobachten. Es ist nun naheliegend, dass die Form der Realität nur auf der Seite der semiotischen Realität wiedereintrittsfähig ist:

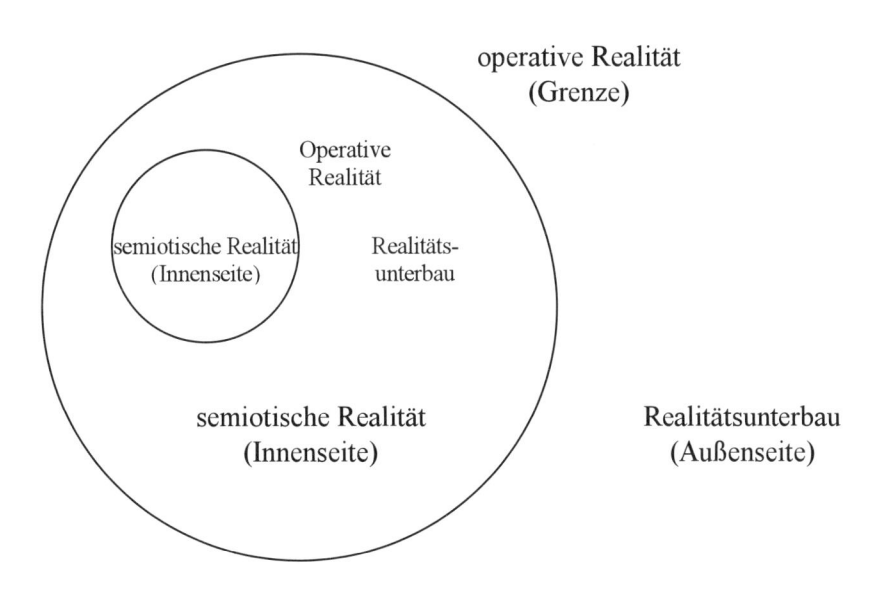

Das re-entry ist immer ein Spiel mit einer Paradoxie: Denn die Unterscheidung ist dieselbe und nicht dieselbe. Für die Form der Realität bedeutet das re-entry, dass die drei genannten Momente der Realität nur in Verhältnis zueinander gedacht werden können, wenn sie auf der Innenseite der Form, also in der semiotischen Realität, rekonstruiert werden. Die Paradoxie besteht darin, dass es sich bei dieser semiotischen Rekonstruktion nicht um ein Abbild der ‚eigentlichen' Form der Realität handelt, sondern um dieselbe und nicht dieselbe Form. Die wieder eingetretene Form ist von der Form nicht unterscheidbar. Und angesichts dieser Unentscheidbarkeit wird die Annahme einer ‚eigentlichen' Form problematisch. Die oben gestellte Frage, ob die Außenseite der Realität im operativen Konstruktivismus irgendwie ‚zugänglicher' wird, führt zu folgender Antwort: Jeder Versuch, die Außenseite der Realität, den Realitätsunterbau zu erfassen, führt umso tiefer in die Innenseite der Realität, in die semiotische Realität hinein, denn jede Nennung des Außen vollzieht nur erneut den Wiedereintritt der Form in die Form. Und doch ist die ‚Zugänglichkeit' gegeben: *Der Realitätsunterbau ist als Semantik in der semiotischen Realität verfügbar*. Mit anderen Worten: Die Realität der Außenwelt (Realitätsunterbau) koevoluiert mit der Operation der Beobachtung (operative Realität) und mit der Kondensation von Semantik (semiotische Realität). Der unauflösliche Zusammenhang dieser drei Aspekte ergibt sich durch das Konzept der Realität als Form.

Literatur

Ameln, Falko von (2004): Konstruktivismus, Tübingen u. Basel.

Foerster, Heinz von/Pörksen, Bernhard (2001): Wahrheit ist die Erfindung eines Lügners. Gespräche für Skeptiker, Heidelberg.

Glasersfeld, Ernst von (1997): Wege des Wissens. Konstruktivistische Erkundungen durch unser Denken, Heidelberg.

GWTF, Gesellschaft für Wissenschafts- und Technikforschung e.V. (2004): Was kommt nach dem Konstruktivismus in der Wissenschafts- und Technikforschung? Call for Papers für die GWTF-Jahrestagung am 26. und 27. November 2004 in Berlin.

Lohmann, Georg (1994): „Beobachtung" und Konstruktion von Wirklichkeit. Bemerkungen zum Luhmannschen Konstruktivismus, in: Rusch, Gebhard/Schmidt, Siegfried J. (Hg.): Konstruktivismus und Sozialtheorie. DELFIN 1993, Frankfurt/M., S. 205-219.

Luhmann, Niklas (1984): Soziale Systeme. Grundriß einer allgemeinen Theorie, Frankfurt/M.

Luhmann, Niklas (1988): Erkenntnis als Konstruktion, Bern.

Luhmann, Niklas (1990a): Das Erkenntnisprogramm des Konstruktivismus und die unbekannt bleibende Realität, in: ders.: Soziologische Aufklärung, Bd. 5: Konstruktivistische Perspektiven, Opladen, S. 31-58.

Luhmann, Niklas (1990b): Die Wissenschaft der Gesellschaft, Frankfurt/M.

Luhmann, Niklas (1990c): Vorwort, in: ders.: Soziologische Aufklärung, Bd. 5: Konstruktivistische Perspektiven, Opladen, S. 7-13.

Luhmann, Niklas (1994): Warum Systemtheorie? (Manuskript).

Luhmann, Niklas (1995): Die Soziologie und der Mensch, in: ders.: Soziologische Aufklärung, Bd. 6: Die Soziologie und der Mensch, Opladen, S. 265-274.

Luhmann, Niklas (1996): Die Realität der Massenmedien, 2., erw. Aufl., Opladen.

Luhmann, Niklas (1997): Die Gesellschaft der Gesellschaft, Frankfurt/M.

Luhmann, Niklas (2004): Einführung in die Systemtheorie, Heidelberg.

Mitterer, Josef (1993): Das Jenseits der Philosophie. Wider das dualistische Erkenntnisprinzip, 2., durchges. Aufl., Wien.

Mitterer, Josef (2000): Der Radikale Konstruktivismus: „What difference does it make?", in: Fischer, Hans Rudi/Schmidt, Siegfried J. (Hg.): Wirklichkeit und Welterzeugung. In memoriam Nelson Goodman, Heidelberg, S. 60-64.

Roth, Gerhard (1995): Das Gehirn und seine Wirklichkeit. Kognitive Neurobiologie und ihre philosophischen Konsequenzen, Frankfurt/M.

Spencer-Brown, George (1999): Laws of Form/Gesetze der Form, Lübeck [1969].

Stäheli, Urs (2000): Sinnzusammenbrüche. Eine dekonstruktive Lektüre von Niklas Luhmanns Systemtheorie, Weilerswist.

Watzlawick, Paul (1976): Wie wirklich ist die Wirklichkeit? Wahn – Täuschung – Verstehen, München u. Zürich.

Weber, Stefan (1996): Die Dualisierung des Erkennens. Zu Konstruktivismus, Neurophilosophie und Medientheorie, Wien.

Dirk Thomaschke

Ästhetische Elemente in (post)moderner Gesellschaftswissenschaft

„Machen Sie es anders, ist die Aufforderung, aber mindestens ebenso gut". (Luhmann 1997: 1133)[1] Dieses bekannte Diktum des Soziologen Niklas Luhmann ist bereits viel zitiert und paraphrasiert worden. Das zugrunde liegende Wissenschaftsverständnis konnte auf diesem Wege oftmals mit deutlich provokativem Impetus in Kurzform serviert werden, was seine Wirkung nicht selten verfehlt hat. Dieser Aufsatz beabsichtigt diesem ausgedienten Aufhänger eine neue Spitze hinzuzufügen: Wenn Luhmann der Soziologie mit dem obigen Zitat seine Sicht der Gesellschaft anbietet, so bietet er damit zugleich ein ästhetisches Programm an. Man betrachte vorerst nur den geschmacklich-intuitiven Gestus, mit dem Luhmann über die Ausgangsunterscheidungen seines Theoriegebäudes spricht („Man wähle eine Unterscheidung und sehe, wohin man damit gelangt!") und des Weiteren die Tatsache, dass Luhmann im Blick auf das Gesamtkonstrukt seiner Theorie letztlich gerne den Designbegriff verwendet (vgl. z.B. ebd.: 1138). Entscheidend ermöglicht werden die Thesen der vorliegenden Arbeit jedoch erst durch die spezifische Pronociation, die Wolfgang Welsch dem Begriff „Ästhetik" verleiht. Dessen Beschäftigung mit der Ästhetik nahm ihren Ausgangspunkt vorerst in der Kunst – dem Feld, das ihr seit Beginn der Neuzeit u.a. von den großen philosophischen Klassikern wie Kant oder Hegel bereitet wurde und die eigentliche Daseinsberechtigung der Ästhetik auszumachen scheint. Bald darauf vertritt Welsch dann in konsequenter Weise einen Standpunkt, der sich für eine disziplinäre Öffnung der Ästhetik ausspricht, eine „Ästhetik außerhalb der Ästhetik", die sich nicht in einem essentialistischen Verständnis erschöpft, dessen Grundlage die Wesensbestimmung von Kunst oder Schönheit darstellt. Er widmet sich nun in erster Linie den Möglichkeiten, alle Bedeutungsfacetten des Ästhetischen wissenschaftlich fruchtbar zu machen. Durch tiefgehende gesellschaftliche Veränderungen sei „ästhetisches Denken heute in besonderer Weise zum Begreifen unserer Wirklichkeit fähig" (Welsch 1990: 7). So fänden auch wissenschaftliche Theorien beim Rückgang auf ihre Grundlagen nur noch ästhetische Optionen vor. Aus dieser Perspektive versucht diese Arbeit nun zu der These anzuregen, dass Luhmann in der Erarbeitung all seiner wesentlichen Konzepte ästhetisch verfährt.

---

[1] Die Entstehung dieses Aufsatzes verdankt viel der freundlichen Kritik und dem andauernden Interesse von Timo Luks und Reinhard Schulz.

Diese Herangehensweise versucht weniger eine prägnante Kurzformel ästhetischer Wissenschaftstheorie zu finden, als vielmehr ein Feld ästhetischer Bedingungen zu eröffnen, auf dessen Boden die sich stilistisch so eigen gebende Systemtheorie mit gesellschaftswissenschaftlichen Arbeiten postmoderner Provenienz verglichen werden kann.[2] In diesem Sinne dient der vorliegende Aufsatz jedoch lediglich als ausschnitthafter Vorschlag von Anschlussmöglichkeiten, ohne systematische Gesamtwerkvergleiche zu leisten. Dass groß angelegte Versuche mit Vergleichsabsichten zwischen Systemtheorie und Postmoderne in den letzten Jahren nahezu inflationieren, zeigt sich deutlich an der jüngsten Verdichtung in Sammelbänden. (vgl. z.B. Borch/Larsen 2003; Nassehi/Nollmann 2004; Burkart/Runkel 2004) Dieser Hintergrund enthebt den vorliegenden Versuch, Welsch, Luhmann und die „Postmoderne" zusammenzubringen zu einem beträchtlichen Grad des Zwanges, den Sinn eines solchen Vorhabens im Generellen zu begründen. Mit dieser Vorentscheidung gehen vor allem auch gesteigerte Freiheiten einher, die schwierige Frage nach den Voraussetzungen eines Vergleichs zwischen Paradigmen, die sich als Theorie, als Methode, als Literatur oder als Philosophie beschreiben, unterzuordnen. Die Überlegungen werden sich im Folgenden vielmehr darauf fokussieren, wie ein solcher Vergleich vorangetrieben werden könne.

I

Es steht außer Frage, dass „ästhetisch" eine verbreitete und leicht verständliche Verwendung als Prädikat für Gegenstände findet. Im gewöhnlichen Sprachgebrauch können Gebrauchsgegenstände und alltägliche Arrangements in gleicher Weise als ästhetisch bezeichnet werden wie artistische Produktionen und Darbietungen. Die Prädikation funktioniert dann in nahezu synonymer Weise zu „schön" und/oder „künstlerisch". Das Entstehen eines Wohlgefühls durch den schönen Anblick eines Bildes, einer Landschaft, eines Automobils, einer Person oder aber der Anlass zur Kontemplation, ausgelöst durch Zusammensetzung einer Oper, eines Sonnenuntergangs, eines

---

[2] Bekanntlich lehnt Luhmann (1997: 1143ff.) die Bezeichnung „Postmoderne" als irreführend ab. Nichtsdestotrotz räumt er ihr das „Schlusswort" in der „Gesellschaft der Gesellschaft" ein.

Bergbachs oder einer Haarfrisur, lassen die Verwendung des Ästhetik-Begriffs in variierenden Zusammenhängen als angemessen erscheinen.

Für die Thematik des vorliegenden Artikels ist jedoch von zentralem Belang, was Welsch meist in Opposition zu anderen wissenschaftlichen Autoren betont: die Bezeichnung einer ästhetischen Seinsweise. Ursprünglich der Ästhetik vorbehaltene Kategorien, wie beispielsweise Konstruktion, Fiktion, Virtualität, Simulation, Schein, Schweben, Fließen, Unverbindlichkeit u.a., würden zunehmend im Hinblick auf den Erzeugungscharakter aller Wirklichkeit anwendbar (vgl. Welsch 1996: 71). An diesem Punkt verschränkt Welsch in ebenso anregender wie provozierender Weise Ästhetik und Epistemologie. Epistemologische Ästhetisierung bedeute in erster Linie: Konstruiertheit von Wirklichkeitserfahrung, und zwar nicht nur im Rahmen künstlerisch-ästhetischer und moralischer Bezugssysteme, sondern auch im Bereich aller kognitiven Domänen. Welsch (1990: 41) führt den Begriff des „ästhetischen Denkens" in die Philosophie ein, das zum eigentlich angemessenen Denken im Angesicht der postmodernen Gesellschaft werde. Diese grundlegende Ästhetisierung unserer Wahrheits- und Erkenntniskategorien wurde im 20. Jahrhundert von einschneidenden gesellschaftlichen Veränderungen hervorgerufen und begleitet.

Man ging traditionell davon aus, dass man es im Bereich der Ästhetik mit einer sekundären Wirklichkeit zu tun hat, die gegenüber einer eigentlichen Realität als Abbild, Spiegel, Simulation, Verzerrung o.Ä. verstanden wird. Ästhetisches Denken dient nun keineswegs dazu, den Unterschied zwischen Realität und Fiktion einzuebnen. Stattdessen können zunehmende Veränderungen in der Handhabung und Bedeutung eines entsprechenden Unterscheidungsvermögens zwischen Simulation und Original in allen gesellschaftlichen Bereichen – nicht nur der Kunst – vom ästhetischen Denker erfasst werden. Diese Überlegungen können durch zwei Beispiele gleichermaßen veranschaulicht wie fortgeführt werden: Im Laufe des Jahres 2005 wurde die in den USA produzierte Serie „Pimp my Ride" auf dem deutschen Ableger des Fernsehsenders „MTV" erstmalig ausgestrahlt.[3] Folge für Folge

---

[3] 2006 werden die Folgestaffeln der Fernsehserie auch europäische Personen und Schauplätze einbeziehen (vgl. http://www.mtv.de/pimpmyride/index.php). Von besonderer Relevanz sind hier ebenso die Schwesterproduktion „Pimp my Whatever" (vgl. http://www.mtv.de/pimpmywhatever/index.php) sowie die deutsche Produkti-

werden abgenutzte Automobile von Mechatronikern unter der Leitung des Rap-Musikers „Xzibit" grundrenoviert und gemäß einem Leitmotiv einem vollständigen „make-over" unterzogen. Die erklärte Absicht ist hierbei, das Gefährt der vermeintlichen Persönlichkeit und den Vorlieben des Fahrers anzupassen. In einer Episode wird das Automobil eines Besitzers, der als Videospielfan mit einem Faible für Autorennspiele präsentiert wird, nach dem Vorbild eines fiktionalen Modells aus einem bekannten Computerspiel zur straßenverkehrsgerechten Verwendung hergerichtet. In diesem Beispiel wird es problematisch, von einer sekundären Wirklichkeit des Fiktiven (hier: das Computerspiel) als einer der eigentlichen Realität nachgeordneten Wirklichkeit zu sprechen. Stattdessen drängt sich vielmehr der Eindruck einer Wirklichkeitsverdoppelung (bzw. -vervielfachung, sofern man die televisionäre Produktionsorientierung und -ausstrahlung berücksichtigt) auf. Es zeigt sich gar die Umkehrung des obigen Verhältnisses von Original (als einer natürlichen Wirklichkeit und Vorlage jeglicher Nachahmung) und Simulation (als sekundärer, aufgesetzter Wirklichkeit). Das Verhältnis von Wirklichkeit und Konstruktion wird hier in einer Weise gegen sich selbst gewendet, die zur Aufgabe seiner Unterscheidung anhand eines hierarchischen Musters führen muss zugunsten einer gleichursprünglichen und wechselseitigen Konstellation. Die potenzierte Austauschbarkeit möglicher Beobachtungsebenen und ihrer jeweiligen Wertzuweisung kann dann als Grenzüberschreitung

---

on „Pimp my fahrrad" (vgl. http://mtv.de/pimpmyfahrrad/index.php). Das englische Slangwort „pimp" kann in allen Fällen mit „aufmotzen" übersetzt werden, doch sind auch im deutschsprachigen Raum bereits synonyme Lehnwörter wie „pimpen" oder „tunen" etabliert. Die uneingeschränkte Prädikationsmöglichkeit des „Pimpbaren" – und im Gegenzug die uneingeschränkte Nachgiebigkeit der Materie – ist hierbei augenfällig: „Nach Autos und Fahrrädern tuned der offizielle Pimp-Sender MTV mit ‚Pimp my Whatever' ab sofort noch ungewöhnlichere Gegenstände, Happenings und sogar Personen! Vom Klo bis zum Bett, vom peinlichen Freund bis zur Geburtstagsparty des Klassen-Nerds – wirklich alles ist dabei [...] Dabei gibt es kein Thema, das nicht in irgendeiner Form relevant sein könnte. In der ersten Staffel werden Brüder, Partys, Vespas und sogar ganze Tage gepimpt."
Nicht einmal die Stofflichkeit bzw. sinnliche Wahrnehmbarkeit ist hierbei notwendige Voraussetzung für die Möglichkeit des „Tunings": An der Universität Oldenburg wurde die Teilnahme an einem Betreuungsprogramm für Austauschstudierende 2005 mit dem Slogan „Pimp my Horizont" beworben.

Ästhetische Elemente

zwischen Fiktion und Realität, „die von Weisen der Weltwahrnehmung über Existenzmodelle bis zu spezifischen Wechselwirkungen" (Welsch 1996: 164) reicht, entsprechend zentral in der wissenschaftlichen Betrachtung werden.

Unmittelbar vergleichbare Schlüsse zieht Stephen Greenblatt (1990; 1991: 107ff.), der das Konzept einer „Poetik der Kultur" im Rahmen seiner literaturhistorischen Studien entwickelt hat, aus einer beispielhaften Betrachtung des Yosemite-Nationalparks: Was als „Natur" erlebt wird, erweist sich hier letztlich als durch spezifische Arrangements und Wahrnehmungsmuster ermöglichte Erfahrung. Der „Wildnis-Bereich" kündigt sich durch eine Verschärfung der Regeln sowie der leitenden und erläuternden Vorgaben an (Fotografien, Wegweiser zu den beliebtesten Ausblicken, Gehsteige, Parkbeamte, Warnhinweise etc.). Natur kann in Form eines künstlichen Produkts, zu finden in abgegrenzten Zonen, angeboten und konsumiert werden. Greenblatt summiert seine Ausführungen über die grundlegende Untrennbarkeit und stets wechselseitige Beeinflussung jeder natürlichen Beobachtung von ihrem Gegenstück der Inszeniertheit in einem pointierten Fazit: „[D]as Natürliche wird dem Künstlichen gegenübergestellt in einer Weise, die deren Unterscheidung sinnlos macht." (ebd.: 116ff.) Auch in diesem Beispiel kann dieser Effekt auf die opportun gewordene Wendung der Unterscheidung gegen sich selbst zurückgeführt werden.[4]

Es ließen sich nahtlos zahllose weitere Beispiele anschließen, insbesondere aus der Medienwelt, deren Gegenstück zur wissenschaftlichen Trennung von Kognitivem und Ästhetischem – die Unterscheidung von Nachrichten und Unterhaltung – sich immer stärker zu verflüssigen beginnt. Man beachte nur einschlägige Genrebezeichnungen wie „Infotainment", „Reality-Soaps" und „Doku-Soaps".[5]

---

[4] „Das Vergnügen dieses Augenblicks ... rührt aus dem ungewöhnlichen Einblick in den Zirkulationsprozess, der die ganze Erfahrung des Parks prägt ... die Chance, das Sich-Durchdringen von Natürlichem und Künstlichem, das deren Unterscheidung überhaupt erst ermöglicht, zu erkennen." (Greenblatt 1991: 117)

[5] Ebenso ist die Unterscheidung von Realität und medialer Vermittlung bereits in den verschiedensten Zusammenhängen problematisiert worden (symptomatisch ist hierbei auch die Einführung des Begriffs „Medienrealität"), so z.B. im Rahmen der Kriegsberichterstattung (vgl. Werckmeister 2005) oder in Bezug auf die inflationäre

Folgt man Welschs Ausführungen, so stellt sich die Explikation eines „ästhetischen Denkens" als angemessenste Weise dar, der postmodernen Gesellschaft wissenschaftlich gegenüberzutreten. Im Licht dieser ästhetischen Perspektive sperren sich die skizzierten Beispiele einer Analyse, die mit der klassischen Erwartung beginnt, nach der Abschälung einiger oberflächlicher, sekundärer Ausformungen einen essentiellen, primären Realitätskern des Untersuchungsobjekts zu erreichen.[6]

II

Welche Rückwirkung hat eine solche Diagnose zunehmend ästhetisierter Wirklichkeitsverhältnisse auf die gesellschaftswissenschaftliche Theoriebildung? Wie ist der Standpunkt beschaffen, von dem aus wissenschaftliche Arbeit unter den Bedingungen eines so umfassend dynamisierten Verhältnisses von Realität und Fiktion, Natur und Konstruktion sowie Epistemologie und Ästhetik möglich erscheint?

Bei dem spezifischen Ansatz einer ästhetischen Theorie geht es nicht mehr um eine klassische Ordnung angesammelter, feststehender Fakten. Eine ästhetische Theorie bietet keine „Grundbegriffe" bzw. fixen Theoriegrundlagen mehr, von denen aus systematisch deduziert werden könnte, ohne dass diese Setzung einiger fundamentaler Prämissen anschließend nicht mehr in Bewegung versetzt werden könnte. Luhmann (1997: 1138) verabschiedet sich von der „schon etwas angestaubten Idee eines hypothetisch-deduktiven Erkenntnissystems" und startet stattdessen den Versuch, „eine Vielzahl verschiedener Theorieentscheidungen aufeinander abzustimmen". Konzeptuell gleichlautende Überlegungen lassen sich bei zahlreichen postmodernen Autoren ebenso finden: „Jeder Begriff ist seinem Gesetz nach in eine Kette oder in ein System eingeschrieben, worin er durch das systematische Spiel von Differenzen auf den anderen, auf die anderen Begriffe verweist. Ein solches Spiel, die différance, ist nicht einfach ein Begriff, sondern die Möglichkeit

---

Verwendung computergestützter Bildmodellierungs- und -erzeugungsverfahren in Film, Fernsehen, Internet und Printmedien sowie in der privaten Bildbearbeitung.

[6] „Aber im Unterschied zur philosophischen Reflexion, die bis zur Quelle vorstoßen will, betreffen die Reflexionen, um die es sich hier handelt, nur solche Strahlen, die lediglich einen virtuellen Brennpunkt haben" (Claude Lévi-Strauss, zit. n. Derrida 1972: 434).

der Begrifflichkeit, des Begriffsprozesses und -systems überhaupt" (Derrida 1976: 16). Mit anderen Worten kann kein Element als unverrückbares Fundament, verankert in der Realität oder der Natur, betrachtet werden, sondern wird in seiner Funktion für den Theoriebau als vollständig gestaltbar erfahren. Jede begriffliche Setzung – beispielsweise Fiktion oder Wirklichkeit – wird daraufhin betrachtet, inwieweit sie sich im Theoriegebäude als passgenau erweist und welche Festlegungen im Blick auf weitere Anschlussmöglichkeiten sie mit sich bringt. „So entsteht eine selbsttragende Konstruktion. [...] Jede Begriffsbestimmung muss dann als Einschränkung der Möglichkeit weiterer Begriffsbestimmungen gelesen werden." (Luhmann 1984: 11f.)

Vor allem auch dass die Konstruktionsprinzipien selbst hierbei den erschlossenen Beobachtungsmöglichkeiten ausgesetzt werden, führt dazu, dass kein Baustein als unverrückbar angesehen werden kann. Man kann stets in den Blick bekommen, dass jede Umgestaltung weitere, verknüpfte Elemente in Bewegung bringen würde. Eine umgreifende Grundschicht Realität, unabhängig vom eigenen Tun, kann nicht mehr Ziel eines simplen Abbildungsversuchs sein, sondern ist in ihrem Wechselspiel zu letzterem einzubeziehen: „Entscheidend ist jedoch, daß die Wissenschaft ... sich nicht darauf beschränkt zu copieren, zu imitieren, widerzuspiegeln, zu repräsentieren" (ebd.: 13). Dann jedoch erscheint es fruchtbarer, gesellschaftswissenschaftliche Versuche nicht mehr vorrangig über die lineare Ableitung kognitiv erschlossener Prinzipien, sondern über die Einnahme einer ästhetisch durchtränkten Einstellung zu beschreiben. „Weniger die exakte begriffliche Erfassung von Phänomenen der Zeit als ihre adäquate Wahrnehmung (bzw. die Weisen der Wahrnehmung anderer) ist angesagt." (Welsch 1991: 1f.)

III

Wie aber könnte sich eine solche ästhetische Haltung in Wissenschaft und Forschung weiterhin einen Standpunkt erarbeiten, von dem aus Kritik vertretbar wird? Von wo aus kann noch doziert werden, wenn die Plattform für die Autorität einer unhinterfragbaren Beobachterposition durchlässig geworden ist?

Vorerst liegt die Antwort, die auf postmoderne Autoren sowie auf Luhmann in gleicher Weise zutrifft, in der radikalen Selbstreflexion der Theorieanlage. Es sind gerade auch die eigenen Beobachterpositionen, die restlos mit einbezogen werden in die Untersuchung des Gegenstandsbereichs und nicht von dem Stigma der Konstruktivität verschont bleiben können. „Es geht hier nicht darum, der Kritik zu entkommen, sondern, im Gegenteil, darum, sich verletzbar zu machen: an jedem Punkt des Systems kann das System als Ganzes in Frage gestellt werden." (Bourdieu 2004: 141) Die Möglichkeit von Kritik unter ästhetischen Bedingungen basiert auf der Transparenzsteigerung der eigenen Konstruktionsprinzipien. „Und nur diese [...] Form des Theoriedesigns, die möglichst erkennen läßt, welche Entscheidungen getroffen sind und welche Konsequenzen es hätte, wenn man an diesen Stellen anders entscheiden würde, scheint uns angemessen zu sein" (Luhmann 1997: 1138f.).

Die Kritik verknüpft Beobachtungsinstrumente mit Beobachtungsresultaten, die „stets die Wirkung einer Konstruktion sind, deren Regeln man erkennen und deren Rechtfertigung man kontrollieren muß" (Foucault 1990: 40). Im Rahmen seiner paradigmatischen Beschreibung des postmodernen Standpunktes schreibt Jean-François Lyotard (1990: 47f.): „Ein postmoderner Künstler oder Schriftsteller ist in derselben Situation wie ein Philosoph: Der Text, den er schreibt, das Werk, das er schafft, sind grundsätzlich nicht durch bereits feststehende Regeln geleitet ... Diese Regeln und Kategorien sind vielmehr das, was der Text oder das Werk suchten ... sie arbeiten um die Regel dessen zu erstellen, was gemacht worden sein wird". Sowohl Lyotard (ebd.: 40) als auch Welsch (1991: 9) betonen entsprechend zentral und in systematischer Weise die Parallelen des künstlerischen Experiments zu der philosophischen Arbeit. In genau diesem Sinne beschreibt Dirk Baecker (2004) Luhmanns Vorgehen als ein ständiges „Testen". Jeglicher theoretischen Festlegung wird eine Rückkopplung eingebaut, die sie stets wieder einholbar und revidierbar macht für die weitere Arbeit. Ein Kontakt zwischen Beobachtungsresultaten und begrifflichen Änderungsmöglichkeiten bleibt ausnahmslos herstellbar. Peter Fuchs (1999) wählt hierfür im Rahmen eines Vortrags den Begriff des „Tastens" und rekurriert metaphorisch auf die nonvisuelle, austestende Sensorik der Tasthaare eines Pferdes.

Derartig spielerische Metaphern dürfen jedoch keinesfalls darüber hinwegtäuschen, dass man sich eben gerade nicht von der Ernsthaftigkeit des wissenschaftlichen Unterfangens zu verabschieden braucht. So galt nicht zuletzt die Provokation, die das Experiment des Künstlers verursacht, als Hinweis auf dessen gesellschaftliche Relevanz. „Das Provozierende an Luhmanns Habitus jedenfalls war der gleichzeitig bescheidene und selbstbewusste Gestus" (Nassehi/Bollman 2004: 9). Und dieses theoretische Selbstbewusstsein beansprucht Geltung, *obwohl* „die Konstruktionen der Soziologie ihre eigene Dekonstruierbarkeit mitreflektieren müssen" (Luhmann 1997: 1135). Die eigenen Bedingungen der Möglichkeit von Erkenntnis sind mit den Bedingungen der Möglichkeit ihrer Gegenstände so weit verwoben, dass die Reflexion auf die eigenen Konstruktionsprinzipien von einer kritischen Betrachtung der Gesellschaft nicht mehr abzulösen ist. Die ästhetische Wissenschaft rationalisiert sich sozusagen über den Einbezug des eigenen Standpunktes und baut diesen Vorgang systematisch und ständig wiederholbar in die eigene Arbeit ein. Kritisches Potential entsteht dann gerade und allein dadurch, dass jegliche Bezugnahmen auf Letztgültiges und Unhinterfragbares aufgeweicht werden können. Der Fluch der ästhetischen Betrachtung setzt die Theoriearchitektur einem ständigen konstruktiven Fließen aus. Der Halt der vormals realitätsfesten Basis aufgeklärter Autorität ist nicht mehr erreichbar. Es handelt sich um Konturen einer Kritikfähigkeit, die durch die Wahl der Problemstellung der Gesellschaftsanalyse als ästhetische produziert werden. Die provozierenden und herausfordernden Thesen der Wissenschaft sind nicht mehr in der Lage, sich in letzter Instanz auf Widerstände in der Sache zu berufen, wenn ihre Rechtfertigung auf dem Spiel steht. Die Ansatzpunkte der Kritik aus jedweder Perspektive müssen in der Postmoderne also in einer Weise restrukturiert werden, dass sie die Selbsterzeugung von Problematiken konstatieren und handhaben können.

Literatur

Baecker, Dirk (2004): Kulturmagazin: Aristoteles hilft nicht mehr – Prof. Dr. Niklas Luhmann, Jurist und Soziologe, in der „Gesellschaft der Computer". Im Gespräch mit Alexander Kluge, News & Stories, Sat 1, 6. Juni 2004, 23:45 Uhr (Wiederholung XXP, 23. Oktober 2005, 22:05 Uhr).

Berg, Henk de (1995): Differenzen: Systemtheorie zwischen Dekonstruktion und Konstruktivismus, Tübingen.

Borch, Christian/Larsen, Lars Thorup (2003): Luhmann & Foucault til diskussion, Kopenhagen.

Bourdieu, Pierre/Ohnacker, Elke/Schultheis, Franz (2004): Schwierige Interdisziplinarität. Zum Verhältnis von Soziologie und Geschichtswissenschaft, Münster.

Burkart, Günter/Runkel, Gunter (2004): Luhmann und die Kulturtheorie, Frankfurt/M.

Derrida, Jacques (1972): Die Schrift und die Differenz, Frankfurt/M.

Derrida, Jacques (1976): Randgänge der Philosophie, Frankfurt/M.

Foucault, Michel (1990): Archäologie des Wissens, Frankfurt/M.

Fuchs, Peter (1999): Die Metapher des Systems, in: Krass, Stephan (Hg.): Niklas Luhmann – Beobachtungen der Moderne. Freiburger Reden – Denker auf der Bühne mit Vorträgen von Prof. Peter Fuchs, Prof. Norbert Bolz, Prof. Hans Ulrich Gumbrecht u.a., Edition SWR2.

Greenblatt, Stephen (1990): Verhandlungen mit Shakespeare. Innenansichten der englischen Renaissance, Berlin.

Greenblatt, Stephen (1991): Schmutzige Riten. Betrachtungen zwischen Weltbildern, Berlin.

Luhmann, Niklas (1984): Soziale Systeme. Grundriss einer allgemeinen Theorie, Frankfurt/M.

Luhmann, Niklas (1990): Die Wissenschaft der Gesellschaft, Frankfurt/M.

Luhmann, Niklas (1995): Die Kunst der Gesellschaft, Frankfurt/M.

Luhmann, Niklas (1997): Die Gesellschaft der Gesellschaft, Frankfurt/M.

Lyotard, Jean-François (1990): Beantwortung der Frage: Was ist postmodern?, in: Engelmann, Peter (Hg.): Postmoderne und Dekonstruktion. Texte französischer Philosophen der Gegenwart, Stuttgart, 33-48.

Nassehi, Armin/Nollmann, Gerd (2004): Bourdieu und Luhmann, Frankfurt/M.

Welsch, Wolfgang (1987): Unsere postmoderne Moderne, Weinheim.

Welsch, Wolfgang (1990): Ästhetisches Denken, Stuttgart.

Welsch, Wolfgang (1991): Ästhetik im Widerstreit. Interventionen zum Werk von Jean-François Lyotard, Weinheim.

Welsch, Wolfgang (1996a): Grenzgänge der Ästhetik, Stuttgart.

Welsch, Wolfgang (1996b): Vernunft. Die zeitgenössische Vernunftkritik und das Konzept der transversalen Vernunft, Frankfurt/M.

Welsch, Wolfgang (1997): Erweiterungen der Ästhetik. Eine Replik, in: Recki, Birgit/Wiesling, Lambert (Hg.): Bild und Reflexion. Paradigmen und Perspektiven gegenwärtiger Ästhetik, München, 39-67.

Werckmeister, Otto Karl (2005): Der Medusa Effekt. Politische Bildstrategien seit dem 11. September 2001, Berlin.

Internetquellen (Stand Februar 2006):

http://www.mtv.de/pimpmyride/index.php

http://www.mtv.de/pimpmywhatever/index.php

http://mtv.de/pimpmyfahrrad/index.php

Roman Eichler

„Chaos mit System?" Ein Blick auf die Zusammenhänge von ‚Chaosforschung' und soziologischer Systemtheorie

Natur- wie Geisteswissenschaften stehen heute vor dem Problem, trotz oder wegen zunehmender Differenzierung und Komplexität beobachtbarer Phänomene und Zusammenhänge, ihre Forschungsgegenstände nicht nur unter der Annahme von ‚Ordnung' in einem statischen oder reversiblen Verständnis beschreiben zu können. ‚Ordnungen' erscheinen als immer komplexer, als umgeben und durchzogen von nicht-linearen, scheinbar zufälligen Phänomenen, die aber teilweise bei Entwicklung oder Verfall von Ordnung – als Phänomene des ‚Ordnungswandels' – vorkommen. Die Berücksichtigung der Entwicklung von Ordnung und der Entstehung von ‚Unordnung' ist in einer nicht-linearen Perspektive aber nicht nur für einen Ordnungswechsel interessant, sondern geschieht angesichts einer Gleichzeitigkeit von Wandel und Ordnung. Die Perspektive ist also eine Reaktion auf das Problem, Wandel als Zustand zu beschreiben, der nicht nur oder kaum Ordnung im Newton'schen Sinne ist, aber auch nicht zufällig oder völlig kontingent.

So ergibt sich eine Forschung, die den Bereich dynamisch-komplexer ‚Ordnungen' bzw. das Verhältnis von Ordnung und Zufall jenseits von statischer, linearer Ordnung ‚am Rande zum Zufall' untersucht. Der Bereich umfasst Phänomene, die wir alltäglich als ‚unordentlich' oder ‚chaotisch' bezeichnen würden, die aber mit Begriffen und Konzepten als sublime Strukturbildung oder -entwicklung sichtbar, differenzierbar und untersuchbar werden, also keineswegs rein Zufälliges darstellen.

Diese Perspektive hat in vielen Theorien ihren Ausdruck gefunden, als Beispiel aus den Naturwissenschaften sei die ‚Chaosforschung' oder ‚Chaostheorie' genannt. Für die Sozialwissenschaft soll die Systemtheorie bzw. die Theorie sozialer Systeme von Niklas Luhmann als Beispiel gelten. Neben der gleichen Ausgangsfrage nach dem Verhältnis von Ordnung oder Struktur und Zufall oder Kontingenz zeigt die Luhmann'sche Theorie weitere, vor allem begriffliche Affinitäten zur ‚Chaostheorie', deren Hintergrund ich im Folgenden zeigen möchte. Die Frage betrifft die ‚begrifflichen Anleihen' der Theorie sozialer Systeme bei der ‚Chaostheorie'.[1] Legitimiert wird meine

---

[1] Eine ähnliche Fragestellung findet sich bei anderen Konzepten, die als Formulierungen des Paradigmas der Selbstorganisation in der Biologie und Theorie sozialer

Fragestellung durch die Überschneidung einiger grundlegender Konzepte sowohl der ‚Chaostheorie' wie auch der Theorie sozialer Systeme in der allgemeinen Systemtheorie bzw. dem Paradigma der Selbstorganisation (vgl. Palsack/Knost 1990). Dabei sollen die Begriffe und Konzepte als Elemente der Theoriearchitektur beschrieben werden, eine funktionale Perspektive von ‚Chaos' wird nicht thematisiert (vgl. Bühl 1992: 31ff.).

Es sei aber darauf hingewiesen, dass dieser Text keinesfalls von einem isomorphen Theoriezusammenhang ausgeht und nur unter vorübergehendem Absehen von zwei fundamentalen Problemen Bestand hat: Ein Vergleich oder Übertrag von Begriffen (und implizit auch deren Konzeptionen), ist vor allem an ein Problem gebunden: „Sozialwissenschaftliche Chaos-Erklärungen müssen *sozialwissenschaftlich* relevante Variablen aufweisen und möglichst auch politisch, ökonomisch oder sozialorganisatorisch handhabbare Kontrollparameter angeben können, die in der theoretischen Struktur zwar mit den physikalischen Mechanismen übereinstimmen (oder vereinbar sind), jedoch nicht mit diesen identisch sein können" (Bühl 1992: 28; Hervorhebung i.O.). Hier findet sich ein wichtiges Kriterium naturwissenschaftlicher Chaoserklärungen, das eine isomorphe Übertragbarkeit deutlich infrage stellt: Können (auf einem elementaren Niveau) sozialwissenschaftliche Gegenstände oder Ereignisse als energetische oder geladene Teilchen verstanden werden? Anders ausgedrückt könnte man sagen: „Soziale Systeme haben keine ‚natürlichen Gradienten'" (ebd.: 38). Kommunikation hat keine energetische Ladung. Komplexe soziale Systeme können nicht nur deshalb schwer mathematisch operationalisiert werden. Auch ist es unmöglich, dass solche Systeme mehrmals unter den exakt gleichen Ausgangsbedingungen ‚gestartet' werden können.

Ein weiteres Problem entsteht und soll daher vermieden werden, wenn eine psychische Dimension mit einbezogen wird. Dazu müsste ja ein transparenter Zusammenhang der Phänomene und Dynamik, auch über die Ebenen hinweg, gezeigt werden können. Ein solcher Zusammenhang kann hier

---

Systeme thematisiert werden (vgl. bes. zum Begriff der ‚Autopoiesis' z.B. Krüger 1990; Luhmann 1987).

Chaos mit System?

aber nicht thematisiert werden, und schon so droht eine Vernachlässigung eines Mehrebenencharakters komplexer Systeme.[2]

Zunächst ist es wichtig, den Begriff ‚Chaos' nicht mit dem Begriff ‚Unordnung' gleichzusetzen. Chaos erscheint nicht als strukturell völlig undefinierbarer Zustand, als Gegenteil von Ordnung, sondern als ein (Übergangs-)Zustand. Um hier eine nötige Trennschärfe zu erreichen, ist die Chaostheorie oder Chaosforschung von anderen Konzeptionen zu unterscheiden, die ebenfalls schwer zu definierende dynamische (Übergangs-)Zustände als Gegenstand behandeln. Die Chaosforschung ist demnach im strengen Sinne nicht ein Oberbegriff für Theorien mit ähnlichem Ansatzpunkt, wie etwa die Theorie dissipativer Systeme, die Synergetik, die Theorie selbstorganisierender Systeme oder die Katastrophentheorie[3]. Chaos ist von Begriffen wie Systemzusammenbruch, Katastrophe, Turbulenz, Komplexität, Zufall oder Indeterminiertheit zu unterscheiden. Ähnlich ist hier aber der Anspruch, das behandelte Phänomen als definierbar zu verstehen, denn der Begriff Chaos „erfasst nur einen (durchaus präzise angebbaren) Ausschnitt aus der vielfältigen und wandelbaren Dynamik nichtlinearer Systeme" (Bühl 1992: 26). Zustände, die wir als chaotisch beschreiben, können, so wird behauptet, schließlich trotzdem eine ‚Ordnung' aufweisen. Chaos, verstanden als ‚reiner Zufall', könnte ja nicht sinnvoll untersucht werden.

---

[2] Beispielhaft vor allem für die Berücksichtigung einer psychischen Dimension soll hier Luc Ciompis „Fraktale Affektlogik" (2004) genannt werden, nach der Affekte als „gerichtete Energieverteilungsmuster" (ebd.: 29) und das „Phänomen der emotionalen Ansteckung" (ebd.: 21) eine bedeutende Rolle für eine Dynamik auf psychischer und sozialer Ebene sowie auch den Zusammenhang der beiden spielen. Ciompis Theorie lässt sich als mehrdimensionale Konzeption verstehen und beruft sich auf die „allgemeine Systemtheorie mit Einschluss der Konzepte der Autopoiese, der strukturellen Kopplung und ihrer modernen Weiterentwicklung zu einer Theorie der nichtlinearen Dynamik von komplexen Systemen (sog. Chaos- und Komplexitätstheorie)" (ebd.: 28).

[3] Gerade letztere geht ja von (mathematisch) genau zu beschreibenden (Übergangs-)Zuständen aus. Einzelne Elementarkatastrophen oder Verhaltenslandschaften unterscheiden sich durch Anzahlen und Konfigurationen von Parametern (vgl. auch Bühl 1992: 40, Fn. 19).

Nach einer allgemeinen Definition kann Chaos als eine „Erscheinungsform der Interaktion von Nichtlinearitäten" verstanden werden (ebd.: 29). Dass Chaos allerdings auch in linearen Systemen auftreten kann, zeigt beispielsweise die mathematische Schwierigkeit des ‚Drei-Körper-Problems', das mit Newton'scher Mathematik nicht mehr zu lösen ist. Das Problem kann entstehen, wenn in die Berechnung von zwei Planetenbewegungen ein dritter Himmelskörper mit einbezogen wird: Die Gesamtdynamik wird scheinbar völlig zufällig. Auch in anderen linearen Systemen, wie etwa gekoppelten Pendeln, kann bei der einfachen Berechnung diese Schwierigkeit entstehen. Verantwortlich dafür sind Reibungsverluste oder die Überlagerung von Bewegungen, also linear nicht berechenbare Phänomene, eben ‚Nichtlinearitäten' (die aber innerhalb einer definierbaren Systemdynamik auftreten).

In Hinblick auf die den Begriff prägenden naturwissenschaftlichen Konzepte interessiert hier besonders der Begriff des ‚deterministischen Chaos'. Der Begriff erscheint zunächst als widersprüchlich, meint aber einen in einem bestimmten Rahmen beschreibbaren Zustand, während ein alltäglich gebrauchter Chaosbegriff ‚reinen Zufall', also ein ‚indeterministisches Chaos' postulieren würde.

Systemverhalten kann von verschiedenen Startpunkten und über einen längeren Zeitraum in einen stabilen statischen oder periodischen Zustand übergehen. Dieser ‚Zielzustand' kann in einem, durch die relevanten Parameter aufgespannten, Zustandsraum abgebildet werden. Man spricht dann von einem ‚Attraktor'. Der einfachste Attraktor ist der ‚Punktattraktor', wie er bei der Aufzeichnung einer Pendelbewegung entsteht, die ja, wenn die Anfangsenergie durch Reibungsverluste verbraucht wird und das Pendel auspendelt, einen stabilen (Ruhe-)Zustand erreicht. Wird ein periodischer Zustand erreicht, lässt sich ein ‚periodischer oder zyklischer' Attraktor aufzeichnen.[4] Nimmt die ‚Unordnung' zu, wird auch von einem Grenzzyklus gesprochen, da die Dynamik zumindest innerhalb bestimmbarer Grenzen in einem topologischen Zustandsraum verbleibt. Geht man von einer allgemeinen Berechenbarkeit einer komplexen Dynamik aus, die in einem Zustands-

---

[4] Ein solcher Attraktor erscheint oft als ring- bzw. als ‚donutförmig' (Torus), er unterscheidet sich je nach Anzahl der einbezogenen Dimensionen.

Chaos mit System?

oder Phasenraum abgebildet werden kann, so muss auch ein chaotisches Verhalten innerhalb dieses Zustandsraumes auftreten. Wird ein Grenzzyklus nicht erreicht oder stabilisiert, kann im topologischen Zustandsraum trotzdem eine ‚Form' entstehen, die dann aber keine einfache geometrische Struktur besitzt. Eine solche Form wird als ‚seltsamer Attraktor' bezeichnet.[5] Dessen einzelne Trajektorien werden willkürlich durchlaufen, d.h. eine Punktvorhersage für einen Systemzustand ist nicht mehr möglich, die Systemdynamik erscheint als in gewissem Rahmen kontingent: Es ist sicher, dass ein beliebiger Systemzustand Bestandteil des seltsamen Attraktors ist. Ein solcher Attraktor ist sehr ‚empfindlich', weil sein Entstehen abhängig von den Ausgangsbedingungen und -punkten ist. Geringe Änderungen der Parameter können zu völlig unterschiedlichen Attraktoren führen.

So kann auch eine scheinbar irreguläre Dynamik, also das, was wir allgemein als chaotisch verstehen, bis zu einem gewissen Grad mathematischer Komplexität abgebildet werden. Trotz allem ist „Chaos sozusagen nicht ‚wild', sondern ‚gebunden'" (Bühl 1992: 31). Zwar als seltsamer, aber doch sichtbarer Attraktor, als ‚komplexe Form' und nicht als ‚reiner Zufall'.[6]

Zunächst kann damit deutlich gemacht werden, dass Systemverhalten oder Systemdynamik sowohl von linearen als auch nicht-linearen oder komplexen Systemen innerhalb eines mathematisch bestimmten Zustandsraumes berechnet bzw. aufgezeichnet werden kann. Es zeigt sich aber auch die Abhängigkeit von den Randbedingungen und Anfangszuständen einer Berechnung, die Fragilität und Künstlichkeit von Chaos.[7] Weiter kann gesehen werden, dass chaotische Dynamik meistens nur lokal auftritt, während das

---

[5] In manchen Fällen lässt sich ein scheinbar seltsamer Attraktor in mehrere (überlagerte) periodische Bewegungen zerlegen, dieser Attraktor gilt dann ‚nur' als ‚quasiperiodisch'.
[6] Ein seltsamer Attraktor erscheint bei genauerer Betrachtung in vielen Fällen als ‚fraktal', d.h. auf immer kleiner werdenden Skalen gleich strukturiert. (Ein berechenbarer Fraktal ist aber nicht chaotisch.) Zur Unterscheidung vgl. Bühl (1992: 38).
[7] Man denke an die atmosphärischen Störungen beim Radioempfang. Chaos (oder Ordnung) ist intermittierend.

System insgesamt stabil bleibt.[8] Ein Mehrebenen-System „kann sich – trotz oder wegen des Chaotischwerdens einiger Prozesse in einem stationären Zustand halten" (ebd.). Man kann dann von einer „Makrostabilität" sprechen (ebd.: 33). Wichtig ist also die Ansicht, dass Chaos nur einen Ausschnitt der Dynamik komplexer Systeme darstellt.

Chaos wird aber nicht als eine ‚black-box' und ohne eine ‚Entstehungsgeschichte' behandelt. Um sich einem adäquaten Chaosbegriff anzunähern, wird oft ein ‚lineares' Ausgangsproblem beschrieben. Dieses Vorgehen lässt sich sowohl didaktisch als auch wissenschaftsgeschichtlich begründen. In beiden Fällen geht man von einfach zu berechnenden Systemen aus, die aber eine Dynamik zeigen können, die auf der Newton'schen Mathematik beruhende Berechnungsmöglichkeiten übersteigt – und für uns dann als chaotisch im Sinne von ‚rein zufällig' erscheint. Problematisch ist an dieser Herangehensweise nicht unbedingt, dass die Entstehung von chaotischen Zuständen als ein Verfall von Ordnung gesehen wird, sondern dass diese Tendenz auch für komplexere Systeme angenommen wird. Ein Auftreten chaotischen Verhaltens bedeutet für diese aber ja nicht unbedingt einen Systemzusammenbruch. Das Entstehen von irregulärem Verhalten ist nicht einfach ein Verlust von Ordnung, „sondern in der Regel vielmehr [der] *Übergang* zu einer anderen – im Übergang noch unbestimmbaren – ‚Ordnung'" (ebd.: 30; Hervorhebung i.O.). Aber wir können, ausgehend von der „Newton-Welt" (ebd.: 29), einen Übergang ins Chaos, oder genauer, das Verhältnis von einfacher Berechenbarkeit und scheinbar völlig irregulären Phänomenen, besser verstehen. Chaos ist vor allem kein statischer Zustand, sondern ein Übergangszustand innerhalb der komplexen Dynamik von Systemen, ein „transitorischer" Zustand (ebd.: 32). Interessant für chaostheoretische Ansätze ist dementsprechend auch eine ‚umgekehrte Fragestellung': nämlich wie aus Chaos Ordnung bzw. dauerhafte Strukturen hervorgehen können. Es wird dann allerdings nicht unbedingt nur ‚Chaos', also nur der chaotische Zustand, untersucht, sondern mit Konzepten aus dem theoretischen Umfeld und gleichem Ansatz auch das Auftreten und die Folgen innerhalb der Entwicklung komplexer Systeme. Es tritt oft genug der Fall auf, dass die Chaostheorie ein

---

[8] Chaotische Dynamik muss, wenn sie lokal – etwa innerhalb von Turbulenzen – auftritt, nicht unbedingt global ausufern. Man denke an das Wetter. (Vgl. auch Briggs/Peat 1990: 109).

komplexes Systemverhalten untersucht und gerade kein Chaos feststellen kann.[9]

Die Chaosforschung behandelt demnach nur einen kleinen Bereich der Dynamik komplexer Systeme, wird aber allgemein als Oberbegriff für deren Erforschung verwendet. Grundlegend dafür ist das Verständnis von Chaos als transitorischem Zustand, welcher ja ein nicht-chaotisches ‚Vor- oder Nachher' bzw. ‚Gleichzeitiges' voraussetzt und damit auch andere Phänomene der komplexen (Gesamt-)Dynamik mitbehandeln muss.[10] Dies verlangt eine Verwendung auch andere Konzepte der Erforschung komplexer Systeme und ein ‚Mehrebenenmodell'. So kann die Chaosforschung durchaus als Sammelbegriff verstanden werden, es ist aber anzunehmen, dass diese Ansicht vorschnelle Vergleiche begünstigt, wenn man die erforschbare Bandbreite komplexer Dynamik nicht ausreichend differenziert. Besser wäre es, von der Theorie komplexer Systeme bzw. dem Paradigma der Selbstorganisation zu sprechen.

Es ist nun offensichtlich schwierig, diese Konzepte isomorph auf sozialwissenschaftliche Theorien zu übertragen. Trotzdem Chaos in den unterschiedlichsten sozialwissenschaftlichen Zusammenhängen als relevant erklärt wird, kann es aber im strengen mathematischen Sinne meistens nicht nachgewiesen werden.[11]

---

[9] In diesen Fällen kann kein seltsamer Attraktor nachgewiesen werden.

[10] Es muss eine „Route ins Chaos" (Bühl 1992: 34) angegeben werden können. Dies macht das beschriebene didaktische Vorgehen verständlich (vgl. ebd.: 28).

[11] Zwar können einige Forschungen mithilfe von Konzepten der Theorien dynamisch-komplexer Systeme auch mathematisch operationalisiert werden, allgemein zeigen die Anwendungen jedoch, dass deterministisches Chaos „eigentlich in allen Disziplinen ein methodologisches Artefakt" darstellt (Bühl 1992: 33). Bühl untersucht Theorien wie die Sozioökonomie, die Evolutionstheorie und die Migrationsforschung. Als weiteres interessantes Beispiel sei die „fuzzy logic" genannt. Ernsthafte Übertragungen des Chaosmodells auf sozialwissenschaftliche Probleme sind verlockend, aber zweifelhaft, weil eine Übertragbarkeit in den meisten Fällen einfach postuliert wird. Siehe als Beispiele: Haken (1990); Warnecke (1999). Allgemein wird das Problem der Komplexität oft auf eine zu einfache Mechanik reduziert oder werden mikrosoziologische Erklärungen durch einfache Aggregation zu einem Gesellschaftssystem aufsummiert.

Zumindest muss aber auch für eine komplexe sozialwissenschaftliche Beschreibung eine Konzeption zugrunde liegen, die ebenso der Entwicklung ‚um die transitorischen Zustände herum', wie auch der Möglichkeit einer Makrostabilität (Mehrebenentheorie) Rechnung trägt, um mehr als einen ‚statischen' Eindruck zu vermitteln.

Sicherlich darf die Theorie sozialer Systeme als komplexe Theorie gelten, die ein adäquates Spektrum an Dynamik beschreiben und so scheinbar den Rahmen auch für chaostheoretische Phänomene bieten könnte. Es werden grundsätzliche Prämissen und Konzepte der Erforschung komplexer Systeme, besonders die allgemeine Systemtheorie und das ‚Paradigma der Selbstorganisation', verwendet. Auch Ciompi (2004: 23, Fn. 5) geht in diesem Zusammenhang von einer „gleichartigen systemtheoretischen Ausgangsbasis" aus. Zunächst ist aber auch zu sagen, dass von Luhmann die Begriffe ‚Chaos' und ‚Attraktor' kaum erwähnt werden[12], dagegen viel ‚verdächtiges Vokabular' aus diesen Theoriezusammenhängen.

Das Gesellschaftssystem kann im Sinne Luhmanns unbestritten unter dynamischen, d.h. in diesem Falle evolutions- und differenzierungstheoretischen Gesichtspunkten betrachtet werden. Die Evolution des Gesellschaftssystems betrifft die ‚globale Dynamik' des Gesamtsystems Weltgesellschaft und wird durchaus auf mehren Ebenen unter Berücksichtigung ihrer Verhältnisse beschrieben. Bei der Konzeption von Prozessen und Strukturen beruft Luhmann sich in großem Maße auf die allgemeine Systemtheorie und das Paradigma der Selbstorganisation. Es zeigt sich ein komplexer Prozess der Differenzierung durch die Entstehung von stabilen Funktionssystemen als primäre Differenzierungsform und die vielfältige Ausdifferenzierung von Subsystemen.[13] Gerade die Entstehung einer Weltgesellschaft muss nach Luhmann ein Mehrebenenmodell voraussetzen, also hinreichend komplex sein, um sowohl eine ‚Mikro-' und eine ‚Makrodynamik' als auch deren Verhältnis beschreiben zu können. „Das wird nicht zu linearen Kausalzu-

---

[12] Zum Begriff Attraktor: Luhmann 1996: 58, Fn. 6.

[13] Im Zusammenhang mit der Differenzierungsform findet sich bei Luhmann (1997: 655, Fn. 103) ein Verweis auf die Katastrophentheorie René Thoms. Luhmann nennt dort die primäre Differenzierungsform ‚Stabilitätsprinzip' einer Gesellschaft. In Zusammenhang mit der Ausdifferenzierung ist der Begriff ‚fraktal' interessant (vgl. Ciompi 2004).

rechnungen führen [...]. Man wird aber besseres Verständnis für überraschende, nicht prognostizierbare, nicht-lineare Kausalitäten gewinnen können, etwa für ‚dissipative Strukturen', für ‚Abweichungen verstärkende Effekte', für das Verschwinden von anfänglich bedeutsamen Unterschieden und umgekehrt: für gewichtige Auswirkungen minimaler Differenzen, darunter nicht zuletzt den Zufallsfaktor regionaler ‚policies'" (Luhmann 1997: 164).[14] Die Weltgesellschaft und ihre primäre Differenzierung bilden den Kontext aller übrigen Prozesse, eine genauere Beschreibung der Gesamtdynamik, vor allem deren Prognose, ist nicht möglich. „Die Gesellschaft steuert sich [...] allenfalls über Fluktuationen, die funktionale oder regionale Systeme zur Verarbeitung von dissipativen Strukturen und damit zur Selbstorganisation zwingen" (ebd.: 189). An anderer Stelle äußert er sich ähnlich: „So bietet die Geschichte der soziokulturellen [...] Evolution denn auch nicht das Bild eines zielstrebigen Fortschritts zu immer besserer Verständigung. Eher könnte man sie als eine Art hydraulisches Geschehen der Repression und Verteilung von Problemdruck begreifen" (ders. 1984: 219). Andererseits distanziert Luhmann sich bei der Behandlung eines allgemeinen Begriffs der Evolution von einer zu einfachen Übertragung solcher Konzeptionen: „Er würde sich auf die Erklärung synergetischer Effekte, dissipativer Strukturen etc. [sic] kurz auf sehr allgemeine Prozesse der Differenzbildung (Abweichungsverstärkung) beziehen, die auch an physikalischen, also an nichtautopoietischen Systemen nachgewiesen werden können. Es soll nicht bestritten werden, dass eine solche Theorie auch auf soziale Systeme angewandt werden könnte; nur ist sie hierfür nicht spezifisch genug." (ders. 1997: 456, Fn. 85)

Ein weiteres Beispiel soll noch einmal zeigen, wie eng trotz allem die Verbindungen von ‚Chaosforschung' und Luhmanns Theorie sind. Er mutmaßt, dass die „sogenannte Postmoderne" als Ausdruck dafür gelten kann, dass Gesellschaftsbeschreibungen bis dahin „allzu statisch ausgefallen sind" (ebd.: 1143). Und weiter: „Wenn man postmodernes Beschreiben als Operieren

---

[14] Dissipative Systeme sind Forschungsgegenstand der Ungleichgewichtsthermodynamik. Sie sind selbstorganisierte Systeme mit Energiedurchsatz, die überschüssige Energie an die Umwelt abgeben (‚dissipieren') und so auch potentielle Synergieeffekte schaffen (Briggs/Peat 1990: 207). Als Beispiele werden genannt: Wirbel, Kerzenflamme, Schleimpilze, Wachstum von Städten oder politischen Bewegungen, Entwicklung von Sternen).

in Bereichen selbsterzeugter Unbestimmtheit begreift, sieht man sofort Parallelen zu anderen Wissenschaftstrends, die sich in Mathematik, Kybernetik, Systemtheorie mit den Eigenarten selbsreferentieller, rekursiv operierender Maschinen befassen. Bekannte Namen sind auch Chaostheorie oder fraktale Geometrie. Komplexität entsteht hier nicht durch Versuche, die Welt einigermaßen sachgemäß abzubilden, sondern durch wiederholende Operationen, die an einen selbsterzeugten Ausgangszustand anknüpfen und diesen mit jeder Operation als Ausgangspunkt für weitere Operationen fortschreiben. Hierbei wird dann die Zeit, die solche Verschiebungen im selben System ermöglicht, zur entscheidenden Variable, und Unvorhersehbarkeit ist die gleichsam zeitgemäße Folge einer Sequenz solcher Rekursionen" (ebd.: 1146). Inwieweit Luhmann sich hier selbst als ‚postmodern' verortet, sei dahingestellt.

Ich hoffe damit gezeigt zu haben, dass die Theorie sozialer Systeme über einen metaphorischen Gebrauch von chaostheoretischem Vokabular hinausgeht. Auf jeden Fall ist der Erklärungswert der Übertragung für ein Verständnis von Strukturen und Prozessen komplexer Dynamik nicht zu unterschätzen. Dies kann mit einer gewissen Plausibilität und – in Form von Attraktoren oder Fraktalen – einer ästhetischen Überzeugungskraft illustriert werden. Eine Analyse kann die Architektur der Theorie sozialer Systeme aus einer faszinierenden Perspektive ergründen, muss jedoch auch mit der gebotenen Vorsicht vorgehen. Im Fall der Theorie sozialer Systeme sind die Ausgangsbedingungen offensichtlich günstig für eine kurze Abhandlung, es sollten aber darüber hinaus solche ‚verdächtigen Begriffsverwendungen' auch in anderen Zusammenhängen nicht einfach überlesen werden.

Literatur

Baudrillard, Jean (1986): Subjekt und Objekt: fraktal, Bern.

Briggs, John/Peat, F. David (1990): Die Entdeckung des Chaos. Eine Reise durch die Chaostheorie, München u. Wien.

Bühl, Walter (1992): Vergebliche Liebe zum Chaos, in: Soziale Welt, Bd. 43, S. 26-47.

Ciompi, Luc (2004): Ein blinder Fleck bei Niklas Luhmann? Soziale Wirkungen von Emotionen aus Sicht der fraktalen Affektlogik, in: Soziale Systeme, Bd. 10, S. 21-49.

Haken, Hermann (1990): Über das Verhältnis der Synergetik zur Thermodynamik, Kybernetik und Informationstheorie, in: Niedersen, S. 19-24.

Krüger, Hans-Peter (1990): Luhmanns autopoietische Wende, in: Niedersen, S. 129-148.

Luhmann, Niklas (1984): Soziale Systeme. Grundriss einer allgemeinen Theorie, Frankfurt/M.

Luhmann, Niklas (1987): Autopoiesis als soziologischer Begriff, in: Haferkamp, Hans/Schmid, Michael (Hg.): Sinn, Kommunikation und soziale Differenzierung, Frankfurt/M., S. 307-324.

Luhmann, Niklas (1996): Die Realität der Massenmedien, Opladen.

Luhmann, Niklas (1997): Die Gesellschaft der Gesellschaft, Frankfurt/M.

Niedersen, Uwe (Hg.) (1990): Selbstorganisation. Jahrbuch für Komplexität in den Natur-, Sozial- und Geisteswissenschaften, Bd. 1: Selbstorganisation und Determination, Berlin.

Warnecke, Hans-Jürgen (Hg.) (1999): Vom Fraktal zum Produktionsnetzwerk. Unternehmenskooperation erfolgreich gestalten, Berlin.

Tanja Maier
Forschende, die auch Zuschauende sind

Medialität ist zu einem zentralen Gegenstandsfeld der Geschlechterstudien geworden, wie auch die Geschlechterforschung die medienwissenschaftlichen Erkenntnisse produktiv weiterentwickelt hat. In den letzten dreißig Jahren hat sich auch im bundesdeutschen Kontext die medienwissenschaftliche Geschlechterforschung stark ausdifferenziert. Bei aller Unterschiedlichkeit ist den verschiedenen Analysen die Annahme gemein, dass die Kategorie Geschlecht ein grundlegender Bestandteil der gesamten medialen Alltagskultur ist. Vor dem Hintergrund der weitreichenden theoretischen Auseinandersetzungen um den konstitutiven Zusammenhang von Geschlecht und Medialität sind allerdings Fragen nach den Beobachtenden und dem Prozess des Beobachtens in der Forschungspraxis noch immer eine Randerscheinung. Genauer gesagt ist die Forderung, die Subjektivität der Forschenden in der wissenschaftlichen Arbeit mitzudenken, nicht neu, im noch jungen Feld der geschlechterbasierten Medienforschung aber bisher zu wenig umgesetzt.

Seit einiger Zeit wird in wissenschaftlichen Diskursen verstärkt darüber diskutiert, wie Forschungsthemen, -methoden und -theorien unter spezifischen disziplinären, historischen, kulturellen und politischen Bedingungen entstanden sind. Es liegt auf der Hand, dass in diesem Zusammenhang auch das „Geschlecht des Wissens" (Harding 1994) oder die „geschlechtsspezifische Natur der Macht" (Hall 2000: 44) mit betrachtet werden muss. Aber nicht nur die Geschlechterdifferenz, sondern auch die Heteronormativität beeinflusst die methodischen Herangehensweisen, die Theoriebildung und die Auswahl der Gegenstände (vgl. z.B. Butler 1991; Haller 1997). Aus der Einsicht, dass Wissen nie ‚neutral' sein kann, ganz im Gegenteil Wissenschaft immer auch mit gesellschaftlichen Machtverhältnissen verknüpft ist, wurden in der feministischen Forschung auch methodische Konsequenzen gezogen. Feministische Forscherinnen fordern unter anderem eine Offenlegung und Reflexion des jeweils spezifischen Erkenntnisinteresses, der Parteilichkeit, der subjektiven Zugehensweise bzw. der Standortgebundenheit der Forscherinnen und Forscher selbst. Bezogen auf die Frage nach der Standortabhängigkeit der *medien*wissenschaftlichen Forschung gilt es dementsprechend die Schaulüste und Medienbiographien derer zu berücksichtigen, die sich innerhalb verschiedener wissenschaftlicher Disziplinen mit (bewegten) Bildern beschäftigen. Wenn nämlich situiertes Wissen im Sinne Donna Haraways (1995) immer verkörpertes Wissen ist, welches auf die jeweiligen Strukturen verweist, in denen wir verortet sind, dann gilt es hier auch an die jeweiligen Seherfahrungen und visuellen Lüste derer zu denken, die sich wissenschaftlich mit bewegten Bildern beschäftigen. Ich möchte im Folgenden einige Gedanken zu den Möglichkeiten und Grenzen entwickeln, die sich für die kritische Forschung ergeben, wenn wir unsere eigenen (heimlichen) Lüste und Widerstände bei der Beschäftigung mit visuellem Material bedenken.

Schaulüste und Widerstände der Forschenden

Die Auswahl der jeweiligen Sujets und die Werturteile über das visuelle Material und sein Publikum wird immer auch durch die „subjektive Sicht und gesellschaftliche Sichtbarkeit" (de Lauretis 1999: 103) der Forschenden beeinflusst. Selbstverständlich muss das eigene Vergnügen an bestimmten Medien wie dem Film oder dem Internet nicht bedeuten, dass die kritische Distanz zum Gegenstand verloren ginge. Genauso wenig, wie eine (berechtigte) kritische Haltung gegenüber bestimmten medialen Aspekten nicht zwangsläufig zu herablassenden oder kulturpessimistischen Beschreibungen eines Mediums, Genres oder des Medienkonsums führt. Ien Ang (1986) beispielsweise nimmt ihr eigenes Vergnügen an „Dallas" als Ausgangspunkt ihrer Untersuchung; die Fernsehserie hat sie dennoch aus einem kritischen Blickwinkel beleuchtet. In den 1980er Jahren beschreibt sie als ein Ziel feministischer Fernsehforschung, diese müsse gründlicher verstehen, womit sich Frauen befassen, was sie mögen, was sie ablehnen, um solche Wünsche in feministische Politiken einbinden zu können. Heute bewegen sich immer mehr Untersuchungen im Spannungsfeld zwischen dem Interesse, die herrschaftsmächtigen, gewaltförmigen Stabilisierungsmechanismen der medialen Herstellung und Annahme von Geschlecht zu verstehen, und dem Wunsch, eben die damit verknüpfte binäre Zweigeschlechtlichkeit und Heteronormativität zu verändern. Auffällig ist dabei, dass heutzutage viele Untersuchungen zu Film- und Videoproduktionen oder den ‚Neuen Medien' vorliegen, während über das Fernsehen vergleichsweise wenig medienwissenschaftliche Geschlechterforschung besteht. Und die vorliegenden neueren feministischen Arbeiten, die sich mit dem Fernsehen beschäftigen, beschränken sich oftmals auf eine bestimmte Auswahl an Beispielen (vgl. auch Seier 2006). Es werden vor allem Genres untersucht, die explizit ein weibliches Publikum adressieren, wie Soap-Operas und Talkshows oder einzelne Sendungen wie

„Ally McBeal" oder „Sex and the City". Hierbei handelt es sich um televisuelle Repräsentationen, die ‚starke' weibliche Figuren zu sehen geben und bestimmte Facetten weiblicher Handlungsmacht und Autonomie zumindest gelegentlich ins Auge fassen. Die in den einzelnen Formaten angelegten Widersprüche bieten zumindest ‚auf den ersten Blick' ein Versprechen nach gesellschaftlicher Veränderung an, ein Versprechen, das eng verknüpft ist mit dem grundlegenden feministischen Wunsch nach gesellschaftlicher Veränderung.

Das Interesse von feministischen Forscherinnen an bewegten Bildern, die möglicherweise die Geschlechterdifferenz und die Heteronormativität umordnen, verschieben oder infrage stellen, könnte in der eigenen Faszination an solchen visuellen Repräsentationen begründet sein. Ein mögliches Problem, das aus meiner Sicht für die geschlechterorientierte und heteronormativitätskritische Forschung damit zusammenhängt, ist eine Einengung der Forschungsthemen und -felder. Selbstverständlich möchte ich nicht davon abraten, Genres und Repräsentationen zu untersuchen, die hegemoniale Wahrnehmungsmuster und Phantasien von Geschlecht und Heterosexualität möglicherweise infrage stellen. Ganz im Gegenteil. Ich halte es für wichtig, mediale Darstellungskonventionen und Phantasien dahingehend zu prüfen, ob und wie sie die hegemonialen Bedingungen der Sichtbarkeit und des Sehens wirkungsvoll verändern können. Mein Argument zielt in eine andere Richtung: Die (heimlichen) Lüste an visuellen Produktionen, bei denen die üblichen Grenzen der Geschlechterdifferenz zumindest ein Stück weit überschritten werden, die Suche nach Inszenierungsstrategien, die im Sinne Butlers (1991) das Original selbst als Effekt darstellen, sollten nicht dazu führen, die Forschungsperspektive bezogen auf das Material und die Fragestellungen zu verengen. Vielmehr sollte die geschlechterorientierte Medienforschung *auch* jene Repräsentationen untersuchen, die auf den ersten Blick weniger eng mit Phantasien von Handlungsspielräumen und ‚Geschlechterverschiebung' verknüpft sind. So ist die mediale Konstruktion von Geschlecht und Heterosexualität bisher nur selten in Zusammenhang mit Repräsentationen von Sport, Recht, Wirtschaft oder Geschichte untersucht worden, um nur einige wenige Beispiele zu nennen.[1] Wenn die feministische Forschung die Probleme erkennt, die sich aus dem eigenen Genießen oder

---

[1] Damit will ich nicht sagen, es gäbe keine Studien zu diesen Gebieten, sie sind jedoch selten.

Ablehnen bestimmter Bilder und unseren eigenen Medienbiographien ergeben können, dann kann die unkommentierte Praxis der Auswahl bestimmter Bilderwelten befragt und zugleich erweitert werden. Und womöglich finden sich ‚Verschiebungen' der hegemonialen Ordnung gerade dort, wo wir sie am wenigsten vermuten. So haben Johanna Schaffer und Marcella Stecher in ihrem Workshopbericht „Prekäre Fantasien" verschiedene Sexrepräsentationen mit S/M-Bezug vorgestellt, die lesbisches Begehren jenseits heterosexistischer und heteronormativer Wahrnehmungsmuster in Szene setzen. Solche Bilder fordern auch feministische Normsetzungen in produktiver Weise heraus, die besagen, „eine dürfe eine andere nicht benützen und sich nicht benützen lassen" (Schaffer/Stecher 2005: 80). Indem die Forscherinnen ihre eigenen normativen Setzungen kritisch reflektieren, kann sich die Forschung für neue Blickwinkel öffnen, die quer zu bisherigen feministischen Problemfeldern stehen und deren bisherige Normierungen herausfordern. Zudem kann es nicht nur darum gehen, der feministischen TV-Wissenschaft all jene Forschungsfelder hinzuzufügen, vor denen sie sich bisher verschließt. Es geht auch darum, all diejenigen, die solche Mainstream-Forschung betreiben, mit feministischen Fragen zu konfrontieren. Etwa mit der Frage, wie es dazu kommt, dass „sich ihre Forschung vor den Erkenntnissen feministischer Wissenschaftlerinnen verschließt" (Gray 2001: 88). Mit dieser Vorgehensweise kann es nicht darum gehen, sich auf bestimmte Forschungsfelder festzuschreiben oder sich in bestimmte Nischen abdrängen zu lassen. Auf die damit zusammenhängenden Gefahren hat Sigrid Weigel in einem 1993 erschienenen Artikel, bezogen auf Prozesse der Institutionalisierung der Geschlechterforschung, aufmerksam gemacht:

> „Gerade die Zugeständnisse der Institutionen, zum Beispiel die Einrichtung sogenannter Frauensektionen bei Tagungen, die Besetzung sogenannter Frauenprofessuren usw. haben nicht selten den Effekt einer Trivialisierung. Sie bedeuten eine geduldete Teilhabe, reproduzieren sie doch eine tradierte Geschlechterordnung, in der der Mann das Allgemeine repräsentiert und Frauen einer besonderen Behandlung bedürfen. Was den Frauen den Zugang zum Fach ermöglicht, sichert zugleich den ungestörten Ablauf der übrigen Veranstaltung: eine separierte Teilöffentlichkeit als Forum für geschlechtsspezifische Studien – Integration in Form von Isolierung, zur verbesserten Immunisierung des Gesamtsystems, Frauenforschung als Quarantänestation." (Weigel, zit. n. Klaus 1998: 403)

Ein politisches Ziel feministischer Forschung müsste meines Erachtens darin bestehen, sich in die fachspezifischen Diskussionen einzumischen und sich, wie es Gudrun-Axeli Knapp mit Bezug auf Butler beschreibt, an den Kämpfen um Definitionsmacht zu beteiligen (vgl. Becker-Schmidt/Knapp 2000: 83).

Der privilegierte Blick

Es ist deutlich geworden, dass die kritische Befragung der eigenen Lüste, Seherfahrungen und Widerstände den Blick auch auf die ‚blinden Flecken' der deutschsprachigen Frauen- und Geschlechterforschung lenkt. Zu fragen ist aber nicht nur, welche Genres, Medien oder einzelne Sendungen ausgelassen werden, sondern immer auch, welche Themen und gesellschaftlichen Gruppen nicht berücksichtigt und wie bestimmte Zuständigkeiten und Kompetenzen verteilt werden. Die ‚Feministischen Migrantinnen Frankfurt' (FeMigra) haben in ihrem Aufsatz „Wir, die Seiltänzerinnen. Politische Strategien von Migrantinnen gegen Ethnisierung und Assimilation" kritisiert, wie MigrantInnen und ‚schwarze' Menschen an der Universität im besten Fall in die Ecke von ‚Fachfrauen' und ‚Fachmännern' geschoben werden (vgl. FeMigra 1994: 55). Mit der anhaltenden Marginalisierung von Fragen nach Rassisierung, Ethnizität, Bildung, Nationalität hat auch die Geschlechterforschung zur Marginalisierung von minorisierten Positionen beigetragen. Für die universitäre und außeruniversitäre feministische Fernsehforschung ergibt sich hieraus, sich auch ihren eigenen strukturellen Ausschließmechanismen zu stellen und diese zu reflektieren. Also welche Positionen, Fragen und Problemfelder keine Beachtung finden, wer zu wem (nicht) spricht, wer wem (nicht) zuhört. Ich halte es für wichtig, verstärkt auch Arbeiten wahrzunehmen, die nicht zum feministischen Beispielkanon der Rezeptionsforschung gehören. Vor allem solche Arbeiten, die in einem nicht-privilegierten Kontext entstehen, aber auch Untersuchungen aus einem nicht-akademischen Kontext. Nur so lassen sich die eigene privilegierte Position innerhalb institutioneller Strukturen und der eigene privilegierte Blick hinterfragen und reflektieren.

In der bundesdeutschen feministischen TV-Wissenschaft wurden bisher Fragen nach (und Untersuchungen zu) Konstruktionen von Identität, bezogen auf Erfahrungen von Ethnisierung, Rassisierung, aber auch Klassenverhältnissen im Umgang mit dem Fernsehen, nur am Rande wahrgenommen.

Deutlich wird dieses Ignorieren besonders in den vorliegenden deutschsprachigen Überblicken und Zusammenführungen der feministischen Medien- und Kommunikationswissenschaft. Im englischsprachigen Raum liegen diesbezügliche Arbeiten vor, die auch eine Herausforderung an die bundesdeutsche Rezeptionsforschung darstellen. Einige Studien seien hier genannt. Minu Lee und Chong Heup Cho (1990) liefern Beispiele dafür, wie in den USA lebende koreanische Frauen unter den Bedingungen der Migration koreanische Dauerserien nutzen, um sich beim gemeinschaftlichen Sehen mit der kolonisierenden Integration auseinanderzusetzen, der sie ausgesetzt sind. Ridhika E. Parameswaran (1999) untersucht die Faszination, die westliche Liebesromane auf junge indische Frauen der Mittelklasse ausüben. Sie analysiert, wie die Beschäftigung dieser indischen Frauen mit den westlichen Liebesromanen eine Erfahrung ist, die über ihre privilegierte soziale Position vermittelt ist. Unter Bezugnahme auf Bourdieus Begriff des kulturellen Kapitals kann Parameswaran zeigen, wie die Frauen sich über das Lesen von westlichen Liebesromanen als moderne und gebildete indische Frauen konstruieren.[2] Ann Gray zitiert eine ähnliche TV-Studie von Purnima Mankekar, die „untersucht, inwieweit populäre Unterhaltungsformate des staatlichen indischen Fernsehens – Doordarshan genannt – eine ‚neue' nationale Identität entlang der Leitmotive ‚Fortschritt/Entwicklung' und ‚Konsum' konstruieren. Ihre These ist, dass hier indischen Frauen bei der Konstruktion nationaler Identität eine entscheidende Rolle zukommt, und ihre ethnographische Studie über Fernsehnutzung in Familien befasst sich damit, wie diese Repräsentationen innerhalb der bestehenden Klassen- und Geschlechteridentitäten ausgehandelt werden" (Gray 2001: 84f.). Und nicht zuletzt sei hier die ethnographische Untersuchung von Marie Gillespie (1995) erwähnt, die anhand von jungen Londonern aus Punjabi-Familien zeigt, wie das Fernsehen auf den Konstruktionsprozess von Identität im Zustand von Migration und Diaspora wirkt.

Über den alltäglichen Umgang von minorisierten Personen und gesellschaftlichen Gruppen mit dem Fernsehen weiß die bundesdeutsche Fernseh-

---

[2] Ich führe hier explizit eine Untersuchung an, die sich auf Liebesromane bezieht, da die Studie „Reading the romance" von Janice Radway (1987) über US-amerikanische Liebesromanleserinnen großen Einfluss auf die TV-Wissenschaft hatte und in nahezu allen Forschungsberichten und -überblicken Erwähnung findet.

und Rezeptionsforschung bisher nur wenig. Gesellschaftliche Handlungsmöglichkeiten, Sehstrategien, Phantasien und Bedeutungszuschreibungen von heterosexuellen Frauen und Männern, lesbischen Frauen, schwulen Männern, transgender, bi- und intersexuellen oder crossdressenden Menschen sind nie homogen. Den Auseinandersetzungen mit den Differenzen zwischen Frauen (aber auch Männern) verschiedener Regionen, Generationen, Nationalitäten und Schichten darf sich die geschlechterorientierte TV-Wissenschaft nicht verschließen, beziehungsweise sollte sie die vorliegende Forschung gezielter integrieren.

Als Konsequenz ergibt sich nun die Frage, was passieren muss, um den genannten ‚ausgeblendeten' Repräsentationen und Positionen eine Stimme zu verleihen. Aufgabe einer kritischen feministischen Fernseh- und Rezeptionsforschung ist es, ihre eigenen Ausschlüsse zu reflektieren und dieser Tendenz etwas entgegenzusetzen. So hat Silke Wenk (1997: 196ff.) gefordert, feministische Forschung müsse auch die Gegenstände und die Strukturen der Disziplinen selbst zum Gegenstand machen, da diese ebenfalls durch Geschlechterideologien bestimmt seien. Die Befragung der disziplinären Ein- und Ausschließungen, so Wenk in einem späteren Text, sei vor dem Hintergrund aktueller universitärer Umstrukturierungsprozesse besonders wichtig, da diese nun „um so heftiger und in modifizierter Weise reartikuliert werden müssen, um gewisse vermeintliche Stabilitäten, eben auch der Disziplinen, erneut und gegen ihre Befragung zu sichern" (Wenk 2001: 116). Damit gilt es, den forschenden Blick auf die Machteffekte der wissenschaftlichen Disziplinen und Institutionen (institutionalisierte Hierarchisierungen, Ausschlüsse etc.) sowie der eigenen wissenschaftlichen Praxis zu richten. Die Strukturen zu befragen, bedeutet eben auch, die Leerstellen und blinden Flecken der feministischen Forschung zu thematisieren – hier etwa die Auslassung postkolonialer, antirassistischer, queerer Ansätze und Theorien – sowie deren unausgesprochene Vorannahmen zu reflektieren.

Grenzüberschreitungen

In der bundesdeutschen TV-Wissenschaft ist mitunter notiert worden, wie wichtig es sei, den Beobachtenden und den Prozess des Beobachtens in der Forschungspraxis zu berücksichtigen. Wie die Umsetzung dieses Anliegens methodisch und theoretisch aussehen könnte, dazu liegen in diesem Kontext nur wenige Vorschläge vor. Ein personelles Beispiel dafür, wie sich die eigene Subjektivität der Forschenden produktiv in die Forschung einbringen lässt, liefert Margaret Morse (2004) mit ihrer auto-ethnographischen Methode. „Das Vergnügen der Fernseh-Zuschauerin Margaret Morse wird darin noch einmal zum zentralen methodischen Instrument der Theoretikerin", kommentiert Monika Bernold (2004: 139) die bisherige Arbeit zum Fernsehen von Margaret Morse.

Neue Anstöße kann hier auch die ethnomethodologische und ethnopsychoanalytische (Geschlechter-)Forschung liefern. So schreibt etwa Maya Nadig (1997: 79) über den eigenen forschenden Blick: „Über andere zu reden heißt, über sich zu reden, denn jede Darstellung des ‚Anderen' ist zugleich auch eine Darstellung des Eigenen oder des Selbst". Für Nadig ergibt sich hieraus die Konsequenz, über andere methodische Zugangsweisen nachzudenken. Sie schlägt daher für den ethnologischen Forschungsprozess vor, psychoanalytische Methoden in den wissenschaftlichen Forschungsprozess zu überführen. Eine ethnopsychoanalytische Betrachtung des Forschungsprozesses ermöglicht es, die eigenen Emotionen und Widerstände zu reflektieren, um so die eigenen Reaktionen auf den Gegenstand als konstitutiven Teil der Beobachtung in den Forschungsprozess einzubeziehen. Die kritische Befragung der eigenen Position in der Fernsehforschung sollte allerdings die Gefahr umgehen, mehr über die eigene Subjektivität zu produzieren als über den Gegenstand. Es geht also nicht um die Erforschung der eigenen Subjektivität, sondern darum, das, was untersucht wird, besser zu verstehen. Nadig schlägt verschiedene Wege und Möglichkeiten vor, mit denen die persönlichen Gefühlsreaktionen der Forschenden auf die Beforschten reflektiert werden können: die Dokumentation der Irritationen in einem Forschungstagebuch, den kontinuierlichen Austausch und die gemeinsame Deutung im KollegInnenkreis, Supervision. Nicht nur in der medien- und kommunikationswissenschaftlichen *Rezeptionsforschung* kann es zu Konflikten kommen, auch die Arbeit mit visuellem Material löst oftmals Gedanken und Phantasien aus, die nicht immer klar verstanden werden und die es nachträglich zu verstehen gilt. Beispiele wären etwa Ängste vor dem Thema Homosexualität, die dazu führen, das Thema zu ignorieren, oder die Lust an bestimmten Bildern, aufgrund derer man sie idealisiert.

Ein Problem, das auf der Hand liegt – und auf das Nadig hinweist –, ist, dass die Gegenübertragung für Nicht-Psychoanalytikerinnen im Feld schwer anwendbar ist. Sie schlägt daher vor, gute selbstreflexive Protokolle, sog.

Tagebuchnotizen, von den Gesprächen zu machen. In der Gruppe kann dann mit zeitlicher Distanz die selbstbeobachtende Begleitung stattfinden. Auf diese Weise können nachträglich Hindernisse, die aus Reaktionen (Ängste, Konflikte, Lüste, Widerstände etc.) und deren Abwehr (Projektion, Idealisierung, Verleugnung, Entwertung etc.) entstehen, bewusstseinsfähig gemacht werden. Sie bietet die Möglichkeit, zu thematisieren, wie eigene Erfahrungen das Forschungsfeld verändern oder wie unsere Wünsche und Ängste sich in der Schreibpraxis niederschlagen.

Eine wichtige Aufgabe der künftigen queer/feministischen Forschung wird meines Erachtens darin bestehen, methodische Instrumentarien zu entwickeln und zu prüfen, mit denen wir nicht nur die Beziehung zwischen den Forschenden und deren Gegenüber kritisch überdenken, sondern auch unser eigenes Genießen oder unsere Widerstände gegenüber bestimmten kulturellen Praktiken und Bildern angemessen reflektieren können. Im Sinne einer kritischen Forschung kann somit die Dichotomie von *den Forschenden einerseits* und *den Zuschauenden andererseits* aufzulösen begonnen werden.

Literatur

Ang, Ien (1986): Das Gefühl /Dallas/. Zur Produktion des Trivialen, Bielefeld.

Becker-Schmidt, Regina/Knapp, Gudrun-Axeli (2000): Feministische Theorien. Zur Einführung, Hamburg.

Bernold, Monika (2004): Einleitung: Diskursive und imaginäre Räume des Fernsehens: TV's elsewheres and nowheres, in: dies./Braidt, Andrea B./Preschl, Claudia (Hg.): Screenwise. Film. Fernsehen. Feminismus, Marburg, S. 137-142.

Butler, Judith (1991): Das Unbehagen der Geschlechter, Frankfurt/M.

FeMigra (1994): Wir, die Seiltänzerinnen. Politische Strategien von Migrantinnen gegen Ethnisierung und Assimilation, in: Eichorn, Cornelia/Grimm, Sabine (Hg.): Gender Killer. Texte zu Feminismus und Politik, Berlin u. Amsterdam, S. 49-64.

Gillespie, Marie (1995): Television, Ethnicity and Cultural Change, London.

Gray, Ann (2001): Bilanz der angloamerikanischen Publikums- und Rezeptionsforschung. Probleme mit den Publika, in: Klaus, Elisabeth/Röser, Jutta/Wischermann, Ulla (Hg.): Kommunikationswissenschaft und Gender Studies, Wiesbaden, S. 73-92.

Hall, Stuart (2000): Cultural Studies. Ein politisches Theorieprojekt. Ausgewählte Schriften 3, Hamburg.

Haller, Dieter (1997): Zur Heteronormativität in der Ethnologie, in: Völger, Gisela (Hg.): Sie und Er. Frauenmacht und Männerherrschaft im Kulturvergleich, Köln, S. 85-90.

Haraway, Donna (1995): Situiertes Wissen. Die Wissenschaftsfrage im Feminismus und das Privileg einer patriarchalen Perspektive, in: dies.: Die Neuerfindung der Natur: Primaten, Cyborgs und Frauen, Frankfurt/M., S. 73-97.

Harding, Sandra (1994): Das Geschlecht des Wissens, Frankfurt/M.

Klaus, Elisabeth (1998): Kommunikationswissenschaftliche Geschlechterforschung. Zur Bedeutung der Frauen in den Massenmedien und im Journalismus, Opladen.

Lauretis, Teresa de (1999): Die andere Szene. Psychoanalyse und lesbische Sexualität, Frankfurt/M.

Lee, Minu/Chong Heup Cho (1990): Women Watching Together. An Ethnographic Study of Korean Soap Opera Fans in the United States, in: Cultural Studies, Bd. 4.1, S. 30-44.

Morse, Margarete (2004): The Duties of the Wind. Eine Feministin auf den Spuren kulturellen Wandels, in: Bernold, Monika/Braidt, Andrea B./Preschl, Claudia (Hg.): Screenwise. Film. Fernsehen. Feminismus, Marburg, S. 143-148.

Nadig, Maya (1997): Die Dokumentation des Konstruktionsprozesses. Theorie und Praxisfragen in Ethnologie und Ethnopsychoanalyse, in: Völger, Gisela (Hg.): Sie und Er. Frauenmacht und Männerherrschaft im Kulturvergleich, Köln, S. 77-84.

Parameswaran, Radhika E. (1999): Pleasure, Privilege, and Leisure Reading: Class Identities and Romance Reading in Postcolonial Urban India, in: AEJMC archives 3: http://list.msu.edu/cgibin/wa?A2=ind9902a&L=aejmc&F=&S=&P=311.

Radway, Janice A. (1987): Reading the Romance. Women, Patriarchy and Popular Literature, London u. New York.

Schaffer, Johanna/Stecher, Marcella (2004): Prekäre Fantasien: Objekt- und Subjektsetzungen in lesbisch-queeren Film-/Videobildern mit SM-Bezug. Ein Workshop, in: Bernold, Monika/Braidt, Andrea B./Preschl, Claudia (Hg.): Screenwise. Film. Fernsehen. Feminismus, Marburg, S. 79-85.

Seier, Andrea (2006): Diskursive Verlagerungen: Von „Frauen und Film" zu „Gender und Medien", in: Wagner, Hedwig/Geiger, Annette/Rinke, Stefanie/Schmiedel, Stevie (Hg.): Wie der Film den Körper schuf. Ein Reader zu Gender und Medien, Weimar.

Wenk, Silke (1997): „Kulturwissenschaftliche Geschlechterstudien" als Aufbaustudiengang – ein transdisziplinäres Projekt, in: Metz-Göckel, Sigrid/Steck, Felicitas (Hg.): Frauenuniversitäten: Initiativen und Reformprojekte im internationalen Vergleich, Opladen, S. 195-203.

Wenk, Silke (2001): Transdisziplinarität als hochschulpolitisches Programm: neue Perspektiven für Frauen- und Geschlechterstudien in Forschung und Lehre?, in: Batisweiler, Claudia (Hg.): Geschlechterpolitik an Hochschulen: Perspektivenwechsel, Opladen, S. 107-118.

Claas Wehlen

Wissenschaftsverständnis von Schülerinnen und Schülern und Möglichkeiten zur Veränderung

Seit den 1980er Jahren wird im englischsprachigen Raum intensiv darüber gestritten, welche Vorstellungen Schülerinnen und Schüler von der „nature of science" haben sollten. Empirische Untersuchungen (vgl. u.a. Abd-El-Khalick 2004) haben ergeben, dass Schülerinnen und Schüler naive, naturalistische Vorstellungen von den Naturwissenschaften haben[1], die in der Wissenschaftstheorie als überholt gelten. Sie sind zudem hinderlich für das Verstehen von Wissenschaft und Lernen von Fachinhalten, trotzdem werden sie in Schulen noch häufig vermittelt. Die Wende zu konkreten, kulturalistischen und relativistischen Wissenschaftstheorien wird in der didaktischen Forschung unter dem Sammelbegriff „nature of science" zusammengefasst. Wichtige Aspekte von „nature of science" sind die Diskussion um das wünschenswerte Verständnis von Wissenschaft, das Schülerinnen und Schüler erhalten sollten, sowie die Wege seiner Vermittlung. Dabei handelt es sich mithin nicht um eine grundsätzliche Theoriedebatte, sondern um eine didaktische Frage, die darauf zielt, die Motivation zu erhöhen, die Praxis wissenschaftlicher Arbeit und Erkenntnisgewinnung sowie gesellschaftliche Zusammenhänge aufzuzeigen und schließlich kritisches Problembewusstsein bei Schülerinnen und Schülern zu stärken.

Ein wichtiges Medium der Darstellung von Wissenschaft sind Unterrichtsmaterialien. Deren Bedeutung sowie die Möglichkeiten ihrer Analyse im Sinn der o.g. Fragestellung stehen im Zentrum des vorliegenden Aufsatzes. Davon ausgehend werden Folgerungen formuliert, die es Schülerinnen und Schülern ermöglichen könnten, ein didaktisch gewünschtes und multiple Aspekte umfassendes Verständnis von Wissenschaft zu erhalten.

---

[1] Im Folgenden werden Chemie und Naturwissenschaften synonym verstanden. Es wird weiterhin davon ausgegangen, dass sich die einzelnen Disziplinen der Naturwissenschaften, auch in verschiedenen Ländern, so weit ähneln, dass Verallgemeinerungen möglich sind. Forschungsergebnisse aus dem angelsächsischen Raum gelten somit auch für Deutschland.

1. Erkenntnisse über das Wissenschaftsverständnis von Schülerinnen und Schülern

Die Vorstellungen zur Person des Forschers und zu seiner Arbeit sind nach Höttecke (2004b) meist stereotyp und nicht differenziert. Als Prototyp des Wissenschaftlers gilt ein Mann mit Bart in einem weißen Kittel, der alleine im Labor arbeitet. Seine Umgebung besteht aus Geräten und Symbolen des Wissens. Er ist intelligent, weltfremd und nur mit seiner Arbeit beschäftigt, die zudem sehr gefährlich sein kann. Zwar ist er kreativ, aber er braucht nicht über die Natur nachzudenken, da diese vorstrukturiert ist. Seine Aufgabe beschränkt sich auf das Erfassen von Daten in Form von Versuchen. Die wissenschaftliche Methode, bei der das Experiment eindeutige Antworten auf Fragen an die Natur liefert, wird als einheitlich betrachtet (vgl. Abd-El-Khalick 2004: 390). Der Forscher arbeitet isoliert von anderen Wissenschaftlern. Auch bezüglich der Motivation, Forschung zu betreiben, haben Schülerinnen und Schüler naive Vorstellungen. Sie halten ein persönliches und ehrenhaftes Erkenntnisinteresse für zentral. Für sie ist Vorurteilsfreiheit zwingend notwendig. Dies hängt mit der Vorstellung zusammen, dass die Natur strukturiert ist. Der Forscher muss genau und frei von Ideologie arbeiten, um die unveränderbaren Naturgesetze aufzudecken. Andernfalls macht er keine oder nur falsche Entdeckungen. Empirische Ergebnisse gelten als wahr. Ihre Auswertung wird nicht als theoriegeladen und voreingenommen gesehen (vgl. Höttecke 2004b: 271).

Natur wird als eine Realität gesehen, die unveränderbar und vorstrukturiert ist und durch Forschung erfahrbar wird. Der Erkenntnisweg ist linear, unverzweigt und gekennzeichnet durch empirische Messungen, die zur Wirklichkeit führen und nicht hinterfragt werden müssen. Soziale, kulturelle und kreative Komponenten von Wissenschaft sind somit überflüssig. Erkenntnisse aus der Vergangenheit werden von Schülerinnen und Schülern nicht als wahr bezeichnet, da sie „falsche" Ergebnisse produzierten. Die Abhängigkeit der Erkenntnisse von ihrer Zeit wird nicht eingesehen. Durch den Fortschritt der Technik sollte in Zukunft alles Unbekannte erforscht werden können.

2. Genese und Problematik dieser Vorstellungen

Schülerinnen und Schüler konstruieren ihre Vorstellungen aus ihren lebensweltlichen Erfahrungen und durch die Vermittlung von Eltern, Schule und weiteren Medien. Es existiert keine Institution, die die Vorgänge in der Wissenschaft tiefgründig erklärt (vgl. Abd-El-Khalick 2004: 419).

Die schlechten Ergebnisse der PISA-Studie können zum Teil damit erklärt werden, dass die Motivation im naturwissenschaftlichen Unterricht gering ist und der Alltagsbezug häufig fehlt (vgl. Freienberg u.a. 2001). Diesem Mangel an naturwissenschaftlichem Interesse und Kompetenz steht der hohe Bedarf einer technisierten Welt gegenüber, denn viele Problemlösungen benötigen naturwissenschaftliches Grundverständnis. Neben diesen gesellschaftlichen Anforderungen eines realistischeren Verständnisses von Chemie sprechen auch didaktische Gründe für die Behandlung von „nature of science". Höttecke (2004a) und Jansen (1997) versprechen sich dadurch eine erhöhte Motivation, differenziertere Problemlöse- und Reflektionskompetenzen sowie bessere kognitive Lernleistungen. Schülerinnen und Schüler sollten die Praxis wissenschaftlicher Erkenntnisprozesse kennenlernen und Scheu vor wissenschaftlicher Autorität abbauen, indem sie angeregt werden, sich eine eigene Meinung zu bilden und diese zu vertreten.

Die Erweiterung der inhaltlichen und methodischen Vielfalt kann durch die Behandlung der „nature of science" erreicht werden. Die Betonung der menschlichen, emotionalen Komponente von Wissenschaft sollte besonders diejenigen Schülerinnen und Schüler besser motivieren, die eine Subjektbezogenheit aufweisen. Im naturwissenschaftlichen Unterricht ist dagegen häufig eine starke, neutrale Objektbezogenheit zu finden (vgl. Jansen 1997: 225).

Die Ziele des Schulunterrichts sind laut den Curricula wissenschaftspropädeutisch, gerade in der Sekundarstufe II. Die Schülerinnen und Schüler sollen die „Denk- und Arbeitsweisen der Chemie" (Niedersächsisches Kultusministerium 1997: 5) kennenlernen. Allerdings bezieht sich diese Aussage nur auf die Inhalte, nicht auf die praktischen Aspekte der Wissenschaft und der in ihr tätigen Menschen. Die Urteils- und Entscheidungsfähigkeit ließe sich durch die Förderung des Verständnisses von wissenschaftlichen Erkenntnisprozessen weiter stärken. Durch die Umstellung der Curricula von Lehrplänen auf Bildungsstandards und einheitliche Prüfungsanforderungen ergeben sich Veränderungen und Gestaltungsmöglichkeiten. Statt Inhalten sollen die Schülerinnen und Schüler Kompetenzen erwerben. Somit wird der Stellenwert des Wissenschaftsverständnisses größer: Die Schülerinnen und Schüler sollen „Verknüpfungen zwischen kulturellen und gesellschaftlichen Entwicklungen mit Fragestellungen und Erkenntniswegen der Chemie auf[zeigen]" (http://www.kmk.org/doc/beschl/EPA-Chemie.pdf: 13). Allerdings verlangen nur wenige Aspekte der Bildungsstandards ein differenziertes Wissenschaftsverständnis.

3. Gewünschtes Wissenschaftsverständnis von Schülerinnen und Schülern

In der Wissenschaftstheorie konkurrieren verschiedene, teils konträre Ansätze miteinander (vgl. Lederman 2004: 303). Es stellt sich die Frage, wie entschieden werden kann, welcher der richtige für den Schulunterricht ist. Dabei wird implizit auch die Auffassung der Ziele von Schulbildung mitdiskutiert. Auch wenn von vielen Didaktikern ein gemäßigter konstruktivistischer Ansatz vertreten wird, gibt es starke Kontroversen über den richtigen wissenschaftstheoretischen Ansatz (vgl. Niaz u. a. 2003). Als Konsens gilt, dass im Unterricht ein naiver Positivismus überwunden werden sollte. Außerdem sollte die Situation der Schülerinnen und Schüler mit bedacht werden. Die Ausführungen dürften nicht zu abstrakt sein, sondern sollten ein realistischeres und motivierendes Verständnis von Wissenschaft vermitteln. Häufig wird die Diskussion um die „richtige" Theorie von Wissenschaft jedoch umgangen, indem ein Kanon von Kriterien definiert wird, der Schülerinnen und Schülern ein adäquateres Verständnis von Wissenschaft vermitteln sollte (vgl. Abd-El-Khalick 2004, http://www.project2061.org/publications/sfaa/online/sfaatoc.htm,).

Strittig ist zudem, ob eine feste Definition von „nature of science" zulässig ist oder nicht. Widerspricht eine Definition dem Wissenschaftspluralismus oder bietet sie eine Orientierung für ein besseres Wissenschaftsverständnis? Dieses Problem lässt sich in der Didaktik relativ einfach lösen. Erziehung ist immer normativ, sodass die Methoden und Inhalte festgelegt werden dürfen, um die didaktischen Ziele bestmöglich zu erreichen. Diese sind für Höttecke (2001) die Überwindung von positivistischen Positionen und eines autoritären, unsozialen Bildes von Wissenschaft. Ein kulturalistisches, konstruktivistisches und relativistisches Wissenschaftsverständnis sollte dazu geeignet sein, praxisnäher und menschenzentrierter zu sein und somit Schülerinnen und Schüler zu motivieren. Sie sollen lernen, dass Wis-

Wissenschaftsverständnis von Schülerinnen und Schülern

senschaft ein sozialer Prozess ist. Die hierarchische Hürde, die Wissenschaft als autoritär darstellt, sollte reduziert werden. Wird die menschliche Seite betont, so sollte Wissenschaft Schülerinnen und Schülern spannender erscheinen. Außerdem lassen sich mit einem konstruktivistischen Verständnis von Wissenschaft die Kompetenzen „Problemlösen", „Bewertung" und „Transfer" fördern, da die wissenschaftlichen Erkenntnisprozesse von den Schülerinnen und Schülern nachvollzogen werden müssen. Verstehen sie, dass Erkenntnisse veränderbar sind, wird nach Höttecke (2004b: 269) die Evidenz wissenschaftlicher Ergebnisse infrage gestellt. Die Schülerinnen und Schüler beginnen, die Beweise und die Mechanismen der Aushandlung einer Theorie in der „scientific community" zu hinterfragen.

Ein weiteres Ziel eines besseren Verständnisses von Wissenschaft ist die Stärkung von „scientific literacy" (oft unzureichend mit „naturwissenschaftliche Grundbildung" übersetzt), die u.a. in der PISA-Studie getestet wurde. Die Schülerinnen und Schüler sollen verstehen, wie die Wissenschaften funktionieren, wie Erkenntnisse gewonnen werden, und sich kritisch damit auseinandersetzen. Das Ziel ist, sie zu mündigen Bürgern zu erziehen, die an gesellschaftlichen Diskussionen teilnehmen, indem sie die Grenzen und Möglichkeiten von Forschung einschätzen können. Dies sollte ihre Bewertungskompetenz erhöhen.

Trotz der wissenschaftstheoretischen Bedenken, einen festen Kanon zu bilden, halte ich es aus pragmatischen Gründen für gerechtfertigt. Ich fasse hier einen Versuch zusammen, entsprechende Kriterien zu entwickeln (vgl. http://www.project2061.org/publications/sfaa/online/sfaatoc.htm). Die Autoren nennen als Ziel naturwissenschaftlichen Forschens, die Welt verstehbar zu machen. Das Wissen sei aber veränderlich, denn es gebe keine absolute Wahrheit und keinen Anspruch darauf. Nichtsdestotrotz hätten wissenschaftliche Debatten die Aufgabe, sich mit Theorien auseinanderzusetzen, die die Welt besser erklären könnten. Grundsätzliche naturwissenschaftliche Theorien blieben lange tragfähig und anwendbar, auch wenn ihre Geltung nicht mehr uneingeschränkt für alle Bereiche akzeptiert werde. Insgesamt könnten die Naturwissenschaften nicht die Antworten auf alle Fragen liefern. Die aufgestellten Behauptungen müssten durch Beweise belegt werden. Wissenschaftler müssten Theorien oder Hypothesen be- oder widerlegen. Sie hätten häufig keine klaren, sondern ungefähre Hypothesen, mit denen sie arbeiten. Mit wachsender Erfahrung würden die Vorstellungen exakter und differenzierter.

Wichtig für ihre Arbeit seien kognitive Prozesse, die als logisch und kreativ verstanden werden. Sie versuchten Vorurteile zu identifizieren und auszuräumen. Die Ergebnisse würden gedeutet und daraus Vorhersagen aufgestellt. Ihre Arbeit entspreche damit einer komplexen sozialen Aktivität. Wissenschaftler nähmen an öffentlichen Diskussionen, sowohl als Experten als auch als Bürger, teil. Die Naturwissenschaften seien nicht autoritär und in Disziplinen eingeteilt, die institutionell verankert und historisch entwickelt sind. Es gebe allgemein akzeptierte ethische Standards zum wissenschaftlichen Arbeiten.

4. Möglichkeiten, das Wissenschaftsverständnis zu verbessern

Die Vermittlung dieser Kriterien, die ein differenziertes, reflektiertes Verständnis von Wissenschaft ermöglichen sollen, bedarf eines langen, komplizierten Lernprozesses, an dem verschiedene Institutionen beteiligt sind. Das im oben beschriebenen Sinn naive Wissenschaftsverständnis wird den Schülerinnen und Schülern meist implizit durch einen „heimlichen Lehrplan" vermittelt. Er umfasst Lerninhalte, die nicht ausdrücklich genannt, aber dennoch verlangt werden. Sie tragen stark zu einer bestimmten Vorstellung von dem Fach bei, worin sich häufig ideologische Positionen widerspiegeln. Als zentrales Medium gilt die Lehrkraft. Sie vermittelt ihre Vorstellung von „nature of science" meist indirekt und unreflektiert, zumal wenige Lehrerinnen und Lehrer in Geschichte oder Philosophie der Naturwissenschaften ausgebildet sind. Dabei verstoßen sie nicht gegen den Lehrplan, denn es existieren keine inhaltlichen Vorgaben für das Unterrichten von „nature of science".

Zur Veränderung des Wissenschaftsverständnisses sind geeignete Unterrichtsmaterialien wichtig. Sie sollten sich auf die Schülervorstellungen beziehen und die Anreize für kognitive Konflikte bieten, die eine Akkommodation ihrer Konzepte bewirken. Weiterhin sollten der Lehrerin bzw. dem Lehrer Hilfestellungen bei der Gestaltung des Unterrichts angeboten werden. Allerdings reicht es nicht aus, Schülerinnen und Schüler Unterrichtsmaterialien zu geben, die ein authentisches Verständnis von Wissenschaft vermitteln. „Nature of science" sollte vielmehr ausdrücklich als kognitiver Fachinhalt unterrichtet werden. Zudem ist auf eine Übereinstimmung von Inhalten, Methoden und Zielen zu achten. Allerdings bieten nur wenige Lehrbücher Inhalte zur „nature of science". Außerdem gibt es nur wenige wissenschaftliche

Untersuchungen und einen Mangel an geeigneten Methoden zur Einschätzung der Darstellung von Wissenschaft in Unterrichtsmaterialien. Eine Untersuchung soll im Folgenden vorgestellt werden.

5. Analyse von populärwissenschaftlichen Medien

Das Wissenschaftsverständnis von Schülerinnen und Schülern wird u.a. durch populärwissenschaftliche Medien wie Fernsehsendungen, Internetseiten und (Schul-)Bücher beeinflusst. Allerdings sind sie und ihr Einfluss auf die Lernenden kaum erforscht. Die Ergebnisse einer Untersuchung sollen kurz skizziert werden.

Höttecke (2001) erforschte die Darstellung von Physik in Lehr- und Lernbüchern. Ihm fiel auf, dass die Bücher sehr „wissenschaftlich" seien, d.h. sie bezögen sich auf die Wissenschaft an sich, zeigten kaum soziale Zusammenhänge, seien in einem neutralen Sprachduktus gehalten und beinhalteten viele Fremdwörter und eine riesige Materialfülle. Oft träten die Physik, ihre Ideen, Geräte oder Phänomene grammatikalisch als Subjekt auf. Dies führe zu einer Depersonalisierung, die eine unhinterfragbare Gewissheit und Faktizität ausdrücke. Die Motivation, Wissenschaft zu betreiben, sei reines Erkenntnisinteresse, welches nach den Vorstellungen der Schülerinnen und Schüler meist durch Messungen befriedigt werde. Die Wissenschaft werde selten affektiv und sozial dargestellt, sondern anonym und autoritär. Dies widerspreche dem Interessensprofil vieler Schülerinnen und Schüler, was ein wichtiger Grund für ihre mangelnde Motivation sei. Insgesamt werde ein naturwissenschaftliches Weltbild mit einem bürgerlich-konservativen Kulturverständnis vermittelt.

Wie oben dargelegt, sprechen Indikatoren dafür, dass die Vermittlung eines naiven Verständnisses von Naturwissenschaft den Lernerfolg beeinträchtigt. Es wurde argumentiert, welches Verständnis von „nature of science" einen höheren Lernerfolg verspricht und stärker mit aktuellen wissenschaftstheoretischen Erkenntnissen übereinstimmt. Schülerinnen und Schüler sollten im Idealfall dieses Wissenschaftsverständnis erwerben. Dazu ist es nötig, dass es u.a. in Lehr- und Lernmaterialien vermittelt wird. Wie kann aber eingeschätzt werden, welches Verständnis von Wissenschaft vorliegt? Zur Beantwortung dieser Frage wurde die skalierende, strukturierte, qualitative Inhaltsanalyse von Mayring (2003: 92) verwendet, um eine qualitativempirische Untersuchung der Darstellung von Erkenntnisgewinnung in Lehr- und Lernmaterialien durchzuführen (vgl. Wehlen 2006). Erkenntnisgewinnung gilt als ein wichtiger Teil von Wissenschaft und ist zudem eine Kompetenz, die in den einheitlichen Prüfungsanforderungen verlangt wird.

Die angewandte Methode ermöglicht eine Einordnung von Textstellen nach vorher festgelegten Kategorien, in diesem Fall hinsichtlich der bereits diskutierten Aspekte. Es sollten Textstellen, die auf Aktivitäten in der Wissenschaft hindeuten, dahingehend untersucht werden, wie gut verschiedene Aspekte des Erkenntnisgewinns dargestellt werden. Besonders wichtig ist hierbei der Forscher mit seiner Arbeit, die sich besonders durch logisches Denken, Kreativität und das Lösen von Problemen auszeichnet. Als weitere Ebenen von Handlungen gelten die Diskussion und Aushandlung von Fakten in der „scientific community" und der wechselseitige Einfluss von Wissenschaft und Gesellschaft. Zudem wurden erkenntnis- und wissenschaftstheoretische Aspekte untersucht: Welches Verständnis von Wissenschaft und Wahrheit wird vermittelt? In welchem Verhältnis stehen Theorie und Praxis zueinander? Die Wissenschaftstheorie soll durch die Analyse der Darstellung der Einflüsse auf die Erkenntnisse, besonders der wissenschaftlichen Methode, die Darstellung der Forschung als Prozess und die Frage nach dem Zweck und dem Nutzen von Wissenschaft untersucht werden. Durch welche inner- und außerwissenschaftlichen Zusammenhänge wurden die Erkenntnisse erst möglich? Zentral ist hierbei die Rolle wissenschaftlicher Debatten, in denen die Akzeptanz einer Theorie verhandelt wird. Wichtig ist zudem die Darstellung der Person des Forschers. In welche sozialen Zusammenhänge ist er eingebunden, und wie wirkt sich dies auf seine Arbeit aus? Welche individuellen Züge zeichnen seine Arbeitsweise aus? Wissenschaft sollte als Prozess gezeigt werden, bei dem Theorie und Praxis interagieren.

Die Textstellen, die solche Informationen beinhalteten, waren meist historische Exkurse oder Erläuterungen über aktuelle Entwicklungen in der Wissenschaft. In den untersuchten Materialien gab es keine allgemeinen Aussagen über Erkenntnisgewinnung in der Wissenschaft.

Aus den Materialien wurden beispielhafte Textstellen entnommen, die Erkenntnisgewinnung den Vorgaben entsprechend „gut", „mittel" oder „schlecht" darstellten, um im weiteren Verlauf die anderen Textstellen mit diesen Mustern vergleichen zu können. Danach wurden alle Textstellen, die

Aussagen über Erkenntnisgewinnung beinhalteten, nach dieser Skala bewertet, um einschätzen zu können, wie gut ein Material geeignet ist, das gewünschte Wissenschaftsverständnis zu vermitteln.

Insgesamt wurden sieben deutsch- und fünf englischsprachige Materialien analysiert, die Schülerinnen und Schülern gut zugänglich sind (Fernsehsendungen, Internetseiten und Schulbücher). Die Ergebnisse sollen kurz zusammengefasst werden. Die Materialien waren von unterschiedlicher Qualität, wobei sich bestimmte Tendenzen zeigten. Die Darstellung der Wissenschaft, besonders in deutschen Materialien, war überwiegend neutral, autoritär und bezog sich selten auf die handelnden Menschen. Sie entsprachen damit nicht der gewünschten Darstellung von Wissenschaft. Die englischsprachigen Materialien betonten stärker soziale Aspekte, indem Wissenschaftler und ihre Arbeit vorgestellt wurden. Unterschiede ergaben sich auch zwischen den Medien. Fernsehsendungen stellten Erkenntnisgewinnung seltener, einseitiger und weniger historisch fundiert dar als Internetseiten und Schulbücher, die sich strukturell und inhaltlich ähnelten. Auffällig war, dass insgesamt kaum metawissenschaftliche Informationen enthalten waren. Es ist zu vermuten, dass die guten Materialien mit dem Ziel geschrieben wurden, Informationen über „nature of science" zu vermitteln.

Die Schülervorstellungen zur und die Darstellung von „nature of science" in den Materialien ähnelten sich. Dies deutet auf den Einfluss von den Medien auf die Lernenden hin, der aber noch nicht ausreichend untersucht ist. Insgesamt konnten die Ergebnisse der Schulbuchuntersuchung von Höttecke (s.o.) auch für Chemieunterrichtsmaterialien bestätigt werden.

6. Fazit

„[R]esearch has not lend support to the assumption that the nature of science can be learned implicitly" (Abd-El-Khalick u. a. 1998: 419). „Nature of science" sollte darum als kognitiver Fachinhalt in der Schule unterrichtet werden. Dazu sind eine Aufnahme ins Curriculum, die Existenz geeigneter Unterrichtsmaterialien und entsprechende Ausbildung der Lehrkräfte nötig.

Die Möglichkeit für Veränderungen auf der curricularen Ebene ist durch die Umstellung von Rahmenrichtlinien zu den Bildungsstandards und einheitlichen Prüfungsanforderungen gegeben. Gerade die Kompetenzen

"Bewertung" und "Erkenntnisgewinnung" können auf metawissenschaftliche Aspekte bezogen werden.

Im Unterricht sollte "nature of science" mit den Fachinhalten gemeinsam unterrichtet werden, sodass ein Kontextualisierung stattfindet, wie Lederman (2004: 302) vorschlägt. Das Lernen des historischen Materials solle mit psychologischen und pädagogischen Lernstrategien übereinstimmen. Dies sei in der Didaktik bisher zu wenig vollzogen worden.

Weiterhin wäre es wichtig, Lehrerinnen und Lehrer in Wissenschaftstheorie auszubilden und bei Unterrichtsmaterialien bestimmte Standards einzufordern. Beispielsweise könnten einzelne Kapitel über die Wissenschaft an sich oder geeignete historische Exkurse als Bedingung für die Zulassung von Schulbüchern durchgesetzt werden. Wichtiger wäre es allerdings, dass auf allen Ebenen der Schulbücher, wie Sprache, Aufbau und Inhalt, ein differenziertes Verständnis von Wissenschaft angeboten wird. Es sollten Inhalte aufgenommen werden, die die Alltagsvorstellungen der Schülerinnen und Schüler berücksichtigen und kognitive Konflikte auslösen können, die zu einem "conceptual change" führen.

Es ist zu vermuten, dass offener Unterricht eher zu einem konstruktivistischen Verständnis von Wissenschaft führt, da die Methode und das Lernziel übereinstimmen. Darum ist es nötig, geeignete Unterrichtsmethoden zu verwenden, um "nature of science" zu behandeln. Die starke Betonung von Exkursen in die Geschichte beim historisch-problemorientierten Unterrichtsverfahren (vgl. Jansen 1997) bietet sich hierfür an. Dagegen ermöglicht das Konzept "Chemie im Kontext" (vgl. Parchmann 1999) pluralistische Bewertungen und die Behandlung wissenschaftstheoretischer Aspekten.

Empirische Untersuchungen sind nun nötig, um zu zeigen, ob sich bei der Umsetzung dieser Forderungen eine erhöhte Motivation und ein besseres Verständnis von Vorgängen der wissenschaftlichen Erkenntnisgewinnung bei den Schülerinnen und Schülern feststellen lassen.

Literatur

Abd-El-Khalick, Fouad u. a. (1998): The nature of science and instructional practise: Making the unnatural natural, in: Science Education 82, S. 417-436.

Abd-El-Khalick, Fouad (2004): Over and over again: College students' views of nature of science, in: Flick, Lawrence/Lederman, Norman (Hg.): Scientific inquiry and nature of science. Implications for teaching, learning and teacher education, Dordrecht, S. 389-425.

Freienberg, Julia u. a. (2001): „Chemie fürs Leben" auch schon in der Sekundarstufe I – geht das? Teil 1, in: Chemie Konkret 2, S. 67-75.

Höttecke, Dietmar (2001): Die Natur der Naturwissenschaften historisch verstehen. Fachdidaktische und wissenschaftshistorische Untersuchungen, Berlin.

Höttecke, Dietmar (2004a): Wissenschaftsgeschichte im naturwissenschaftlichen Unterricht, in: Hößle, Corinna u. a. (Hg.): Lehren und lernen über die Natur der Naturwissenschaften, Hohengehen u. Baltmannsweiler, S. 43-56.

Höttecke, Dietmar (2004b): Schülervorstellungen über die „Natur der Naturwissenschaften", in: Hößle, Corinna u. a. (Hg.): Lehren und lernen über die Natur der Naturwissenschaften, Hohengehren, Baltmannsweiler, S. 264-277.

Jansen, Walter (1997): Das historisch-problemorientierte Unterrichtsverfahren – Geschichte der Chemie im Chemieunterricht, in: Pfeifer, Peter u. a. (Hg.): Konkrete Fachdidaktik Chemie, München, S. 223-234.

Lederman, Norman (2004): Syntax of nature of science within inquiry and science instruction, in: Flick, Lawrence/Lederman, Norman (Hg.): Scientific inquiry and nature of science. Implications for teaching, learning and teacher education, Dordrecht, S. 301-317.

Mayring, Philipp (2003): Qualitative Inhaltsanalyse. Grundlagen und Techniken, Weinheim u. Basel.

Niaz, Mansoor u. a. (2003): Constructivism: Defense or a continual critical appraisal – a response to Gil-Pérez et al., in: Science & Education 12, S. 787-797.

Niedersächsisches Kultusministerium (Hg.) (1997): Rahmenrichtlinien für das Gymnasium. Schuljahrgänge 7-10. Chemie, Hannover.

Parchmann, Ilka u. a. (1999): Chemie im Kontext – ein neues Konzept für den Chemieunterricht, in: Chemie Konkret 4, S. 191-196.

Wehlen, Claas (2006): Erkenntnisgewinnung in der Chemie am Beispiel der Kunststoffe – Analyse der wissenschaftlichen Vorstellungen und populärwissenschaftlichen Darstellungen, Staatsexamensarbeit an der Universität Oldenburg.

Internetquellen (Stand Mai 2006)

http://www.kmk.org/doc/beschl/EPA-Chemie.pdf.

http://www.project2061.org/publications/sfaa/online/sfaatoc.htm.

II.
Techniken und Strategien der Sichtbarmachung

Stefan Meißner

Wahrheit oder Plausibilität? Mögliche Konsequenzen in der Wissenschaft

Gegenwärtige Reflexionen zum Verhältnis von Wissenschaft und Gesellschaft zeigen zumeist zwei divergierende Prozesse auf: Zum einen die steigende Wissensabhängigkeit aller gesellschaftlichen Teilbereiche und zum anderen die zunehmenden Zweifel diesem Wissen gegenüber. Mit Peter Weingart (2001) wäre dies auch mit der Formel „Verwissenschaftlichung der Gesellschaft bei gleichzeitiger Vergesellschaftung der Wissenschaft" zu fassen.

Im Hintergrund dieser Diagnose lässt sich eine zunehmende Problematisierung wissenschaftlichen Wissens vermuten, wobei vornehmlich die Gewissheit dieses Wissens und die Autorität der Wissenschaft infrage stehen. Ein Indiz für diese Vermutung besteht darin, dass vermehrt von der ‚Plausibilität' – statt von der (wie auch immer vorläufigen) Wahrheit – eigener Aussagen, ob nun in Diskussionen, Aufsätzen oder Büchern, gesprochen wird.

Während ‚Plausibilität' zumeist beiläufig verwendet und nicht näher definiert wird, soll hier zunächst nach einer möglichen Bedeutung dieses Wortes gefahndet werden. In einem zweiten Schritt soll diese erste Begriffsabsteckung zu einer möglichen wissenschaftstheoretischen Kategorie verdichtet werden. Sodann kann die Frage diskutiert werden, welche Folgen zu erwarten sind, wenn es wirklich stimmen sollte, dass ‚Plausibilität' als Modevokabel auf die gesellschaftliche Problematisierung wissenschaftlichen Wissens reagiert.

Letztlich versteht sich der Text jedoch mehr als ‚wuchernde Fußnote' zur Verwendung von Plausibilität denn als stringente Thesenüberprüfung.

I. Begriffsabsteckung

Allgemein betrachtet, stammt ‚plausibel' vom französischen ‚plausible' ab und besagt: etwas ist so beschaffen, dass es ‚einleuchtet, verständlich bzw. begreiflich' ist. Dieser französische Wortstamm leitet sich von lat. ‚plausibilis: Beifall verdienend, einleuchtend' her. Auf der Suche nach Synonymen lassen sich Wörter wie anschaulich, überzeugend, intuitiv klar, glaubhaft, relevant oder auch gemeinverständlich finden.

Mit Blumenberg ließe sich auch noch die Rede von ‚Wahrscheinlichkeit' als Kandidat für ‚Plausibilität' ausmachen, jedoch im ursprünglich gebrauchten Sinne als ‚Schein der Wahrheit' mit der innewohnenden Doppeldeutigkeit von Schein. Einerseits kann Schein für Abglanz, Ausstrahlung oder Aura stehen, andererseits aber auch „als leere Prätention, irreführendes Trugbild, Vortäuschung, anmaßliche Einschleichung in die legitime Signatur" (Blumenberg 1999: 117) gedacht werden. Genau diese Doppeldeutigkeit scheint auch der Rede von Plausibilität bzw. Plausibilisieren eingeschrieben zu sein. Auf der einen Seite ist etwas plausibel, weil es einleuchtet, weil es begreiflich ist, und rückt somit in die Nähe von Erkenntnis. Auf der anderen Seite gibt es auch die manipulative Lesart, dass es eigentlich gar keine Erkenntnis sei, sondern nur eine Täuschung, ein Trick, eine rhetorische Finte. Jedenfalls scheint ‚Plausibilität' weder deckungsgleich mit Wahrheit noch mit Beliebigkeit, aber auch nicht mit Glaube oder Geltung.

II. Verortung der Analyse – Wissenssoziologie

Diese erste Annäherung verweist auf eine wissenssoziologische Perspektive, da plausibel nicht ‚wahr an-sich' ist, sondern vielmehr ein Wissen beschreibt, das nur sozial und historisch gebunden einleuchtet. Damit ist zumindest angedeutet, dass Wissen bzw. Erkenntnis nicht als Menge von wahren Sätzen angesehen wird, sondern dass jegliches Wissen eine operative Herstellung von Tat-Sachen beinhaltet. Mit dieser Perspektive kann die erkenntnistheoretische Sicherungsgeste zumindest irritiert werden, denn Wissen scheint nunmehr mit Adjektiven wie „sicher", „beständig" oder „wahr" nur noch unzureichend charakterisierbar.

Die Vermutung, dass dem scheinbar sicheren Wissen eine große Unbeständigkeit eingeschrieben ist, liegt in der Betrachtung des Verhältnisses von Wissen und Gesellschaft und wurde u.a. schon von Karl Marx ausgesprochen. Er bezeichnete die aufgrund der sozioökonomischen Lage (Klassenzugehörigkeit) vertretenen Ideen als Ideologien und versuchte mit der Methode der Ideologiekritik diese Zusammenhänge herauszuschälen. Das Kennzeichen dieser Methode besteht jedoch darin, dass sie nur auf den „Gegner", nicht auf sich selbst angewendet wird – der eigene Standpunkt wird absolut gesetzt.

Wahrheit oder Plausibilität?

Eine wissenssoziologische Perspektive dagegen stellt die sozialhistorische Bedingtheit aller Erkenntnis auch sich selbst in Rechnung – damit wird aber ein Festhalten an universal und ahistorisch gültiger Wahrheit unmöglich, weil die Kriterien zu deren Bewertung kontingent werden.[1] Es scheint nun schlecht möglich, eine Erkenntnistheorie a priori vorauszusetzen, welche ein für alle Mal bestimmt, was wahr ist und was nicht. Doch welche Alternative könnte in Betracht gezogen werden?

Ein Angebot stammt von Niklas Luhmann, der eine sogenannte Beobachtertheorie als erkenntnistheoretische Anleitung vorschlägt. Während die Erkenntnistheorie ‚alten' Stils auf die *eine* Eule der Erkenntnis setzt, überlegt Luhmann: Vielleicht lässt „Minerva [...] mehr als nur eine Eule fliegen, und jeder Beobachter lässt sich beobachten als Konstrukteur einer Welt, die nur ihm so erscheint, als ob sie das sei, als was sie erscheint." (Luhmann 2002: 468) Damit wäre zumindest angedeutet, dass die Erkenntnistheorie nicht länger als Richter fungieren kann, der entscheidet. Vielmehr wird sich in dieser Perspektive ein Netzwerk von Unterscheidungen vorgestellt, welches rekursiv festlegt, was als wahr und was als unwahr angesehen wird. Doch was hat es nun mit den sich gegenseitig beobachtenden Beobachtern auf sich?

Ein Beobachter *erster* Ordnung ist dadurch bestimmt, dass er mithilfe einer Unterscheidung die Welt beobachtet, also dass er unterscheidet und die eine Seite der Unterscheidung bezeichnet. Dabei kann er jedoch die Unterscheidung, mit welcher er beobachtet, im Vollzug nicht selbst beobachten. Dies ist der konstitutive „blinde Fleck" einer jeden Beobachtung. Ein Beobachter *zweiter* Ordnung kann nun wiederum diese Unterscheidungen anderer Beobachter erster Ordnung beobachten, jedoch auch nur aufgrund einer von ihm selbst im Akt der Beobachtung wiederum nicht zu beobachtenden Unterscheidung. Ein Beobachter *dritter* Ordnung ist nun kein dritter Beobachter, sondern nur ein Beobachter mit der besonderen Einsicht, dass Beobachten immer mit dem Zwang des Unterscheidens verbunden ist (vgl. ebd.: 99ff. u. 157). Keine Beobachtung kann je objektiv sein, da jede Beobachterunterscheidung prinzipiell kontingent bleibt. Diese Einsicht hält den Beobachter

---

[1] Kontingent heißt – damit keine Missverständnisse aufkommen – *nicht* beliebig oder willkürlich, sondern beschreibt vielmehr den Sachverhalt, dass etwas weder notwendig noch unmöglich ist (vgl. u.a. Makropoulos 1997).

dritter Ordnung zu seinen eigenen Beobachtungen auf Distanz, räumt ihnen immer auch die Möglichkeit des Anders-Sein-Könnens ein.² Wissen und Erkenntnis ist also – wie Plessner (1981: 424) vom Menschen selbst behauptet – „ins Nirgendwo gestellt".

Deswegen gehen wissenssoziologisch-konstruktivistisch inspirierte Theorien von einer permanenten Korrektur des Wissens durch das Wissen aus. In dieser Hinsicht wird Wissen dann auch nicht mehr als Besitz eines Subjekts, sondern als soziale Kategorie verstanden. Damit rücken neben der Sach- auch die Zeit- und die Sozialdimension jeglichen Wissens in den Blick. Es ist immer ein aktuelles, also temporalisiertes Wissen und immer nur im Beobachten von Beobachtern gegeben (vgl. Luhmann 1992: 106). Mit dieser Vorstellung wird von einem Denken des Bestands auf die Frage, „wer was wann und unter welchen Bedingungen aktualisiert" (ebd.: 107) umgestellt. Das Problem besteht also weniger in der Frage ‚Was ist?', sondern ‚Wie wird selegiert?'. Und damit wird auch die Unsicherheit, die Prekarität des Wissens greifbar, da jede Selektion prinzipiell auch anders möglich ist. Insofern kann dann auch verständlich werden, dass Wissen nicht als zeitbeständiger Vorrat angesehen, sondern vielmehr als „komplexe Prüfoperation" (ebd.: 129) verstanden wird. „Wissen ‚ist' daher letztlich nichts anderes als die Summe aller bestätigten und weiterhin gehegten Erwartungen, mit denen ein soziales System seine eigenen Operationen [...] begleitet." (Baecker 1999: 88)

Über den Erwartungsbegriff sollte dann auch verständlich werden, dass Wissen nicht beliebig sein kann, da Erwartungen aufs Engste an die Geschichte und damit an die Strukturen des jeweiligen Systems gebunden sind. Es ist eben nicht so, dass es die Möglichkeit einer sozialen ‚tabula rasa' gibt: Gesellschaft und – damit verbunden – Erwartungen beginnen nie bei Null, sondern haben immer schon begonnen.

---

² Damit wäre auch die Differenz zwischen einer ideologiekritischen und einer wissenssoziologischen Analyse markiert. Arbeitet erstere auf der Ebene der Beobachtung zweiter Ordnung – beobachtet die Unterscheidungen anderer Beobachter – operiert die zweite Analyse auf der Ebene der Beobachtung dritter Ordnung mit der konstitutiven Distanz gegenüber den eigenen (u.a. in diesem Artikel vorgenommenen) Beobachterunterscheidungen.

In Luhmanns Systemtheorie wird diese Tatsache v.a. über den Begriff der Semantik, als die bewahrenswerten, für Wiederholung bereitgehaltenen Operationen der Gesellschaft, gefasst. Man könnte auch anders formulieren: Semantik bezeichnet den durch Selektionsleistungen typisierten und somit relativ situationsunabhängig verfügbaren und damit letztlich auch erwartbaren Sinn (vgl. u.a. Luhmann 1998: 536ff. u. 887f.).

III. Ordnen und Sichten – Konturierung von Plausibilität

Plausibilität – als Kategorie – wird von Luhmann genau an dieser Theoriestelle eingeführt: „Plausibel sind Festlegungen der Semantik dort, wo sie ohne weitere Begründung einleuchten und man erwarten kann, daß sie auch anderen einleuchten. Evidenz ist verstärkte Plausibilität. Sie ist gegeben, wenn auch der Ausschluß von Alternativen miteinleuchtet" (Luhmann 1980: 49). *Erstens* schließt Plausibilität die Existenz von Alternativen mit ein, also: mir leuchtet etwas ein in dem Wissen um andere Möglichkeiten, und *zweitens* ist eine Aussage dann plausibel, wenn man erwarten kann, dass sie auch anderen einleuchtet. Plausibilität wird so als ‚an anderen orientiert' gedacht (vgl. auch ders. 1998: 546ff.).

Über den Begriff Plausibilität versucht Luhmann zu beschreiben, inwieweit die Gesellschaftsstruktur die semantischen Beschreibungen der Gesellschaft einschränkt (also Beliebigkeit ausschließt). Plausibilität fungiert so als Selektionskriterium auf der Ebene der Semantik, unterliegt aber selbst Veränderungen, sobald sich die Gesellschaftsstruktur ändert. Damit versucht er die Kontingenz der Selektionskriterien in allen Sinndimensionen hervorzuheben. Während in der Sachdimension nach ‚dies und nicht jenes' selegiert wird, können in der Zeitdimension gegenwärtig nicht aktualisierte Alternativen zu einem anderen Zeitpunkt aktualisiert werden. Auch die Sozialdimension wird mit erfasst, da plausibel nur das ist, von dem erwartbar ist, dass es auch anderen einleuchtet. Letztlich kristallisiert sich bei Luhmann jedoch das Verhältnis einer ‚linearen Nachträglichkeit' heraus – sprich: Zunächst müssen sich die Operationen des Gesellschaftssystems ändern, damit sich deren Beschreibungen ändern können.

Dies scheint zunächst einleuchtend, doch käme diese Interpretation einem (materialistischen) Basis-Überbau-Modell auch erstaunlich nah. Darauf richtete sich dann auch die Kritik. So versucht unter anderem Urs Stäheli

(2000) ein anderes Verständnis des Verhältnisses zwischen Gesellschaftsstruktur und Semantik zu etablieren – er spricht von der ‚konstitutiven Nachträglichkeit' der Semantik. Das bedeutet, dass die Beschreibungen auf der Ebene der Semantik durchaus konstitutiv für die ‚basalen Operationen' des Systems werden können. Semantik passe sich in dem Sinne nicht linear der Gesellschaftsstruktur an, sondern verändere diese, indem sie auftrete. Evolution ist also nicht nur auf der gesellschaftsstrukturellen, sondern auch auf der semantischen Ebene (Ideenevolution) zu berücksichtigen.

Um der Frage näher zu kommen, was denn die kommunikative Verwendung von ‚Plausibilität' im Wissenschaftskontext bedeuten könnte, ist eine Fokussierung der Argumentation auf dieses Teilsystem notwendig. Das Wissenschaftssystem operiert – laut Luhmann – aufgrund der basalen Unterscheidung wahr/nicht-wahr, die Zuordnung der Kommunikationen zur jeweiligen Seite der Unterscheidung geschieht mithilfe der miteinander verschränkten Programme Theorie und Methode. Wie jedes System fertigt auch das Wissenschaftssystem eine Selbstbeschreibung an. Selbstbeschreibungen eines Systems sind prinzipiell prekäre, da auf Paradoxien beruhende Beschreibungen eines Systems. Die Selbstbeschreibungen des Wissenschaftssystems werden üblicherweise von Erkenntnistheorien und Wissenschaftstheorien geleistet, welche die ‚Letztvalidität' wissenschaftlichen Wissens darzustellen versuchen. Jedoch ist jede „Reflexionstheorie [...] an die Form einer historischen Semantik gebunden" (Luhmann 1992: 471), was nichts anderes besagt, als dass auch Reflexionstheorien der historischen Veränderung unterworfen sind. Die Selbstbeschreibung des Funktionssystems Wissenschaft besteht dabei im Bild der Erzeugung wahren Wissens. Wissenschaftliche Forschung operiert jedoch nicht nur sachbezogen aufgrund von Theorien und Methoden, welche entscheiden, was wahr und was unwahr ist. Vielmehr geht es auch um (die Nebencodes) Neuheit und Reputation. Wissensangebote werden also nicht nur sachlich, sondern auch zeitlich und sozial evaluiert und selegiert. Semantisch kann so der Verweis einzig auf Wahrheit als Sachkriterium dem Operieren der Wissenschaft nicht gerecht werden. Deshalb, so die These, wird vermehrt von ‚Plausibilität' gesprochen.

Denn es scheint – nach Mannheim, Fleck, Kuhn etc. – auch schlechthin unmöglich, wissenschaftliches Wissen als evident, in dem Sinne, dass der Ausschluss von Alternativen mit einleuchtet, aufzufassen. Wissenschaftliches

Wahrheit oder Plausibilität?

Wissen ist konstitutiv plausibel, weil sowohl sachlich als auch historisch und sozial gebunden.

In der Argumentation Luhmanns stellt dies auch kein Problem dar, da er die Unterscheidung zwischen Herstellung und Darstellung wissenschaftlichen Wissens einführt (vgl. Luhmann 1992: 432ff.). Die Operationen der Wissenschaft beziehen sich lediglich auf die Herstellung des Wissens, damit sich aber das System – dies geschieht über Publikationen – autopoietisch schließen kann, bedarf es auch der Darstellung des Wissens. Diese Darstellung wird aber nicht durch den Code und die Programme des Wissenschaftssystems geregelt (vgl. Esposito 2005: 168). So können andere Regeln auf die Darstellung wissenschaftlichen Wissens in Publikationen einwirken, welche auf das System Wissenschaft jedoch wieder rückwirken.

Mit der kommunikativen Verwendung von ‚Plausibilität' kann beispielsweise ein absoluter Wahrheitsanspruch vermieden und zudem ausgedrückt werden, dass Plausibilitäten nur aufgrund eigener Plausibilitäten beobachtet werden können. Damit kann weiterhin der Geltungsanspruch (auch eigener) wissenschaftlicher Aussagen nicht mehr an eine universale und a-historische Wahrheit gebunden werden. Vielmehr kann glaubhaft gemacht werden, dass ‚konstitutiv' über Plausibilitäten, die ihrerseits wieder plausibilisiert werden müssen, gearbeitet werden muss.

Wenn dies nun alles stimmen sollte, was wäre dann für das Wissenschaftssystem zu erwarten, wenn kommunikativ nicht dem Kriterium der Wahrheit, sondern vermehrt dem der Plausibilität der Vorzug gegeben wird?

IV. Konsequenzen der Rede von Plausibilität

Die erste Folge aus der Verwendung der Plausibilitätssemantik scheint in einem weiteren Reflexivwerden und in diesem Sinne in einem verstärkten Selbstbezug der Wissenschaft zu bestehen. Reflexion meint dann aber nicht nur die Bezugnahme wissenschaftlicher Kommunikationen auf andere wissenschaftliche Kommunikationen, sondern v.a. das Wissen darum. Ändern würde sich also nicht die konstitutive Selbstbezüglichkeit wissenschaftlicher Operationen, sondern die Reflexion dessen würde Unsicherheiten steigern. So könnte man sagen, um den Unterschied nochmals klar hervorzuheben, dass die Identitätsreflexion eine Beobachtung dritter Ordnung ist, „die einschließt, wie der Beobachter zweiter Ordnung das Problem des autologischen Schlusses, das Problem der Selbstreferenz löst." (Luhmann 1992: 485) Es geht also um eine Beobachtung, die beobachtet, wie sich andere Beobachter beobachten, und weiß, dass sie selbst dabei beobachtet wird. Dieses Wissen um das eigene Beobachtetwerden steigert die Unsicherheiten, denn nun kann nicht mehr gewusst werden, mit welchen Unterscheidungen die eigenen Beobachtungen beobachtet werden. Damit rückt in den Blick, dass in der durch Eigenlogiken bestimmten Forschung Erkenntnisse produziert werden, die nicht ohne weiteres für andere verständlich und/oder relevant sind, und dies macht einen Prozess der Plausibilisierung der eigenen Beobachtungen (und damit der eigenen Unterscheidungen) notwendig. Das bedeutet nun natürlich nicht eine Manipulation anderer, sondern beschreibt eine Reflexion hinsichtlich des Auflösevermögens und der Relevanz eigener Erkenntnisse. Helga Nowotny (1975) beschreibt diesen Aspekt als ‚Re-levierung' – von re-levare, herausheben – und meint damit einen Prozess, der einerseits aus der kognitiven Antizipation vermeintlicher gesellschaftlicher Ansprüche durch die Wissenschaft besteht und andererseits das aktive Herausheben bestimmter Erkenntnisse aus dem wissenschaftlichen Angebot durch die Gesellschaft mitberücksichtigt.

Eine zweite Konsequenz kann als Verschiebung von einer Produktionslogik zu einer Rezeptionslogik bezeichnet werden. Das Argument besteht in einer simplen Analogie zur Wirtschaftstheorie: Während der Taylorismus die wissenschaftliche Organisation der *Produktion* mit dem Ziel der Effizienzsteigerung bezeichnet, bezieht der Fordismus auch noch die *Konsumtion* und damit zusammenhängend die Lohnhöhe der Arbeiter in die Berechnung mit ein. Wenn man diese Gedanken nun auf das Wissenschaftssystem überträgt, könnte man sagen, dass zunächst nur die Optimierung der Methoden und Theorien im Blick war. Der Maßstab, nach welchem dies – gefasst im Begriff der Geltung – dann beurteilt werden konnte, war *die* Erkenntnistheorie. Ein fordistisches Modell der Wissenschaft hingegen würde die Rezipienten des Wissens stärker in Betracht ziehen, sei es nun Politik, Wirtschaft, Massenmedien oder Erziehung. Damit können auf der einen Seite Freiheiten – Luhmann (1992: 539) spricht von einer Durchbrechung von Beobachtungssperren – in der wissenschaftlichen Kommunikation durch den alleinigen Funktionsbezug etabliert werden. Auf der anderen Seite wird die Autorität und Geltung der Wissenschaft brüchig, da erkenntnistheoretische

Wahrheit oder Plausibilität?

Schranken nicht mehr als Bedingung der Möglichkeit wissenschaftlicher Kommunikation angesehen werden.

Eine dritte Konsequenz soll durch die These einer ‚Anomie-Etablierung' in der Wissenschaft beschrieben werden. Anomie bezeichnet ganz allgemein einen Zustand der gestörten Ordnung, von Regel- und damit auch Orientierungslosigkeit. Emile Durkheim war es, der das Problem der Anomie aufgezeigt hat, doch war er auch von der Gefährlichkeit derselben überzeugt. Denn aufgrund fehlender Grenzen wisse man nicht mehr, was möglich sei und was nicht, „was noch und was nicht mehr angemessen erscheint, welche Ansprüche und Erwartungen erlaubt sind und welche über das Maß hinausgehen" (vgl. Durkheim 1999: 288).

Auf das zur Disposition stehende Thema bezogen, könnte formuliert wer-den, dass durch die kommunikative Verwendung von Plausibilität die möglichkeitsorientierte Herstellung wissenschaftlicher Erkenntnis im Vordergrund steht. Während nämlich mit einem evidenten Wahrheitskriterium Mögliches von Unmöglichen (im Sinne von Unwahrheit) getrennt wird, kann über Plausibilität Wirkliches von Möglichem unterschieden werden. Das könnte bedeuten, dass sich von einer vorgegebenen Norm verabschiedet wird, welche Denk-Möglichkeiten einschränkt. Durch diese Normentbindung bzw. Anomie-Etablierung würde dann ‚Möglichkeitssinn' in die Wissenschaft implementiert und in Form einer Steigerungslogik organisiert werden.

Wie gesehen, ist in der Wissenschaft, trotz Anomie, nach wie vor nicht alles möglich, es geht weiterhin um Überprüfbarkeit oder zumindest Nachvollziehbarkeit von theoretischem wie methodischem Vorgehen. Diese Ansprüche wissenschaftlicher Kommunikation würden sogar gesteigert, weil jede Beobachtung ihr eigenes Beobachtetwerden mit einrechnen muss. Damit könnte in Rechnung gestellt werden, dass Wissenschaft nicht notwendigerweise auf Problemlösungen zielen muss, sondern vielmehr auch den umgekehrten Weg beschreiten kann, nämlich von Problemlösungen der Gesellschaft auf die Probleme zu schließen. Der Ertrag dieser Bewegung würde dann nicht in der Fixierung von vermeintlich sicheren bzw. wahren Problemlösungen bestehen, sondern in dem Aufweisen eines Problems, welches (immer) auch anders gelöst werden kann. Denkzwänge würden so durch Denkmöglichkeiten ersetzt, Freiheiten gewonnen und Wissenschaft letztlich – wenn man das so formulieren darf – demokratisiert.

Literatur

Baecker, Dirk (1999): Organisation als System, Frankfurt/M.

Blumenberg, Hans (1999): Paradigmen zu einer Metaphorologie, Frankfurt/M.

Durkheim, Emile (1999): Selbstmord, Frankfurt/M.

Esposito, Elena (2005): Die Darstellung der Wahrheit und ihre Probleme, in: Soziale Systeme, Bd. 11.1, S. 166-175.

Luhmann, Niklas (1980): Gesellschaftliche Struktur und semantische Tradition, in: ders.: Gesellschaftsstruktur und Semantik. Studien zur Wissenssoziologie der modernen Gesellschaft, Bd. 1, Frankfurt/M., S. 9-71.

Luhmann, Niklas (1992): Die Wissenschaft der Gesellschaft, Frankfurt/M.

Luhmann, Niklas (1998): Die Gesellschaft der Gesellschaft, Frankfurt/M.

Luhmann, Niklas (2002): Die Kunst der Gesellschaft, Frankfurt/M.

Makropoulos, Michael (1997): Modernität und Kontingenz, München.

Nowotny, Helga (1975): Zur gesellschaftlichen Irrelevanz der Sozialwissenschaften, in: Stehr, Nico/König, René (Hg.): Wissenschaftssoziologie. Studien und Materialien, Opladen, S.445-456.

Plessner, Helmuth (1981): Gesammelte Schriften, Bd. IV: Die Stufen des Organischen und der Mensch, Frankfurt/M.

Stäheli, Urs (2000): Sinnzusammenbrüche. Eine dekonstruktive Lektüre von Niklas Luhmanns Systemtheorie, Weilerswist.

Weingart, Peter (2001): Die Stunde der Wahrheit? Zum Verhältnis der Wissenschaft zu Politik, Wirtschaft und Medien in der Wissensgesellschaft, Weilerswist.

Anette Schlimm

Das „epistemische Ding" Bevölkerung. Möglichkeiten einer kulturgeschichtlichen Betrachtung der Bevölkerungswissenschaft

Die Bevölkerung, so urteilen Jürgen Reulecke und Rainer Mackensen (2005: 1), ist ein Konstrukt, ein Gegenstand, der vor allem in wissenschaftlichen Diskussionen und Reflexionen entstanden und immer wieder Veränderungen unterworfen ist. Um den Entstehungsprozess dieser Konstruktion soll es im Folgenden gehen: Welche Bedingungen spielen für die wissenschaftliche Formung der Bevölkerung eine Rolle? Wie ist der Prozess der Hervorbringung des wissenschaftlichen Bevölkerungsbegriffs analysierbar? Und schließlich: Ist es überhaupt sinnvoll und möglich, den wissenschaftlichen Bevölkerungsbegriff isoliert von den politischen und gesellschaftlichen Diskussionen über Bevölkerung zu betrachten?

Für diese Überlegungen ist es zunächst notwendig, den Bereich des Wissenschaftlichen abzugrenzen von anderen gesellschaftlichen Kommunikationszusammenhängen. Wenn ich im Folgenden davon ausgehe, dass wissenschaftliche Erkenntnis gewissen Kriterien wie Rationalität, Wertneutralität oder Realismus genügen muss, bedeutet das nicht, dass wissenschaftliche Erkenntnis ‚wahrhaftiger' oder von höherer Qualität ist als andere Formen der Erkenntnis. Ich gehe lediglich davon aus, dass die genannten Kriterien in einer konkreten historischen Gestalt die wissenschaftliche Betätigung auf spezifische Art und Weise prägen und somit wissenschaftliche Erkenntnisse anderen Entstehungsbedingungen unterliegen als beispielsweise Ergebnisse politischer Verhandlungen. Diese Differenzierung betrifft also nicht den *Inhalt* oder das *Wesen* wissenschaftlicher Ergebnisse, sondern die Form, in der sie kommuniziert werden: Sie kommen in der Form der Wahrheit daher.[1]

Die spezifisch wissenschaftliche Art und Weise des Erkennens, die durch diese „Form der Wahrheit" geprägt ist, kann nur analysiert werden, indem konkrete wissenschaftliche Praktiken betrachtet werden – in diesem Falle bevölkerungswissenschaftliche Veröffentlichungen, die zwischen 1898

---

[1] Diese Fassung der Wissenschaft kann mit unterschiedlichen methodischen Zugriffen gewährleistet werden. Am prominentesten dürfte Luhmanns Theorie sozialer Systeme sein, in der die Wissenschaft ein eigenes System darstellt, das sich über die Unterscheidung zwischen wahr und falsch konstituiert (vgl. Luhmann 1990 sowie den Beitrag von Stefan Meißner in diesem Band).

und 1932 in Deutschland erschienen sind. Diese Veröffentlichungen, die sämtlich dem nationalökonomischen Zweig der Bevölkerungswissenschaft zuzurechnen sind und sich damit von biologisch oder anthropologisch argumentierenden Werken unterscheiden, sollen unter zwei Gesichtspunkten betrachtet werden:

1. Inwieweit prägt die gewählte Methode (in diesem Fall: die Statistik) den wissenschaftlichen Gegenstand Bevölkerung?
2. Wie werden grundlegende Verschiebungen in der Wissenschaft (in diesem Fall: der Übergang von der ‚drohenden Übervölkerung' hin zur Auseinandersetzung mit dem ‚Geburtenrückgang') im Kontext der statistischen Methode analysierbar?

Ausgehend von diesen beiden Fragen werde ich einen kulturgeschichtlichen Zugriff auf die Geschichte der Bevölkerungswissenschaft skizzieren und diesen anschließend am Quellenmaterial erproben. Im letzten Schritt werde ich zu meiner Frage vom Anfang zurückkehren und eine Differenzierung zwischen einem wissenschaftlichen und einem politischen Bevölkerungsbegriff wagen.

I.

Erst mit dem Beginn der Erhebung von statistischen Daten über die Bevölkerung ab dem 19. Jahrhundert ist überhaupt das ‚Rohmaterial' vorhanden, um auf quantitativ-empirischer Grundlage über Bevölkerung zu forschen. Dieses Zahlenmaterial versetzte Wissenschaftler in die Lage, ihren Überlegungen eine nachvollziehbare Grundlage zu geben. Die statistische Methode verschaffte Wissen über Gesellschaft die notwendige wissenschaftliche Legitimität und trug zu einer Redefinition von sozialem Wissen bei (vgl. Porter 2003: 238). Erst durch diese Legitimität und die quantifizierende Objektivität von Bevölkerungswissen konnten die Bevölkerungswissenschaftler des 19. Jahrhunderts selbst den Anspruch entwickeln, eine moderne Wissenschaft im naturwissenschaftlich-exakten Sinn zu vertreten: eine soziale Physik (vgl. Schmidt 2003: 60ff.). Diesen Prozess gilt es nun konkret nachzuvollziehen: Wie kann der statistisch hervorgebrachte Gegenstand Bevölkerung als Kristallisationspunkt von Wissen über Menschen und Gesellschaften funktionieren?

Das „epistemische Ding" Bevölkerung

Michel Foucault (1991: 22) spricht davon, dass sich eine (wissenschaftliche) Disziplin über den Gegenstandsbereich, die Methoden, die als wahr angenommenen Sätze, kurz, über „ein Spiel von Regeln und Definitionen, von Techniken und Instrumenten" konstituiert. Wie aber sind diese Bereiche untereinander verknüpft, wie wird das „Spiel", das die Regeln, Instrumente und Definitionen zusammenbringt, gespielt? Ich greife hier auf das wissenschaftshistorische Konzept des Experimentalsystems von Hans-Jörg Rheinberger (2001) zurück. Rheinberger fokussiert seine Analyse auf die materiellen Praktiken der wissenschaftlichen Wissenserzeugung und sieht dementsprechend die konkrete Laborforschung als den eigentlichen Kern der modernen Wissenschaft an. Der Rahmen dieser Forschung ist das Experimentalsystem, „eine über Jahre aufgebaute komplexe organisatorisch-materielle Verkoppelung von organischen Substanzen, Instrumenten, Messgeräten, vagen Ideen und den *skills* der Forschenden" (Sarasin 2003: 204). Dieses System ist weniger eine Möglichkeit, Thesen verifizieren oder falsifizieren zu können, als vielmehr eine „Anordnung[...] zur Materialisierung von Fragen" (Rheinberger 2001: 22). Im Experimentalsystem greifen vor allem zwei Arten von Dingen ineinander: *epistemische* und *technische* Dinge. Unter dem epistemischen Ding versteht Rheinberger den eigentlichen Gegenstand der Forschung, der durch eine unhintergehbare Vagheit und Unschärfe konstituiert wird – nicht im Sinne eines Defizits, denn mit einer festen Definition des Forschungsgegenstands wäre die Forschung beendet, im Experimentalsystem könnten keine neuen Fragen mehr materialisiert werden. Die Forschungspraxis führt zu einer ständigen Umdefinition des unklaren epistemischen Dings. Die technischen Dinge hingegen müssen fest umrissen sein – sie werden angewendet, nicht reflektiert, und spielen damit eine große Rolle für die konkrete Gestaltung des epistemischen Dings: „Sie determinieren die Wissensobjekte in doppelter Hinsicht: Sie bilden ihre Umgebung und lassen sie so erst als solche hervortreten, sie begrenzen sie aber auch und schränken sie ein." (ebd.: 26) Allerdings ist die strenge Trennung zwischen *epistemischen* und *technischen* Dingen nicht als statisch misszuverstehen. Es besteht immer die Möglichkeit, dass die Grenze zwischen technischen Voraussetzungen und epistemischen Gegenständen verschoben oder gar gekreuzt wird. Die Einteilung in epistemische und technische Dinge macht also immer nur im konkreten Moment und im konkreten Experimentalsystem einen Sinn.

Rheinberger hat sein Konzept des Experimentalsystems für die Erforschung der Geschichte der Biochemie als einer klassischen Labor-Wissenschaft entwickelt. Doch gehe ich davon aus, dass die Unterscheidung zwischen einer Experimental- und einer Beobachtungswissenschaft, wie es die Bevölkerungswissenschaft ist, keine grundlegende Differenz für meine Betrachtung darstellt und somit das Konzept der Experimentalsysteme auch nutzbringend auf die Bevölkerungswissenschaft anwendbar ist. Es geht mir nun darum zu zeigen, wie die epistemischen Dinge (die Bevölkerung, die Bevölkerungsentwicklung) mit den technischen Dingen (den statistischen Methoden, den Erhebungsmethoden) in einem unauflösbaren Zusammenhang stehen.

Die statistische Methode, so meine These, ist einer der Faktoren,[2] welche den Rahmen abstecken, innerhalb dessen die Bevölkerungswissenschaft arbeitet und Erkenntnisse über die Bevölkerung produziert. Aus den Lehrbüchern der Bevölkerungswissenschaft kann man schließen, wie hoch die Statistik als Methode bewertet wird. So heißt es zum Beispiel direkt in den ‚allgemeinen Grundlagen' von Arthur von Fircks' „Bevölkerungslehre und Bevölkerungspolitik" (1898: 2): „Die *Bevölkerungsstatistik* ermittelt die Thatsachen, stellt sie zusammen und giebt sie bekannt; sie liefert das ganze Material für die Untersuchung und ist deshalb eine unentbehrliche Hilfswissenschaft".

Ohne die Statistik sind also bevölkerungswissenschaftliche ‚Tatsachen' nicht auszumachen. Um welche Tatsachen aber geht es? „Die Feststellung der Volkszahl und ihrer Entwicklung, der Aufbau, die Siedelung und die Gliederung der Bevölkerung nach Alter, Geschlecht, Familienstand und Beruf, der Gang der Bevölkerung, wie er in Geburten, Sterbefällen, Eheschließungen und Wanderungen zum Ausdruck kommt" (Mombert 1929: 2). Dabei handelt es sich zunächst um scheinbar ‚rohe' Daten, die einfach nur erhoben werden müssen und somit den Realzustand der Bevölkerung abbilden. Aber auch hier spielen bereits mehr oder weniger kanonisierte Regeln der Datenerhebung eine Rolle (vgl. dazu Nikolow 2002: 245f.). Die Bevölkerungsstatistik bleibt jedoch nicht bei der bloßen Bereitstellung von Daten

---

[2] Die Bevölkerungswissenschaft arbeitet auch mit anderen Methoden. So spielen in der deutschen Bevölkerungswissenschaft, die ihre Wurzeln in der Historischen Schule der Nationalökonomie hat, entsprechend auch historische Methoden eine große Rolle.

stehen, sondern „es gilt auch, namentlich durch entsprechende Kombination, die inneren Beziehungen dieser Reihen aufzuzeigen und damit zu ihrer Erklärung beizutragen" (Mombert 1929: 2). Exemplarisch soll eine solche Kombination von Daten anhand von Friedrich Burgdörfers *bereinigter Geburtenziffer* hier vorgeführt werden. Erst durch die Anwendung bestimmter statistischer Verfahren kann hier ein Blick auf die ‚wirkliche' Verfasstheit der Bevölkerung geworfen werden.

Burgdörfer (1932: 26) differenziert zwischen einer „rohen" und einer „bereinigten" Lebensbilanz des deutschen Volkes. Während die „rohe" Bilanz direkt aus den erhobenen Daten ablesbar ist, braucht es für die wirkliche Erkenntnis eine größere methodische Anstrengung: „Will man unsere wahre biologische Lage erkennen, so muß man von der Eigenart und Zufälligkeit des heutigen Altersaufbaus abstrahieren und die hieraus kommenden Störungen des Zahlenbildes ausschalten." Würde man nicht, wie Burgdörfer dies tut, „einen festen, unveränderlichen Maßstab" für den Altersaufbau einführen, könne man die Gefahr des Geburtenrückgangs nicht erkennen. Denn während die „rohe" Lebensbilanz einen Geburtenüberschuss von 6,4 Promille aufweist, wird in der „bereinigten" Lebensbilanz das *Defizit* von 1,5 Promille offenbar. Statt den jeweils aktuellen Bevölkerungsstand als Bezugsgröße anzunehmen, bezieht sich seine Bilanz auf einen „genormten stationären Altersaufbau" (ebd.: 28).

Die Bevölkerung, die bei Burgdörfer eng verknüpft ist mit dem Risiko des Aussterbens, ist also in ihren grundlegenden Eigenschaften nur durch ein elaboriertes statistisches Verfahren erkennbar, welches für einen statistischen Laien kaum nachvollziehbar ist: Für Nicht-Statistiker bleibt damit die wahre Sicht auf die Bevölkerung verstellt. Burgdörfers Gegenstand, die schrumpfende Bevölkerung, wird erst durch die Statistik als Methode hervorgebracht, sie existiert vorher nicht.

II.

Ungefähr um 1910 kommt es in der Bevölkerungswissenschaft in Deutschland zu einem einschneidenden Paradigmenwechsel (vgl. Weipert 2004: 35ff.). Während sich die Bevölkerungswissenschaftler bis dahin vorrangig mit den Problemen eines unbeschränkten Bevölkerungswachstums beschäftigten, wird nun der Geburtenrückgang zum beherrschenden Thema in wissenschaftlichen (und politischen) Debatten. Verschiedene Erklärungen wurden vorgeschlagen und diskutiert, von der „Rationalisierung des Sexuallebens" (Wolf 1912) über die Wohlstandstheorie Momberts und Brentanos (vgl. Henssler 2005: 277ff.) bis hin zur Transformationstheorie, die noch heute als eine der wichtigsten demographischen Theorien gilt (vgl. Hummel 2000: 223ff.). Das Aufkommen der Geburtenrückgangstheorien wird in der sozialgeschichtlichen Forschung zur Bevölkerungswissenschaft meist mit dem ‚Bewusstsein der Krise' im Bürgertum des ausgehenden Kaiserreichs und der Weimarer Republik parallelisiert bzw. darauf zurückgeführt (vgl. Reinecke 2005). Auch der Vergleich mit Frankreich, wo der Geburtenrückgang bereits seit der Kriegsniederlage im deutsch-französischen Krieg 1871 diskutiert worden war, macht solche Befunde sicher plausibel (vgl. Overath 2003).

Allerdings ist damit noch nicht geklärt, wie solche Veränderungen im Rahmen der Wissenschaft selbst Plausibilität erlangen können. Sicher bieten gesellschaftliche Debatten um Überfremdung und Krise und die eindeutige Parallelen in den wissenschaftlichen Diskussionen einen Anhaltspunkt dafür, dass das wissenschaftliche System nicht hermetisch zur Gesellschaft hin abgeriegelt ist, doch eine wissenschaftliche Debatte funktioniert nicht nur in der Anknüpfung an externe, sondern *auch* in der Anknüpfung an interne Faktoren. Eine wissenschaftliche These, die keine vorherige zur Kenntnis nimmt, diskutiert und mehr oder weniger stark transformiert, sondern nur Bezug nimmt auf Debatten, die in der Öffentlichkeit geführt werden, wird nicht als wissenschaftliche These anerkannt. Sie funktioniert nicht, weil sie die der Wissenschaft zugrunde liegenden Regeln nicht einhält. Eine wissenschaftliche Debatte muss immer in irgendeiner Form an eine vorhergehende anschließen, um einen Mindestgrad an Stabilität – und damit auch Plausibilität – zu erreichen (vgl. Rheinberger 2001: 78).

Für die Erklärung von Verschiebungen, auch radikalen Wechseln, im Wissenschaftssystem gibt es einige unterschiedliche Ansätze. Der bekannteste davon ist sicherlich der Begriff der ‚wissenschaftlichen Revolutionen' von Thomas S. Kuhn (1976), der häufig auch als *Paradigmenwechsel* beschrieben wird. Das Modell von Kuhn, in dem die ‚normale Wissenschaft' durch nicht integrierbare Ergebnisse und Daten nachhaltig irritiert wird, bis es irgendwann zu einem Wegbrechen des bisherigen Paradigmas und dem Nebeneinander neuer Erklärungsansätze kommt, passt auf den Schwenk in der Bevölkerungswissenschaft allerdings nur bedingt. Denn zunächst verän-

Das „epistemische Ding" Bevölkerung

dern sich die Daten der administrativen Statistik nicht merklich – die Bevölkerung wächst weiterhin, wenn auch nicht mehr ganz so schnell wie im 19. Jahrhundert.

Rheinberger (2001: 76ff.) arbeitet mit einer Übertragung des Derrida'schen *différance*-Begriffs auf seine Experimentalsysteme, um die Dynamik epistemischer Systeme erklären zu können. Er geht davon aus, dass der wissenschaftliche Prozess sowohl durch Reproduktion als auch durch Differenz gekennzeichnet ist: Versuche werden wiederholt, um Varianzen festzustellen. Ein Experimentalsystem, in dem neue Erkenntnisse produziert werden sollen, muss – zumindest partiell – in die Zukunft geöffnet sein. Durch die *technischen Dinge* werden die Experimentalsysteme begrenzt, aber nicht vollständig geschlossen. Daher ist eine *differentielle Reproduktion* kennzeichnend für die Experimentalsysteme. Sie müssen „einen Raum für das Auftreten von unvorwegnehmbaren Ereignissen schaffen. Um zu neuen Dingen vorzustoßen, muß das System destabilisiert werden – doch ohne vorherige Stabilisierung produziert es nur Geräusch." (ebd.: 83) Allerdings bietet Rheinberger so lediglich eine Erklärung dafür, warum Verschiebungen grundsätzlich möglich sind, nicht jedoch, weshalb sie stattfinden, was den Anstoß in eine bestimmte Richtung gibt. Durch die Kombination von Foucault'scher Diskursanalyse und Lacan'scher Psychoanalyse gelingt es, das *Scheitern* von Diskursformationen zu beobachten, das ebenso auf Experimentalsysteme übertragbar scheint. So spricht Miller (1999) davon, dass die Dynamik eines Aussagesystems dadurch gewährleistet wird, dass das REALE als das Nicht-Darstellbare zwar aus dem Diskurs ausgeschlossen ist, diesen aber begrenzt, also gleichzeitig das Außen und die Grenze darstellt. Dadurch ist das Nicht-Darstellbare immer auch konstitutiv für das Innere eines Aussagesystems. Wenn dieses Nicht-Repräsentierbare durch ein Ereignis in den Diskurs hineinbricht, verliert dieser seine Funktionsfähigkeit und ist dazu gezwungen, sich zu verändern: „Dann reißt das diskursive Netz, brechen die symbolischen Strukturen auseinander und sehen sich Subjekte gezwungen, neu und anders zu denken." (Sarasin 2003a: 60)

Die ‚reinen Daten', mit denen die Bevölkerungswissenschaftler arbeiten, verändern sich ständig, denn es sind absolute Zahlen. Sie müssen durch statistische Verfahren vergleichbar gemacht werden. Erst so können Aussagen über ‚die Bevölkerung' getroffen werden. Am Beispiel der Geburtenzahl: Während von Fircks (1898: 150) als Verhältniszahl die Geburtsziffer bevorzugt, d.h. „die Zahl, welche angiebt, wie viel Geburten auf je 1000 Köpfe der Bevölkerung jährlich entfallen", bezieht Wolf (1912: 8f.) (und später Burgdörfer) die Altersschichtung der Bevölkerung mit ein. Wolf führt zwar im strengen Sinne keine neue Maßzahl ein, doch kontrastiert er die Berechnung der Geburtsziffer mit der der Sterbeziffer – und dies auf die gebärfähigen Altersklassen bezogen. Durch diese Neukombination wird es ihm möglich, einen Geburtenrückgang abzulesen, der vorher nicht sichtbar war. Diese Sichtbarmachung des Geburtenrückgangs bringt die Disziplin der Bevölkerungswissenschaft in Aufruhr, denn „die Geburtenrate[3] hätte [...], soweit nur der veränderte Altersaufbau der Bevölkerung in Betracht kommt, eine größere, nicht eine kleinere werden müssen!"

Diese Umwandlung von absoluten in relative Zahlen, die als reproduzierender Vorgang im Rheinberger'schen Sinne gelesen werden kann, ist insofern offen für unvorhersehbare Ereignisse, also neue Ergebnisse, als die Frage nach der adäquaten Bezugsgröße bei der Berechnung nicht eindeutig geklärt ist. Bei Julius Wolf wird dieser Vorgang der Berechnung der Geburtsziffer insofern verschoben, als er ihre Aussagekraft in Zweifel zieht: Nur in der Kombination mit anderen Werten, so Wolf, können wahre Erkenntnisse über die Bevölkerung gewonnen werden. Diese partielle Offenheit des Systems, so würde Rheinberger argumentieren, macht den Weg für eine Verschiebung des *epistemischen Dings* frei. Was den Ausschlag zu dieser Verschiebung gegeben hat, ist nicht geklärt. Allerdings weisen Weingart u.a. (1992: 216f.) darauf hin, dass eventuell *vor* der Veränderung im Wissenschaftssystem ein *öffentliches* Interesse an einem möglichen Geburtenrückgang eingesetzt habe. Die preußische Regierung hatte 1911 eine Versammlung einberufen, die Maßnahmen gegen den Geburtenrückgang entwickeln sollte – allerdings war der Geburtenrückgang bislang noch gar kein Gegenstand der wissenschaftlichen Forschung. Nun galt es also, die politische Anfrage zu bearbeiten, dafür brauchte man aber zunächst den wissenschaftlichen Beweis für die Existenz des Geburtenrückgangs. Diesen lieferte Wolf mit der Kombination verschiedener demographischer Maße.

---

[3] Wolf verwendet – im Gegensatz zu den bevölkerungswissenschaftlichen Konventionen – verschiedene Begrifflichkeiten synonym, bezeichnet damit aber immer die Geburtsziffer.

Das „epistemische Ding" Bevölkerung

Die Änderung des Blickwinkels hin zur drohenden Unterbevölkerung führte in der Bevölkerungswissenschaft zu einer Änderung der Rahmenbedingungen: Wie Wolf vorführte, war die *Begründung* für die gesunkene Geburtenrate nicht aus dem quantifizierbaren Gegenstand Bevölkerung selbst herzuleiten, es mussten vielmehr andere Begründungen herangezogen werden als solche, die rein auf den Ressourcencharakter der Bevölkerung abzielen. Wolf argumentiert in seiner Theorie für die Begründung des Geburtenrückgangs auf der Basis einer von Max Weber inspirierten Sexualwissenschaft (vgl. Steinecke 1996: 237ff.), während z.B. Mombert stark schichtsoziologisch argumentiert. Deutlich wird aber: Die Bevölkerungswissenschaft verändert sich in ihren Erklärungen, sie bezieht stärker nicht-nationalökonomische Faktoren mit ein und erweitert so ihren methodischen und theoretischen Rahmen.

III.

Die Behauptung einer Autonomie des wissenschaftlichen Gegenstandes Bevölkerung gegenüber Politik und Gesellschaft macht – gerade aufgrund der Argumentation im letzten Abschnitt – wenig Sinn. Dennoch gehe ich davon aus, dass eine funktionale Trennung sinnvoll und möglich ist. In den vorangegangenen Abschnitten ist deutlich geworden, wie das ‚epistemische Ding' Bevölkerung innerhalb der Bevölkerungswissenschaft immer wieder Verschiebungen ausgesetzt ist. Es ist ständiger Gegenstand von Definitions- und damit Stabilisierungsbemühungen. Und dies ist in meinen Augen der grundlegende *funktionelle* Unterschied zwischen der Bevölkerung in der Bevölkerungswissenschaft und der Bevölkerung in der Bevölkerungspolitik: Während bei der Bevölkerungs*wissenschaft* das epistemische Ding Bevölkerung im Zentrum des Interesses steht und in einem fortlaufenden Prozess ständig neu hervorgebracht wird, übernimmt dieses *Ding* Bevölkerung in der gesellschaftlich-politischen Auseinandersetzung die Rolle eines *technischen* Dings: In der Bevölkerungspolitik gibt es kein Kreisen um den Begriff Bevölkerung, keine Problematisierung und keine Unklarheit, wie dieser Gegenstand aussieht, was für Eigenschaften er hat. Im Rahmen der politischen Intervention ist er stabilisiert und markiert einen Teil des Rahmens, innerhalb dessen das *politische* Ding, nämlich die Bevölkerungs*steuerung*, verhandelt wird. *Dass* die Bevölkerungsentwicklung problematisch ist, ist die Grundlage der Bevölkerungspolitik, die *Frage* ist die nach der adäquaten

Methode, dieses Problem zu lösen. In der Bevölkerungswissenschaft ist das ‚Ding' Bevölkerung der Unsicherheit und der ständigen Verschiebung ausgesetzt, während es in der Politik den Rahmen darstellt, der so verlässlich sein muss, dass man innerhalb seiner Grenzen intervenieren kann.

Literatur

Burgdörfer, Friedrich (1932): Volk ohne Jugend. Geburtenschwund und Überalterung des Deutschen Volkskörpers. Ein Problem der Volkswirtschaft – der Sozialpolitik – der nationalen Zukunft (Beihefte zur Zeitschrift für Geopolitik 9), Berlin.

Fircks, Arthur Frhr. v. (1898): Bevölkerungslehre und Bevölkerungspolitik (Hand- und Lehrbuch der Staatswissenschaften, Erste Abteilung: Volkswirtschaft, 6), Leipzig.

Foucault, Michel (1991): Die Ordnung des Diskurses, Frankfurt/M.

Henssler, Patrick/Schmid, Josef (2005): Absage an die Natur. Die thematischen und erkenntnistheoretischen Grundlagen der deutschen Bevölkerungssoziologie, in: Mackensen, Rainer/Reulecke, Jürgen (Hg.): Das Konstrukt „Bevölkerung" vor, im und nach dem Dritten Reich, Wiesbaden, S. 255-287.

Hummel, Diana (2000): Der Bevölkerungsdiskurs. Demographisches Wissen und politische Macht, Opladen.

Kuhn, Thomas S. (1976): Die Struktur wissenschaftlicher Revolutionen, Frankfurt/M.

Luhmann, Niklas (1990): Die Wissenschaft der Gesellschaft, Frankfurt/M.

Mackensen, Rainer/Reulecke, Jürgen (2005): Einleitung, in: dies. (Hg.): Das Konstrukt „Bevölkerung" vor, im und nach dem Dritten Reich, Wiesbaden, S. 1-10.

Miller, Paul Allen (1999): Toward a Post-Foucauldian History of Discursive Practices, in: Configurations, Bd. 7.2, S. 211-225.

Mombert, Paul (1929): Bevölkerungslehre, Jena.

Nikolow, Sybilla (2002): Die Nation als statistisches Kollektiv. Bevölkerungskonstruktionen im Kaiserreich und in der Weimarer Republik, in: Jessen, Ralph (Hg.): Wissenschaft und Nation in der europäischen Geschichte, Frankfurt/M., S. 235-262.

Overath, Petra (2003): Zwischen Kriegsdeutung und Kriegsszenarien. Bevölkerungspolitische Vorstellungen in Deutschland und Frankreich (1870-1918), in: Comparativ, Bd. 13.3, S. 65-79.

Porter, Theodore M. (2003): Statistics and Statistical Methods, in: ders./Ross, Dorothy (Hg.): The Modern Social Sciences (The Cambridge History of the Science 7), Cambridge, S. 238-250.

Reinecke, Christiane (2005): Demographische Krisenszenarien und statistische Expertise in der Weimarer Republik, in: Föllmer, Moritz/Graf, Rüdiger (Hg.): Die „Krise" der Weimarer Republik. Zur Kritik eines Deutungsmusters, Frankfurt/M. u. New York, S. 209-240.

Rheinberger, Hans-Jörg (2001): Experimentalsysteme und epistemische Dinge. Eine Geschichte der Proteinsynthese im Reagenzglas, Göttingen.

Sarasin, Philip (2003a): Geschichtswissenschaft und Diskursanalyse, in: ders.: Geschichtswissenschaft und Diskursanalyse, Frankfurt/M., S. 10-60.

Sarasin, Philipp (2003b): Infizierte Körper, kontaminierte Sprachen. Metaphern als Gegenstand der Wissenschaftsgeschichte, in: ders.: Geschichtswissenschaft und Diskursanalyse, Frankfurt/M., S. 191-230.

Schmidt, Daniel (2003): „Volk" und Bevölkerungsstatistik, in: Comparativ, Bd. 13.3, S. 49-64.

Steinecke, Verena (1996): Menschenökonomie. Der medizinische Diskurs über den Geburtenrückgang von 1911 bis 1931, Pfaffenweiler.

Weingart, Peter/Kroll, Jürgen/Bayertz, Kurt (1992): Rasse, Blut und Gene. Geschichte der Eugenik und Rassenhygiene in Deutschland, Frankfurt/M.

Weipert, Matthias (2004): Bevölkerung und Nation. Diskurse über „Bevölkerung" als Reaktion auf die Modernisierungskrisen der Jahrhundertwende (1890-1933), in: SoWi, Bd. 33, S. 32-44.

Wolf, Julius (1912): Der Geburtenrückgang. Die Rationalisierung des Sexuallebens in unserer Zeit, Jena.

René Thun

Biomusicology. Wege, Abwege, Irrwege

Einleitung

Schon lange gibt es Strategien der Rationalisierung von Musik. Die Frage nach dem Sinn und Zweck von Musik, deren Auswirkungen und Wesen (Ontologie) wurde schon in der Antike erörtert. Bei Platon war die Musik bzw. das Musikinstrument Modell für die Seele, bei Aristoteles diente Musik aufgrund ihrer affektiven Wirkung pädagogischen bzw. politischen Zwecken, d.h. sie wurde im Zusammenhang mit der Frage diskutiert, welche Modi (Tonskalen) für den Zweck geeignet erscheinen, um aus dem Bürger eine tugendhafte Person zu machen. Bei Pythagoras schließlich spiegelte sich in der Musik die Harmonie schlechthin wider, da sie rein mathematisch beschreibbar sei. Gegenwärtig findet eine Rationalisierung von Musik unter biologistischen Vorzeichen nicht nur in wissenschaftlichen Kreisen, sondern auch im populären Wissenschaftsjournalismus viel Beachtung.

Hermann von Helmholtz (1863) hat im neunzehnten Jahrhundert für die physiologische Rationalisierung musikalischer Rezeptivität Pionierarbeit geleistet, wobei er sich allerdings mit physio-akustischen Grundlagen der Musik befasste. Er betrachtete das Phänomen der Rauhigkeit und Dissonanz akustischer Eindrücke und stellt damit einen Ausgangspunkt für die aktuelle neurowissenschaftliche Forschung dar. Explizit an Helmholtz anknüpfend, sucht Mark Tramo in seinem Aufsatz „Neurobiological Foundations for the Theory of Harmony in Western Tonal Music" (2001) nach den neurophysiologischen Bedingungen der Wahrnehmung von Dissonanzen und Konsonanzen; er will erklären, weshalb wir bestimmte Akkorde oder Intervalle als dissonant bzw. konsonant wahrnehmen. Dabei sind es bestimmte Neuronen, die des peripheren und zentralen auditorischen Systems, die synchron oder verschoben feuern, die uns den Eindruck von Konsonanzen und Dissonanzen vermitteln. Diese Fakten sieht er als (musik)-biologische Universalien an.

Biomusicology

Tramo kann als ein Vertreter der noch näher zu beschreibenden „Biomusicology" bezeichnet werden. Das Projekt der Biomusicology ist ein wissenschaftstheoretischer Ansatz, der auf den schwedischen Wissenschaftler Nils Wallin zurückzuführen ist. Wallin war der Erste, der diesen Begriff programmatisch im Titel seines 1991 erschienenen Buches führte.[1] Was ist und was will die Biomusicology? Biomusicology ist ein multidisziplinärer Diskurs über Musik, der nach „Musik" als einem biologischen Phänomen fragt. Für Wallin (1991: 5) ist Musik nämlich „primarily a matter of biology". Auf evolutionsbiologische Wissensbestände rekurrierend, geht er von einem „global isomorphic relationship between music and its neurophysical substrates" aus. Dieser Diskurs soll auch aus einer definitorischen Klemme führen, die sich angesichts der Frage, was Musik denn eigentlich sei, einstellt. Um also Wesen, Ursprung und Möglichkeiten von Musik zu erörtern, finden sich Musikwissenschaftler, Evolutionsbiologen, Ethologen und Neurowissenschaftler zusammen. Damit Musik als biologisches Phänomen in den Blick kommen kann, wird sie in einem ersten Schritt naturalisiert. Gewöhnlich geschieht dies zunächst über die Evolutionsbiologie, weil „Musik" ihren Ursprung in einem vorteiligen Lautäußerungsverhalten habe. Wenn man Musik schlichtweg über den akustischen Gegenstand definiert – was in der Biomusicology geschieht –, so ist es trivial, dass Musik als ein biologischer bzw. natürlicher Gegenstand aufgefasst wird. Allerdings ist es fraglich, aufgrund materieller *Korrelate* bereits von Musik als einem biologischen bzw. naturalen Phänomen zu sprechen. Ich werde zu zeigen versuchen, dass „Musik" kein *biologischer Gegenstand* sein kann bzw. dass naturalistische Definitionsversuche von „Musik" einen falschen Ansatz darstellen. Pointiert gesprochen will ich zeigen, inwiefern eine Biomusicology ebenso wie die Position Helmholtz' zu kurz greift. Zu diesem Zweck ist es notwendig, das Projekt der Biomusicology näher zu bestimmen.

„Musik wird oft als Lärm empfunden, weil sie mit Geräusch verbunden", meint Wilhelm Busch, und weshalb dies so sein kann, versuchen einige Biomusicologen zu ergründen. In der Biomusicology wird der naturalistische bzw. biologistische Zugang zur Musik evolutionsbiologisch legitimiert, indem man auf die phylogenetische und ontogenetische Disposition verweist. Als eine Vertreterin der Biomusicology wäre beispielsweise Patricia Gray (2001) zu nennen, die Musik überall in der Natur festzustellen glaubt und menschliche musikalische Praxis lediglich als eine Funktion der

---

[1] Programmatisch ist vor allem der Untertitel, der das Projekt inhaltlich zusammenfasst, nämlich: „Neurophysiological, Neuropsychological, and Evolutionary Perspectives on the Origins and Purposes of Music".

„Biophony" ansieht. Für Evolutionsbiologen sind ethologische Wissensbestände von Relevanz, insofern ein bestimmtes Verhalten evolutionäre Vorteile haben bzw. in eine funktionale Erklärung eingebaut werden kann. Funktionale Erklärungen haben in der Biologie einen nicht unwichtigen Stellenwert und äußern sich in der „um zu ..."-Form.[2] Zahlreiche Lautäußerungen werden mit dem Verbum „singen" etikettiert, das ein evolutionär vorteilhaftes Verhalten beschreiben soll. So geschieht es, dass bestimmte Autoren beinahe überall in der freien Wildbahn dem Phänomen Musik begegnen. Dieser ethologische Ansatz greift allein über die Analogie des Verhaltens bestimmter Spezies mit der musikalischen Praxis des Menschen. Beinahe jeder hat schon einmal die Redeweise vom Gesang der Vögel oder vom Walgesang gehört. Musik wird, so verstanden, als eine biologische Universalie angesehen. Dementsprechend sieht der Ethologe Geissmann (2001: 103ff.) in bestimmten Gibbon-Rufen einen Vorläufer des menschlichen Singens.

Mittels neurowissenschaftlicher Methoden soll in der Biomusicology erstens diese evolutionstheoretische „Vermutung" bestätigt und zweitens eine weitere Grundlage für die Biologisierung von Musik geschaffen werden. Damit wäre ein weiteres Element in der Konstituierung eines universalistischen Biologismus gegeben.[3] Aus dieser Perspektive gilt Musik als eine Funktion des Gehirns, und da das Gehirn evolutionsbiologisch erklärt werden kann ist damit wieder ein Link zwischen Musik und Evolution hergestellt. Ich werde nun zur Darstellung der neurowissenschaftlichen Explizierung von Musik übergehen, um anschließend eine Diskussion methodischer Probleme einzuleiten.

---

[2] Ein Beispiel für eine teleologische Erklärung in evolutionsbiologischer Hinsicht wäre etwa die Aussage, dass Vögel Flügel hätten, um fliegen zu können. Die Form teleologischer Sätze besteht in der Finalursache als Explanans (vgl. hierzu auch Schlosser/Weingarten 2002).

[3] Dass der Universalitätsanspruch der Biologie – zumindest in der „Philosophie" der Biologie (Biologismus) – diesen Anspruch erhebt, ist nicht nur Befürchtung, sondern man kann diesen Universalitätsanspruch auch nachlesen. Abgesehen vom Anspruch, den Wallin erhebt, gilt Ruth Millikan (1984) als wohl energischste Vertreterin eines universalistischen Biologismus.

Brain-Mapping musikalischer Praxis

Mit den Techniken des *functional magnet resonance imaging* (fMRI) und *Positron Emission Tomographie* (PET) werden Stoffwechseländerungen im Gehirn während bestimmter kognitiver, emotiver oder motorischer Leistungen registriert. Beispielsweise sind sich – hinsichtlich der funktionalen Zuordnung – die Neurowissenschaftler über die Zuständigkeit des limbischen Systems für die emotive Evaluierung von Dingen und Ereignissen einig. Und für das Sehen gilt das Area 17 des Okzipetallappens als unerlässlich. Was läge dann näher, als auch für die Musikwahrnehmung ein spezielles Gebiet anzunehmen? Angeregt von Donald Hebbs Theorie der „cell-assemblies" (1980), wurde von der strikten lokalisationstheoretischen Position Abstand genommen, und man spricht seither von neuronalen Netzen.

Um das Wesen und Wirken von Musik erforschen zu können, bedient sich die neurowissenschaftliche Forschung dieser Methoden. Im Rahmen funktionaler Zuordnungen werden definierte kortikale Gebiete mit bestimmten Verrechnungsprozessen von Musik korreliert. Stefan Koelsch (2004) beschäftigt sich mit den Sprache und Musik gemeinsamen Netzwerken, wobei er in einer Studie ein linkslateralisiertes N400-Potenzial während der Präsentation musikalischer Stimuli per *Electroencephalogramm* (EEG) nachweisen konnte. Dabei sind einerseits die Verwendung des Ausdrucks Semantik sowie andererseits dessen experimentelle Bestätigung nicht gesichert. Obendrein ist der Ausdruck „musikalische Semantik" prekär[4], denn musikalische Semantik ist kein analytisches Element. Musikalische Semantik müsste eher als ein Akt, als eine Synthesis unterschiedlicher Erfahrungsformen verstanden werden. Aus diesem Grunde sieht Roger Scruton (1999: 80f.) Musik als einen Ort der Metapher par excellence.

Herve Patel (1997) beschreibt das kortikale Netzwerk für musikalische Semantik bezüglich des episodischen und semantischen Gedächtnisses. Hierbei ist allerdings fraglich, ob er nicht vielleicht musikalische Syntax untersuchte, denn die Probanden mussten herausfinden, ob die vorgespielten Musikbeispiele Ähnlichkeit mit anderen hatten oder ob dieselben waren.

---

[4] Im Grunde genommen ist dieser ein Streit zwischen Formalästhetikern und Inhaltsästhetikern unter linguistischen Vorzeichen. Rein gegenstandstheoretisch betrachtet wäre die Rede von musikalischer Semantik allerdings problematisch.

Peter Faltin (1979) würde dies mit den syntaktischen Kategorien zu beschreiben versuchen. Denn gefragt wurde lediglich nach den syntaktischen Kategorien Identität, Ähnlichkeit, Unähnlichkeit, Verschiedenheit und Kontrast. Zumindest aber kann für das Brain-Mapping musikalischer Verrechnungsprozesse ein Zweck angegeben werden. „First, music offers a unique opportunity to better understand the organisation of the human brain. For example, only a minority of individuals become proficient musicians through explicit tutoring. This particulary distribution of acquired skills confers to music a privileged role in the exploration of the nature and extend of brain plasticity" (Peretz/Zatorre 2005: 89).

So verstanden geht es der neurowissenschaftlichen Erforschung musikalischer Verrechnungsprozesse schlichtweg um die Registrierung materieller Vorgänge, die (notwendigerweise) geschehen, wenn wir Musik hören. Dann haben wir es aber lediglich mit Korrelaten der musikalischen Wahrnehmung zu tun. Auch für Sprache lassen sich kortikale Korrelate feststellen. Doch ein Korrelat ist noch nicht mit einem Explanans gleichzusetzen, da sich der normative Gehalt menschlichen Tuns nicht aus einem einzelnen Bewusstsein oder gar Gehirn ableiten lässt. Genau dies ist ein wichtiger Punkt des Inferentialismus, wie er von Robert Brandom vertreten wird. Einige wenige Überlegungen des Inferentialismus sollen hier systematisch angewandt werden.

Musik als inferentielle Praxis

Die Biologisierung der Musik hat einen Haken. Denn das physiologische Verhalten, das während der Präsentation eines akustischen Stimulus zu beobachten ist, wird mit einem vorgefertigten Konzept vom Gegenstand aus erklärt. Weil also der Organismus bei Reizung durch das, was wir als Musik bezeichnen, ein Verhalten aufweist, wird dieses Verhalten mit einem musikalischen Verhalten identifiziert. Es ist allerdings äußerst problematisch, den Begriff Musik über den Gegenstand zu konzipieren, weshalb man ihn tätigkeitstheoretisch bzw. praxeologisch konzipieren sollte.[5] Man denke nochmals an Wilhelm Buschs „Musik wird oft als Lärm empfunden, weil sie mit

---

[5] In diesem Sinne versteht auch Kurt Blaukopf (1982: 17f.) Musik unter praxeologischen Vorzeichen als in jeweilige Praxen eingebunden, weshalb auch er die Rede von „der Musik" kritisch hinterfragt und von „Musiken" spricht.

Geräusch verbunden". Dieser Ausspruch ist mehr als ein Bonmot, weil in ihm in verdichteter Form die inferentielle Praxis zur Sprache kommt. Denn in der inferentiellen Praxis unterscheiden wir in der Tat zwischen Musik, Geräusch, Ton oder Lärm bzw. Krach. Musik als Lärm empfunden, die Verbindung von Musik und Geräusch – nicht deren Reduktion auf Geräusch –, legen zunächst nahe, dass Musik nicht einfach über einen definierten Gegenstand gegeben ist. Cages „4:33" ist wohl eines der berühmtesten Beispiele für die prekäre Lage des Musikbegriffs. So schließt Eggebrecht (1992) seinen Artikel über Musik im „Riemann Musiklexikon": „Was ‚die' M. sei, ist zu sagen schwer geworden." Marcel Dobberstein (2000: 31) formuliert das Problem folgendermaßen: „Ein Bestreben hin zur realen oder nominal-semantischen Designation endet im Falle des Musikbegriffs in Vagheit und Relativität. Mit ihm verbindet sich ein tolerabler Definitionsspielraum. Die Objekte, die er erfasst, können derart verschieden sein, daß ihnen keine gemeinsamen klassifikatorischen Merkmale mehr zugesprochen werden können".

Ich möchte nun auf einen wichtigen Punkt zu sprechen kommen, der das Phänomen „Musik" zwar nicht hinreichend definiert, jedoch den Ausgangspunkt für einen Definitionsversuch darstellen könnte. Und aus genau diesem Grunde war das Zitat von Busch wichtig, da es zu dem Stichwort der inferentiellen Praxis überleitet. Grob gesprochen besagt der Ausdruck der inferentiellen Praxis einen propositionalen bzw. artikulierten Umgang mit Dingen und Ereignissen, mit Welt und was in ihr vorkommen kann. Ein Automat hat diese inferentielle Praxis nicht – und anderen Organismen als dem Menschen können wir eine inferentielle Praxis nicht mit Sicherheit zusprechen. Das betrifft auch den gegliederten Umgang mit der Wahrnehmung. So kann ein Mensch eine Variation *als* eine Variation hören und möglicherweise das zugrunde liegende Modell erfassen und selber Variationen bilden. Er folgert (bildet Inferenzen) dann mit musikalischen Mitteln, insofern das Modell als Prämisse gilt.

Ein zentraler Punkt des Inferentialismus ist der pragmatisch artikulierte Umgang mit Welt. Ich werde mich für die kurzen Ausführungen zum Inferentialismus auf die Position Robert Brandoms beziehen. Für das hier beschäftigende Problem ist der Inferentialismus ein geeigneter Ausgangspunkt, da die Bestimmung von Ereignissen – wie beispielsweise als Ton, Geräusch oder Musik – nicht a priori über das Material gegeben ist, sondern selbst ein Apriori darstellt. Mit Brandom (2001: 22) lässt sich dieser Sachverhalt folgendermaßen beschreiben: „Zu sagen oder zu denken, daß Dinge so oder so sind, heißt, eine bestimmte Art inferentiell gegliederter Festlegungen einzugehen: es als geeignete Prämisse für weitere Inferenzen vorzubringen, d.h. seine Verwendung als eine solche Prämisse zu autorisieren, und die Verantwortung dafür zu übernehmen, sich selbst zu dieser Festlegung zu berechtigen ...".

Wenn wir über Musik reden, so wird dabei häufig übersehen, dass Musik *als Musik* betrachtet wird, weil wir über sie reden können; sie steht nicht abseitig vom Begrifflichen – wir führen Gründe an, wenn wir etwas als Musik anerkennen bzw. nicht anerkennen.[6] Und da die Biomusicology sich auf das bezieht, was beispielsweise Scruton als *akusmatische Erfahrung* bezeichnet, sollen die etymologischen und transkulturellen Probleme, die mit dem Begriff Musik einhergehen können, an dieser Stelle völlig ausgelassen werden. Wir können aber unterstellen, dass wir, wenn wir den Begriff Musik auf die akusmatische Erfahrung beziehen, eine Erfahrung, sie sich gänzlich mit dem akustischen Erscheinen befasst, diese als in jeder Kultur möglich erachten. Der Inferentialismus kommt nun insofern ins Spiel, als dass der Hörer sich erstens über das Gehörte einem anderen gegenüber *mitteilt*, wobei ich das Mitteilen als einen basalen Begriff der ästhetischen Praxis erachte, und dass er Gehörtes mit propositionalem Gehalt verbinden kann. Zumindest kann er dies, indem er weiß, welchen Affekt die Musik bei ihm auslöst. Schon auf dieser Ebene bildet er Inferenzen, ohne dass er über eine spezifisch musikalische Fachsprache verfügen müsste.

Nun will ich auf die teleologische Struktur zu sprechen kommen, innerhalb derer Musik zu verorten ist und die Grund genug darstellt, von unterschiedlichen Musiken zu reden. Wenn Löwen brüllen, Hirsche röhren, Möwen kreischen, gehört dies zu ihrem Verhaltensrepertoire. Lautäußerungen von Walen oder Vögeln werden als „Gesang" bezeichnet. Begreift man Musik nun als ein Geflecht von Praxen bzw. Praktiken, so liegt die Anbindung an das handlungstheoretische Vokabular nahe. Phänomenal ist dies gerechtfertigt, insofern bei Paraden Militärmusik, in einem Tanzlokal Tanzmusik, im Kaufhaus Berieselungsmusik und im Konzertsaal sogenannte ernste bzw.

---

[6] Wenn hier von Gründen die Rede ist, dann im Rahmen einer Begründung oder Festlegung, nicht einer Letztbegründung. Jedoch wird Wahrnehmung artikuliert und kann dann im logischen Raum der Gründe verortet werden.

Kunstmusik gespielt wird. Entsprechend wird mit der Musik ein bestimmter und beliebig gesetzter Zweck verfolgt.

Ethologische Studien, die als evolutionsbiologische Links fungieren, legen aber die Auffassung tierischen „Singens" als aufgrund der Disposition auf eindeutig festgelegte Zwecke ausgerichtet nahe. Vögel und Wale „singen" nur unter bestimmten Bedingungen. Bei Vögeln kann das von P. Gray bestaunte „countersinging" als Signal für Aggression qualifiziert werden. Wale singen – und eigenartigerweise nur die Bullen –, um den Walkühen gegenüber ihre Attraktivität zu steigern. „Singen" ist hier Komponente des Paarungsverhaltens. Und Geissman hat herausgefunden, dass hybride Gibbons ihre spezifischen Paarungs- und Warnrufe nicht von ihren Eltern erlernen, sondern dass diese genetisch festgelegt sind, was ihre Erscheinung und den Zeitpunkt ihres Ertönens betrifft. Komischerweise ist der Mensch im Gebrauch und Umgang mit Musik so „frei" (schon was den Zeitpunkt anbelangt), dass es geschehen kann, dass die Nachbarn wegen ruhestörenden Lärms die Polizei rufen.

Musicbiology vs. Biomusicology

Das Problem der Biomusicology besteht darin, dass sie musikalische Kompetenz oder schlichtweg Musikalität über den Gegenstand, den wir als musikalisch bezeichnen, bestimmten Organismen zuschreibt, ohne aber die Vollzüge, die mit dem Musikalischen einhergehen (und es konstituieren),[7] zu explizieren. Sie verfährt gegenstandstheoretisch, wohingegen der von mir erhobene Einwand tätigkeitstheoretisch motiviert ist. Also, Mensch und Tier werden in Experimenten als einzelne Organismen betrachtet. Dass bei einem rezeptiven Organismus akustische Stimuli, die wir als Musik auffassen, physiologische Reaktionen hervorrufen, sagt nur etwas über die auditive, nicht aber etwas über die musikalische Kompetenz aus. Auch wenn die auditorischen Kortizes von Makaken und Menschen bei der Präsentation dissonanter Akkorde gleich reagieren, so ist doch fraglich, ob der Makake den Akkord überhaupt als Akkord hören kann.

---

[7] Als begriffliche Bedingungen, die erfüllt sein sollten, wenn etwas als Musik gelten soll bzw. kann; wenn die Wahrnehmung in ein Geflecht der Begründbarkeit oder Gründe gestellt wird.

Biomusicology

Was erklärt uns also die Biomusicology, wenn sie uns Musik erklärt? Neurobiologische Einsichten in musikalische Verrechnungsprozesse erklären uns beispielsweise nichts über die Syntax musikalischer Gebilde, sondern lediglich etwas über die kortikale Perzeptionsstruktur, die am Erfassen musikalischer Syntax und vielleicht auch Semantik (welche allerdings nicht in der Musik steckt, sondern aufgrund einer Synthese vollzogen wird) oder Harmonik und Melodik beteiligt ist. Das ist aber keine Erklärung von Musik – mithin ist Musik so verstanden gar nicht das Explanandum. Neurowissenschaftlich sind musikalische Verrechnungsprozesse interessant, weil sie Auskunft über ein komplex arbeitendes Netzwerk ermöglichen. Nicht also ist die Musik auf dem Prüfstand der Biologie, weil sie von sich aus keinen Begriff von Musik geben kann, sondern die Biologie auf den Prüfstand der Musik. Der Ofen determiniert das Rohr als Ofenrohr und nicht das Rohr den Ofen als Rohrofen. Deshalb plädiere ich dafür, von einer Musicbiology statt von einer Biomusicology zu sprechen.

Sicherlich gibt es eine Strategie des Obskurantismus in der Form der Leugnung naturwissenschaftlicher Erklärungsmodelle, die Kosmos und Mensch betreffen; dieser faselt mit unhaltbaren Behauptungen. Wissenschaften bedienen sich Methoden, die dem Prinzip nach von jedermann nachvollziehbar sind.[8] Andererseits gibt es auch eine Form des Obskurantismus in den Naturwissenschaften. Und diesen möchte ich als naturalistischen bzw. biologistischen Reduktionismus bezeichnen. Dieser will uns weismachen, über alles die Erklärungshoheit zu besitzen, obwohl er schon auf der semantischen Ebene Probleme mit alltagsweltlichen oder ästhetischen Phänomenen hat. So kann man beispielsweise einen Dominantseptakkord oszillographisch in all seine physikalischen Elemente zerlegen. Was man aber nicht in empiristischer Manier sehen und berechnen kann (a priori), das ist die Funktion, die er innerhalb des musikalischen Geschehens hat.[9] Bei aller physikalischen

---

[8] Dies sollte hier nicht als Beschreibung wissenschaftlicher Praxis, sondern als Norm verstanden werden.

[9] Beispielsweise kann ein Akkord (D in C) die Funktion der Doppeldominante haben – er kann aber auch ein vagierender Akkord sein. Dieser Sachverhalt wird nicht beobachtet oder rein deskriptiv festgestellt, sondern erschlossen.

Beschreibbarkeit lässt sich dieses „mentale"[10] Phänomen nicht eliminieren. Um es rationalisieren zu können, bedarf es Begrifflichkeiten, die kulturwissenschaftlich erarbeitet werden müssen.

Literatur

Blaukopf, Kurt (1982): Musik im Wandel der Gesellschaft, München.

Brandom, Robert (2001): Begründen und Begreifen. Eine Einführung in den Inferentialismus, Frankfurt/M.

Dobberstein, Marcel (2000): Mensch und Musik. Grundlegung einer Anthropologie der Musik, Berlin.

Eggebrecht, Hans Heinrich (1992): Art. Musik, in: Dahlhaus, Carl/Eggebrecht, Hans Heinrich (Hg): Brockhaus Riemann Musiklexikon, Kassel, S. 175-176.

Faltin, Peter (1979): Phänomenologie der musikalischen Form (=Beihefte zum Archiv für Musikwissenschaft, Bd. 18), Wiesbaden.

Geissmann, Thomas (2001): Gibbon songs and human music from an evolutionary perspective, in: Wallin, Nils u.a. (Hg.): The origins of music, Cambridge/MA, S. 103-123.

Gray, Patricia (2001): The nature of music and the music of nature, in: Science, Vol. 291, Issue 5501, S. 52-54.

Hebb, Donald (1980): Essay on mind, Hillsdale.

Helmholtz, Hermann von (1863): Die Lehre von den Tonempfindungen als physiologische Grundlage für die Theorie der Musik, Braunschweig.

Koelsch, Stefan (2004): Music, language and meaning: brain signatures of semantic processing, in: Nature Neuroscience, Bd. 7.3, S. 302-307.

Millikan, Ruth (1984): Language, Thought, and other biological categories. New foundations for realism, Cambridge/MA.

---

[10] Es geht hierbei um den Gegenstand des Mentalen als Gegenstand in Form einer bestimmten Rede. Über den ontologischen Status „mentaler" Begriffe soll hier nichts ausgesagt werden.

Patel, Hervé (1997): The structural componentes of music perception. A functional anatomical study, in: Brain, Bd. 120, S. 229-243.

Peretz, Isabelle/Zatorre, Robert (2005): Brain organisation for music processing, in: Annu. Rev. Psychol., Bd. 56:89, S. 89-114.

Schlosser, Gerhard/Weingarten, Michael (2002): Formen der Erklärungen in der Biologie, Berlin.

Scruton, Roger (1999): The aesthetics of music, Oxford.

Tramo, Mark (2001): Neurobiological Foundations for the Theory of Harmony in Western Tonal Music, in: Peretz, Isabelle/Zatorre, Robert (Hg.): The biological foundations of music, New York, S. 92-16.

Wallin, Nils (1991): Biomusicology. Neurophysiological, neuropsychological, and evolutionary perspectives on the origins and purposes of music, Styvesant/NY.

Hans-Jörg Schulz/Thomas Nocke

Maschinelle Datenanalyse im Informationszeitalter – können oder müssen wir ihr vertrauen?

1. Einleitung

Registrierkassen im Supermarkt, Mautbrücken über der Autobahn, elektronisches Rezept mit der Gesundheitskarte – die Durchdringung aller Lebensbereiche unserer heutigen Gesellschaft mit moderner IT hat eine für den Einzelnen unüberschaubare Informationslandschaft geschaffen. Dank fortgeschrittener Mess- und Überwachungstechnologie laufen in wissenschaftlichen, militärischen und kommerziellen Datenzentren riesige Informationsmengen auf, deren Analyse und Archivierung ohne maschinelle Hilfe schon lange nicht mehr zu bewerkstelligen ist. Doch was passiert eigentlich bei solch einer rechnergestützten Datenanalyse? Mathematik und Informatik haben in den vergangenen Jahrzehnten die Basis gelegt, um die Unterstützung des Analyseprozesses (engl. *Data Mining*) durch die Entwicklung immer neuer und immer komplizierterer Verfahren zu gewährleisten.

Ausgehend von einer Erläuterung des wissenschaftlichen Erkenntnisprozesses mit seinen unterschiedlichen charakterisierenden Aspekten, wird die maschinelle Datenanalyse nachfolgend in dessen Begriffsraum eingeordnet. Ferner werden mit dem Data Mining und der Visualisierung zwei prominente Beispiele maschineller Analysemethoden vorgestellt, deren Vor- und Nachteile aufgezeigt und beide schließlich zum Visuellen Data Mining kombiniert. Anschließend werden die aus dieser Kombination gewonnenen Prinzipien im Umgang mit rechnergestützter Datenanalyse verallgemeinert und der damit in engem Zusammenhang stehende Begriff der Intuition diskutiert. Der Schluss dieser Arbeit widmet sich darauf aufbauend der Beantwortung der im Titel gestellten Frage nach dem Vertrauen.

2. Der wissenschaftliche Erkenntnisprozess

Der Wissensraum lässt sich schematisch durch die sogenannte *Wissenspyramide* darstellen (s. Abb. 1). Dabei verdeutlichen die drei unteren Stufen der Pyramide grob die Semiotik der zu analysierenden Daten (das sogenannte Datenmodell) und die oberen drei Stufen die aus den zugrunde liegenden Daten extrahierten Erkenntnisse.

Der wissenschaftliche Erkenntnisprozess verläuft innerhalb der Wissenspyramide, also in der Regel von unten nach oben, wobei aber u.U. bereits gewonnenes Wissen aus den drei oberen Stufen mit einbezogen wird.

Abb. 1: Wissenspyramide nach Aamodt/Nygård (1995)

Der Erkenntnisprozess kann nach unterschiedlichen Aspekten charakterisiert werden. Dazu zählen u.a. dessen Motivation (Erkenntnisinteresse), dessen Methode (Erkenntnispraxis) und die Qualität der gewonnenen Erkenntnisse (Erkenntniskategorie).

2.1 Erkenntnisinteresse

Die forschungsleitende Fragestellung wird nach Eberhard (1999: 16) durch den Begriff des *Erkenntnisinteresses* beschrieben. Dabei wird (auch schon vor Eberhard) zwischen den folgenden drei Kategorien des Erkenntnisinteresses unterschieden:

Das *phänomenale Erkenntnisinteresse* fragt nach Beobachtungen und Fakten, die sich direkt aus den zu untersuchenden Daten ergeben. Derartige Erkenntnisse sind daher auf der Stufe der „Information" in die Wissenspyramide einzuordnen. Das *kausale Erkenntnisinteresse* fragt nach den Gründen für bestimmte Beobachtungen. Dies resultiert in ein Verständnis für das Beziehungsgefüge innerhalb des beobachteten Systems. Da kausale auf phänomenale Erkenntnisse aufbauen (es braucht eine Beobachtung, um nach deren Grund zu fragen), wird es auch darüber in die Stufe des „Wissens" der Wissenspyramide eingeordnet. Das *aktionale Erkenntnisinteresse* sucht nun nach konkreten Handlungsanweisungen, um innerhalb des o.g. Beziehungsgeflechts einen bestimmten Effekt zu induzieren. Da hierfür ein Verständnis der kausalen Zusammenhänge innerhalb des Systems nötig ist, werden aktionale über den kausalen Erkenntnissen in die Stufe der „Weisheit" der Wissenspyramide eingeordnet.

2.2 Erkenntnispraxis

Unabhängig vom Erkenntnisinteresse können Erkenntnisse auf verschiedene Art und Weise gewonnen werden. In der Theorie unterscheidet man zwischen einer *konfirmativen*, hypothesenbeweisenden Erkenntnispraxis und einer *explorativen*, ungerichteten Erkenntnispraxis (z.B. *Trial-and-error*-Prinzip). Die jeweiligen Vor- und Nachteile dieser beiden Verfahren liegen auf der Hand: Während die konfirmative Vorgehensweise die Anzahl der zu untersuchenden Variablen durch eine wohlüberlegte Hypothese verringert, birgt sie im schlimmsten Fall auch die Gefahr übermäßiger Reduktion. Dahingegen hat die explorative Methode den Vorteil, Zusammenhänge aufzudecken, an die im Vorfeld gar nicht gedacht wurde, wobei man allerdings mit deren Verallgemeinerung vorsichtig sein muss, da jede noch so große Datenmenge die Realität i.d.R. immer nur auszugsweise widerspiegelt. Daher werden diese beiden Formen in der Praxis selten isoliert voneinander angewandt, sondern meist wechselseitig miteinander verwoben (vgl. Shneiderman 2002).

2.3 Erkenntniskategorien

Erkenntnisse können außerdem in zwei Erkenntniskategorien eingeordnet werden. Während *qualitative Erkenntnisse* einen entdeckten Sachverhalt durch Einordnung desselben in semantische Kategorien beschreiben, charakterisieren *quantitative Erkenntnisse* einen Sachverhalt durch konkrete numerische Werte. Eine Stufung oder Hierarchisierung dieser Erkenntniskategorien ist dabei nicht möglich, da der Erkenntnisweg in beide Richtungen beschritten werden kann: Zum einen ist eine quantitative Untermauerung erster qualitativer Beobachtungen denkbar, zum anderen aber auch die Übersetzung quantitativer (Mess-)Ergebnisse in allgemein verständliche qualitative Aussagen.

3. Die rechnergestützte Datenanalyse

Die heutige Rechentechnik ist in der Lage, den wissenschaftlichen Erkenntnisprozess unabhängig von Erkenntnisinteresse und -praxis zu unterstützen. So wird der Computer häufig als Analysewerkzeug genutzt, um auch bei großen Datenmengen phänomenalem und kausalem Erkenntnisinteresse nachgehen zu können. Aktionales Erkenntnisinteresse wird dahingegen in der Regel kaum durch analytische Verfahren, sondern eher durch Computersimulationen rechnerisch unterstützt. Obwohl es prinzipiell denkbar wäre, auch Verfahren der Datenanalyse zur Gewinnung aktionaler Erkenntnisse zu nutzen, ist dieser Ansatz in der Praxis kaum vertreten und soll daher auch nicht im Fokus dieser Arbeit liegen.

Je nach Bedarf unterstützt die heutige Rechentechnik die Datenanalyse auf zwei verschiedene Arten: Entweder übernimmt die Technik die komplette Analyse oder sie bereitet die Daten lediglich in einer Weise auf, dass der Nutzer die Daten darauf basierend selbst analysieren kann. Für beide Vorgehensweisen wird nachfolgend je ein Beispiel diskutiert.

3.1. Data Mining

Der Begriff *Data Mining* bezeichnet die rechnergestützte Analyse großer Datenmengen, um darin vermutete Zusammenhänge zu bestätigen oder unvermutete Beziehungen zu entdecken. Diese Zusammenhänge oder Beziehungen werden als *Muster* (engl. *patterns*) bezeichnet und häufig durch Methoden der Statistik und der künstlichen Intelligenz erschlossen. Das Data Mining wird i.d.R. auf Daten angewandt, die eigentlich für ganz andere Zwecke erhoben wurden. Ein aktuelles Beispiel ist die Verwendung von zu Abrechnungszwecken gespeicherten Telefonverbindungsdaten für das Aufspüren von Terrorzellen in den Vereinigten Staaten (vgl. Mena 2004). Aufgrund dieser Entkopplung zwischen dem primären Zweck der Daten und der Intention des Data Mining wird das Data Mining auch als *sekundäre Datenanalyse* bezeichnet (vgl. Hand u.a. 2001).

Das Data Mining birgt allerdings auch Gefahren. So ist es durch die zunehmende Verarbeitungsgeschwindigkeit moderner Computer möglich, immer kompliziertere und ausgefeiltere Analyseverfahren in akzeptabler Rechenzeit auf immer größere Datenmengen anzuwenden. Fehlendes Verständnis für die Funktionsweise dieser Verfahren und den Bedeutungszusammenhang ihrer Ergebnisse kann somit auf Seite des Anwenders zu deren Einsatz als Blackbox führen. In der Praxis bedeutet dies, dass die Verfahren zwar lediglich über einige Parameter an die eigenen Bedürfnisse und die Charakteristika der zu analysierenden Daten angepasst werden müssen, diese Anpassung ohne detailliertes Wissen um die intern verwendeten Verfahren den Laien jedoch rasch überfordert. Doch die unbedachte Parametrisierung resultiert u.U. in Fehlinterpretationen, die aufgrund der schieren Datenmenge von Hand nicht falsifizierbar sind. Ferner führt die Fülle an existierenden Analyseverfahren zuweilen zu dem paradoxen Problem, dass unterschiedliche, aber jeweils durchaus plausible Analysemethoden zu voneinander verschiedenen Ergebnissen gelangen und somit Raum für projektive Interpretationen bieten. Ein Beispiel, an dem diese Effekte deutlich werden, ist die Diskussion um die sogenannte *Hockeyschläger-Kurve*, die weithin als Nachweis für die globale Klimaerwärmung gilt (vgl. Mann u.a. 1998). Doch eine zweite Analyse (vgl. McKitrick/McIntyre 2005) derselben Ausgangsdaten kommt zu einem etwas anderen Ergebnis, welches zwar ebenfalls einen rapiden Temperaturanstieg in den letzten Dekaden aufzeigt, jedoch zusätzlich einen ähnlichen Anstieg der Temperatur im Mittelalter aufweist (vgl. Abb. 2). Bis heute konnten sich beide Forschergruppen nicht einigen, welche der komplizierten Analysemethoden denn nun die geeignetere ist und damit, welches Diagramm die Realität am besten wiedergibt.

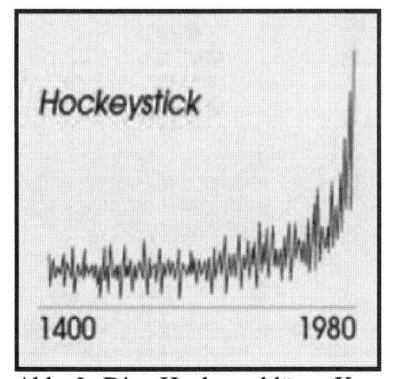

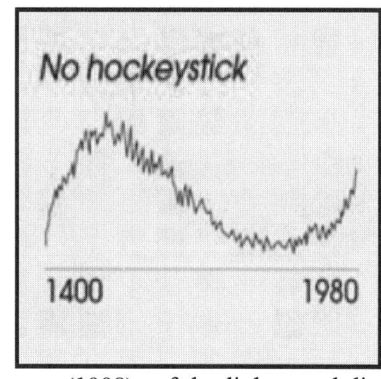

Abb. 2: Die „Hockeyschläger-Kurve" von Mann u.a. (1998) auf der linken und die alternative Darstellung von McKitrick/McIntyre (2005) auf der rechten Seite

3.2. Visualisierung

Die *Visualisierung* bezeichnet das Erzeugen geeigneter visueller Repräsentationen gegebener Daten, um deren effektive Auswertung durch den Anwender zu ermöglichen (vgl. Schumann, Müller 2000: 4). Damit ist die Visualisierung ein Beispiel für die Aufbereitung der Daten in eine Form, die dem Anwender den Zugang erleichtert und es ihm erlaubt, seine Analysen selbst durchzuführen. Dies geschieht i.d.R. durch Interaktion mit der Visualisierung, also durch eine Manipulation der grafischen Ausgabe etwa durch Zoom- oder Rotationsfunktionen oder z.B. auch durch die manuelle Umsortierung von Koordinatenachsen.

Abb. 3 zeigt zwei visuelle Analyseschritte bei der Auswertung „heißer Sommer" in den Jahren 1893-1997 um Potsdam. Während auf der linken Seite die einzelnen Jahre in Dekaden abgetragen wurden, hat man auf der rechten Seite dieses Intervall interaktiv von zehn auf sechs Jahre reduziert. Diese geringfügige Alteration der Visualisierung durch den Anwender liefert bereits erste Resultate. Denn während in der linken Darstellung keinerlei Regelmäßigkeit zu entdecken ist, wird aus der rechten Darstellung sofort deutlich, dass in jedem fünften und sechsten Jahr anscheinend ein vergleichsweise kühler Sommer auftritt.

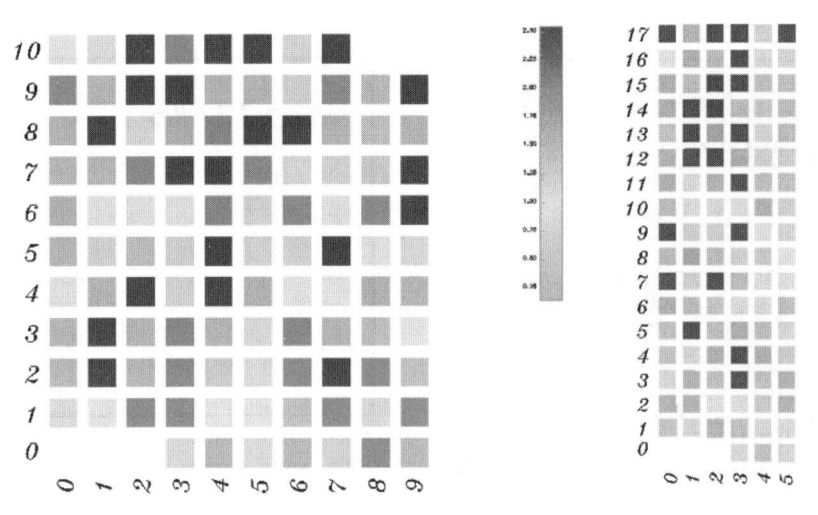

Abb. 3: Heiße Sommer von 1893-1997 (Messstation Potsdam)

Das obige Beispiel zeigt aber auch, wie sensibel der Analyseprozess auf die Wahl geeigneter Darstellungen reagiert. So kann eine ungeeignete visuelle Repräsentation im besten Fall die Analyse verkomplizieren – im schlimmsten Fall jedoch falsche, in den Daten eigentlich nicht vorhandene Zusammenhänge suggerieren.

3.3 Die Kombination der Ansätze zum Visuellen Data Mining

Während also das automatische Data Mining die Datenanalyse rechnerisch durchführt und dem Nutzer i.d.R. nach ihrem Abschluss die Interpretation der Ergebnisse überlässt, dient die Visualisierung in erster Linie der grafischen Aufbereitung der Daten, um dem Nutzer selbst die Analyse zu ermöglichen. Der Vorteil der Analyse entweder durch den Computer oder den Nutzer liegt in deren unterschiedlichen Analysefähigkeiten, wie sie in Abb. 4 dargestellt sind. So kann je nach Bedarf eine entsprechende Analysemethode ausgewählt werden. Sollen große Datenmengen lediglich durchsucht und numerisch erfasst werden, ist sicherlich die Verwendung des Data Mining sinnvoll. Sollen jedoch auch Allgemeinwissen und Kreativität mit in die Analyse einfließen, dann ist der Wahrnehmungsapparat des Menschen meist überlegen und sollte durch geeignete Visualisierungen unterstützt werden.

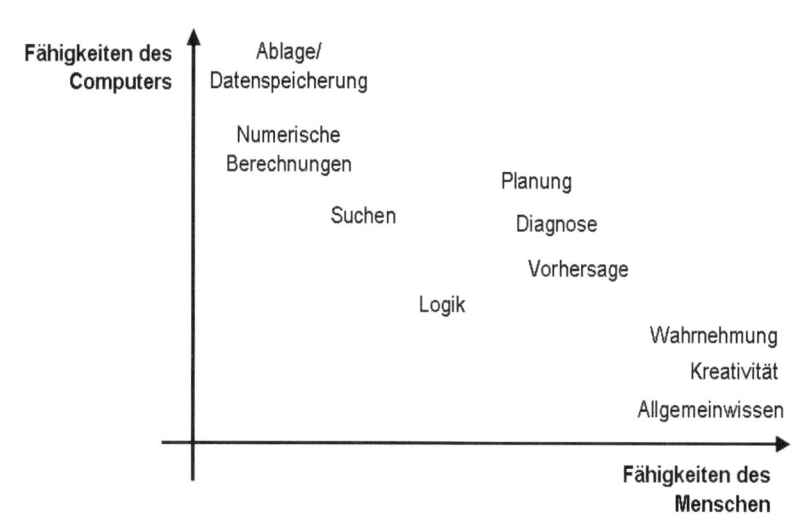

Abb. 4: Aspekte der Datenanalyse im Kompetenzfeld von Computer und Mensch (nach Daniel Keim, Universität Konstanz)

Auch die technischen Grenzen der Analysemethoden spielen bei deren Auswahl eine Rolle. So benötigen die rechnerischen Verfahren des Data Mining häufig sehr viel Rechenzeit (engl. *runtime bottleneck*) und Speicherplatz (engl. *memory bottleneck*) und eignen sich kaum zum Treffen qualitativer Aussagen. Dahingegen haben die darstellenden Verfahren der Visualisierung Probleme, die großen Datenmengen mit ihren komplexen Zusammenhängen auf dem nur begrenzt verfügbaren Darstellungsplatz unterzubringen (engl. *screen bottleneck*) oder es in einer Weise zu tun, welche die Wahrnehmungsfähigkeiten des Menschen nicht überfordert (engl. *mind bottleneck*). Ferner eignet sie sich kaum zur Gewinnung quantitativer Aussagen.

Bis auf das Speicherplatzproblem werden alle genannten problematischen Aspekte beider Analysemethoden durch deren Kombination zum *Visuellen Data Mining* adressiert. So ist es beispielsweise möglich, große Datenmengen durch einen gezielten Data Mining-Schritt auf darstell- und wahrnehmbare Maße herunterzubrechen und somit der Visualisierung überhaupt erst zugänglich zu machen. Umgekehrt ist es durch einen interaktiven visuellen Analyseschritt nun denkbar, zeitraubende Data Mining-Schritte der Analysekompetenz des Nutzers zu überlassen. Insgesamt ermöglicht das Visuelle Data Mining eine enge Kopplung qualitativer und quantitativer Analyse, sodass Erkenntnisse beider Erkenntniskategorien in einem Analysedurchgang gewonnnen werden können. Auf der anderen Seite erhöht sich durch diese Verzahnung die Komplexität des Analyseprozesses und führt dadurch eventuell zusätzliche Fehlerquellen ein. Insbesondere sollten zur Vermeidung von Fehlern bei der Kombination verschiedener Verfahren diese geeignet verknüpft und synchronisiert werden. Hierzu müssen dem Nutzer Schnittstellen an die Hand gegeben werden, um einen Überblick auch bei komplexen Abhängigkeiten der eingesetzten Verfahren zu erhalten und fehlerträchtige Verknüpfungen zu vermeiden.

4. Intuition im Analyseprozess

Das im vorangegangenen Abschnitt beschriebene Visuelle Data Mining eliminiert nicht nur eine Anzahl der aufgezeigten Nachteile der einzelnen Verfahren, sondern ermöglicht es dem Anwender in erster Linie, seine Intuition über die visuelle Datenrepräsentation in den abstrakten, algorithmischen Analyseprozess des Data Mining einzubringen. Das bedeutet, dass der Anwender im Kontext seines Wissens eine Einsicht in die charakteristische

Struktur der Daten entwickelt und dadurch die Auswahl und Parametrisierung der analytischen Methoden präziser und sicherer vornehmen kann. Zusätzlich dient dieselbe Visualisierung, über die der Analyst die zugrunde liegenden abstrakten Daten manipuliert und analysiert, auch dem verständlichen Feedback der rein rechnerischen Verfahren des Data Mining an den Analysten und bildet daher eine brauchbare Mensch-Maschine-Schnittstelle, die es ermöglicht, in der einen Richtung die komplexen Analyseergebnisse des Data Mining zu vermitteln, dieses aber umgekehrt darüber auch nachvollziehbar zu steuern und zu parametrisieren. Dieser Zusammenhang ist noch einmal in der nachfolgenden schematischen Abb. 5 zusammengefasst.

Abb. 5: Die Visualisierung als Schnittstelle zwischen Mensch und Maschine

Die Notwendigkeit der Integration menschlicher Intuition in den Analyseprozess wird nachfolgend begründet und die intuitive Visualisierung an zwei Beispielen exemplarisch dargestellt.

4.1 Die Informationsexplosion

Nach einer Schätzung der Berkeley School of Information Management and Systems wurden allein im Jahr 2002 insgesamt 5 Exabytes an Daten gespeichert (vgl. Lyman/Varian 2003). Das entspricht (wiederum einer Schätzung zufolge) in etwa dem Informationsgehalt aller je von Menschen gesprochenen Wörter. Dieses immense Datenaufkommen steigt zudem jährlich um ca. 30% – eine Entwicklung, die allgemein als *Informationsexplosion* bezeichnet wird. Der amerikanische Zukunftsforscher John Naisbitt hat sich bereits 1982 in seinem Bestseller „MegaTrends" mit dieser Tendenz beschäftigt und ist zu dem Schluss gekommen, dass die menschliche Intuition in Zukunft eine noch viel stärkere Rolle spielen wird als heute, da allein mit ihr die anfallenden Datenmengen noch innerhalb eines realistischen Zeitrahmens zu bewältigen sind.

4.2 Beispiele aus der Visualisierung

Damit die menschliche Intuition, also das zuvor beschriebene kontextuelle Verständnis der Beschaffenheit der Daten, in den Analyseprozess integriert werden kann, bedarf es intuitiver Mensch-Maschine-Schnittstellen wie der Visualisierung, die in der Lage sind, komplexe Sachverhalte, lange Datenkolonnen und abstrakte Beziehungen verständlich zu präsentieren. Abb. 6 zeigt zwei solcher intuitiver Darstellungstechniken, die z.Zt. aktuelle Forschungsgegenstände sind.

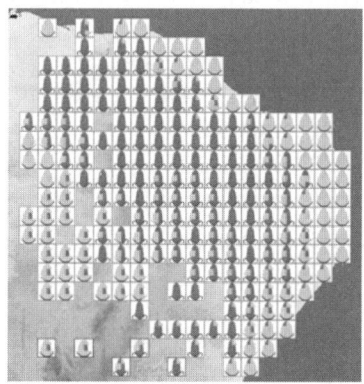

Abb. 6: Unsicherheitslinse über einer historischen Kartendarstellung (links), Maiskolbenmetapher zur Darstellung der Maisanbaubedingungen in Brasilien (rechts)

Auf der linken Seite ist das Konzept der Unsicherheitslinse dargestellt, die interaktiv über einer grafischen Darstellung verschoben werden kann, um in dem darunter liegenden Bereich Informationen, die mit Unsicherheiten behaftet sind, z.B. verschwommen darzustellen. Gerade bei historischen Angaben, wie der abgebildeten Karte, kommen Unsicherheiten häufig vor und können auf diese Weise dem Anwender intuitiv zugänglich gemacht werden. Auch die metapherbasierte Visualisierung der Maisanbaubedingungen in Brasilien auf der rechten Seite stellt eine intuitive Visualisierung dar. Hier wird ein ähnlich komplexes Konzept wie das der Unsicherheit, nämlich das der Anbaubedingungen, in eine einfache, rasch zu erfassende visuelle Repräsentation überführt. Die grafische Metapher des Maiskolbens ist in insgesamt sechs Teile unterteilt, die ganz bestimmte Anbaufaktoren wie die Niederschlagsmenge codiert. Fällt viel Regen, wird dieser Teil des Maiskolbens in saftigem Gelb dargestellt, sonst graduell bis zu einem verdorrten Braun abgeschwächt. Auf diese Weise kann selbst ein Schulkind mit der Karte im Unterricht arbeiten und deren Inhalt auswerten.

5. Fazit und Schlussbemerkungen

Es gibt hauptsächlich zwei Probleme, aus denen das Misstrauen und die Unsicherheit im Umgang mit automatischen Analyseverfahren resultieren. Zum einen ist es die Menge der zu analysierenden Daten. Sie ist zu groß, um sie noch im Ganzen zu überblicken und bereits im Vorfeld der eigentlichen Datenanalyse ein grundlegendes, noch durch keine eventuell falsch parametrisierte Berechnung verfälschtes Verständnis für ihre Beschaffenheit zu entwickeln. Dieses Verständnis ist eigentlich umso wichtiger, als dass es häufig für die korrekte Auswahl geeigneter Analyseverfahren benötigt wird. Das zweite Problem ist das mangelnde Verständnis für die hochkomplexen automatischen Analyseverfahren. So ist es kaum noch möglich, deren Ergebnisse nachzuvollziehen oder auch nur mit einem pauschalen Überschlag, wie man ihn aus dem Schulunterricht kennt, zu überprüfen.

Gerade deshalb sind die aktuellen Anstrengungen, den Anwender mit seinem Wissen, seiner Kreativität und vor allem seiner Intuition vermehrt in den Analyseprozess einzubinden, so wichtig. Dies geschieht zum einen durch die verstärkte Integration explorativer Analyseschritte (z.B. beim Visuellen Data Mining), wodurch der Nutzer einen viel direkteren Zugang zu den eigentlichen Daten bekommt und damit auch ein höheres Maß an Verständnis für diese erhält. Zum anderen ist man beim Entwurf von Analysetechniken bemüht, deren Funktionsweise durch ein möglichst hohes Maß an Feedback für den Nutzer transparent zu machen. Das bedeutet, dass nicht nur am Ende der Berechnung das Ergebnis ausgegeben wird, sondern laufend aktuelle Zwischenergebnisse abgerufen, ausgewertet und dargestellt werden können.

Es ist also ersichtlich, dass die heutige Gesellschaft aufgrund der riesigen Datenmengen zwar keine andere Wahl hat, als der maschinellen Datenanalyse zu vertrauen – doch auch wenn wir ihr also vertrauen müssen, zeigt die aktuelle Forschung auf dem Gebiet intuitiver Mensch-Maschine-Schnittstellen, dass man intensiv daran arbeitet, den Menschen wieder zunehmend in den Analyseprozess zu integrieren, um das Vertrauen in diesen zu stärken.

Literatur

Aamodt, Agnar/Nygård, Mads (1995): Different roles and mutual dependencies of data, information, and knowledge – An AI perspective on their integration, in: Data and Knowledge Engineering, Bd. 16.3, S.191-222.

Eberhard, Kurt (1999): Einführung in die Erkenntnis- und Wissenschaftstheorie, Stuttgart [1987].

Hand, David/Mannila, Heikki/Smyth, Padhraic (2001): Principles of Data Mining, Cambridge/MA u. London.

Lyman, Peter/Varian, Hal R. (2003): How Much Information 2003?, Berkley.

Mann, Michael E./Bradly, Raymond S./Hughes, Malcolm K. (1998): Global-Scale Temperature Patterns and Climate Forcing Over the Past Six Centuries, in: Nature, Nr.392, S. 779-787.

McKitrick, Ross/McIntyre, Stephen (2005): Hockey Sticks, Principal Components and Spurious Significance, in: Geophysical Research Letters, Bd. 32.3, L.03710, Washington D.C.

Mena, Jesus (2004): Homeland Security. Techniques and Technologies, Hingham/MA.

Naisbitt, John (1988): Megatrends, New York.

Schumann, Heidrun/Müller, Wolfgang (2000): Visualisierung. Grundlagen und allgemeine Methoden, Berlin u.a.

Shneiderman, Ben (2002): Inventing discovery tools: combining information visualization with data mining, in: Information Visualization, Bd. 1.1, S. 5-12.

Bildnachweis

Abb. 2: Kyoto protocol based on flawed statistics, in: Natuurwetenschap & Techniek, Ausgabe Feb. 2005.

Rainer Grübel

Dialogik vs. Dialektik. Kreative Spannungen zwischen Reden und Denken

1. Das Verhältnis Denken vs. Sprechen: aktuelle Anstöße, alte Entwürfe

In den letzten Jahrzehnten haben Kognitionswissenschaft, Hirnforschung und künstliche Intelligenz unsere Vorstellung vom Verhältnis zwischen Reden und Sprechen in Bewegung versetzt. Allerdings zielen die drei Disziplinen noch stets auf ein einheitliches Modell, dem gemäß Geist und Sprache zueinander ins Verhältnis zu setzen sind. Die Neurologie neigt dazu, eine einheitliche Bewusstseinstätigkeit („mind") zu entwerfen, die Kognitionsforschung sucht nach einer konsistenten Vorstellung kognitiver Prozesse („cognition"), die Erforscher des artificial intellency modellieren eine in sich geschlossene informatorische Intelligenz.

Die Sprachphilosophie bezeugt in der Frühzeit der antiken griechischen Kultur die Ablösung einer herrschenden Konzeption des Wechselbezugs von Sprache und Denken durch eine andere. Antikes Nachdenken über das Verhältnis von Denken und Rede setzte ein mit der Reflexion über das Sprechen als *Namen-Geben*. Wie kommt es, dass ein Eigenname mehr als eine Person bezeichnen, wie ist es möglich, dass ein und dieselbe Person mehr als einen Namen tragen kann? Der Extremfall der Eins-Zu-Eins-Beziehung zwischen verbalem Ausdruck und bezeichneter Erscheinung steht als Wunschbild im Hintergrund dieser Überlegungen. *Vieldeutigkeit* eines Namens oder Polysemie und *Namengleichheit* verschiedener Träger oder Synonymie werden als Ermöglichungsformen der Lüge an den Pranger gestellt. Dabei ist es aufschlussreich, dass mit dem Übergang von der archaischen synthetischen, auf Bilder eingestellten zur späteren analytischen, mit Begriffen operierenden Kultur auch der Name als Inbegriff der Sprache aufgegeben wird (vgl. Frejdenberg 1976).

Beide Fälle bilden Formen der *Kataphatik*, also der Grundüberzeugung, was gedacht werde, lasse sich auch sprachlich ausdrücken. Dem steht die *Apophatik* alternativ zur Seite, der Glaube, das Wesen der Welt und des Daseins entziehe sich sprachlicher Darstellung. Bei Demokrit findet diese Überzeugung noch Niederschlag in der besonderen Erscheinung der Namenlosigkeit, und doch ist er jener Denker gewesen, der die poetologische Philologie der Namen erstmals konsequent verlassen hat in Richtung auf eine prosaische Bedeutungsanalyse.

Die Kataphatik geht das Verhältnis zwischen Wortausdruck und mentaler Bedeutung von zwei Seiten her an: Die *Onomasiologie* sucht – von einer gegebenen Bedeutung ausgehend – nach dem angemessenen *Ausdruck*, die *Semasiologie* fragt – vom gegebenen Ausdruck ausgehend – nach der richtigen *Bedeutung*. Allerdings setzen die beiden Disziplinen bereits die Vorstellung voraus, Wort*ausdruck* und Wort*bedeutung* seien zwei voneinander trennbare, verschiedene Seiten des Wortes. Im archaischen Wortbild waren Ausdruck und Bedeutung dagegen noch ungeschieden. Der Name hing mit seinem Träger unverbrüchlich zusammen – wer den Namen wechselte, wurde unweigerlich zu einem anderen. Grundbild der semantischen Veränderung war die Metamorphose, die in der wirkungsvollen Wort- und Denkfigur der Metapher relikthaft erhalten geblieben ist.

Wie kam es nun zur Auflösung dieser Rede-und-Denk-Einheit? Der griechische Denker Platon, der zunächst Dichter war, hat, als er Philosoph wurde, alle seine Dichtungen verbrannt. Biographisch vollzog er so den Schritt vom Wortbild zum Wortbegriff. Demgemäß kritisch war später seine Haltung gegenüber den Dichtern, die er aus seinem idealen Staat ausschloß. Analog skeptisch äußert sich bei ihm Sokrates über das Denken aus der Sprache: „Gewiß wird es einem Menschen gar nicht wohl anstehen, sich selbst und seine Seele den Wörtern in Pflege zu geben" (Crat 440c 3f.). Zwar äußert Sokrates auch bei Platon noch, „Reden" entstehe „durch Benennen" (Crat 387c 6f.), doch stellt Platon im Dialog die kratylische, auf der prinzipiellen Wahrheit der Namen beruhende Auffassung der hermogenetischen Überzeugung entgegen, die Wortbedeutung gründe auf Konventionalität. Für Kratylus hängen die Namen mit ihrer Bedeutung von Natur aus zusammen, daher nennen wir diese Sprachauffassung auch linguistischen *Naturalismus*. Für Hermogenes dagegen hängen die Namen mit ihrer Bedeutung durch Verabredung zusammen; diese Auffassung heißt linguistischer *Relativismus*. Hermogenes vertritt die jüngere Auffassung, Wörter verhielten sich arbiträr gegenüber ihren Bedeutungen und würden nur aufgrund einer Bedeutungs*konvention* verstanden.

Wenn nun für eine Erscheinung wie die Wand nicht nur der Ausdruck „Wand" gebraucht wird, sondern auch die Ausdrücke „paries", „wall", „paroi" und „stená", wie können wir entscheiden, welcher der richtige ist? Sokrates setzt bei Platon den „Dialektiker" (Crat 390, S. 49) als jenen ein, der die Richtigkeit der Namen- oder Wortbildung beurteilt. Diese Richtigkeit demonstriert Sokrates anhand der Rekonstruktion etymologischer Bedeutungen der Wörter. So sei „Agamemnon" die richtige Bezeichnung des Namensträgers, weil dem Namen die Bedeutungen „bewundernswert" (ἀγαστός) und „Ausharren" (ἐπιμονή) zugrunde lägen. Agamemnon habe ja tatsächlich vor Troja bewundernswert lange ausgeharrt. Platon hat die endgültige Trennung zwischen Denken und Sprechen vollzogen. Ihr entspricht die Scheidung von Wort und Wahrheit. Im *Sophistes* ist die Wahrheit nicht mehr eine Eigenschaft der Namen, sondern eine Eigenschaft von Logos im Sinne von Urteil.

Aristoteles verknüpft nun die Frage nach der Sprache mit der Frage nach der Wahrnehmungslehre als Bestandteil der Seelenlehre, die er ihrerseits der *Natur*philosophie zurechnet. Sprache gerät so in die Nähe des Gehörsinns und seiner Wahrnehmungs-Objekte. Lebewesen nutzen demnach die Fähigkeit, Laute hervorzubringen, um ihr Inneres auszudrücken. Dadurch ergebe sich eine natürliche Semantizität beseelter Laute. So tritt die sinnlich wahrnehmbare Qualität der Rede ins Bewusstsein des Denkers.

Dieses menschliche Stimm- und Artikulationsvermögen ist für Aristoteles jedoch lediglich die Materie von Sprechen und Denken. Beide, Rede und Urteil, entstünden durch Formung dieses Materials. Nur akzidentell dienten Gehör und Stimme dem Verstand, wenngleich mehr als andere Organe, unter ihnen auch das Auge. Die ursprüngliche ‚Natürliche Semantizität' werde im Sprechen aufgehoben in eine willkürliche, aber gemeinschaftlich anzuerkennende *symbolische Bedeutung*. Diese symbolische Bedeutung hebt sich ab von der natürlichen Bedeutung, ist von der Rede (λόγος) als *ratio* und *oratio* zugleich bedingt, da gerade sie als Ort der Wahrheit hervortritt. Die Wahrheit wiederum wird nicht mehr als Eigenschaft einer jeden Rede anerkannt, sondern ausschließlich der Urteilsrede. In Äußerungen der Urteilsrede verknüpft z.B. ein Aussagesatz zwei durch ihren Gebrauch in der Rede unterschiedene Elemente, etwa „Sokrates ist sterblich". Aristoteles trennt die Inhaltsseite des Wortes als Logos von seiner formalen Seite, der Lexis. Das archaisch-mythische, Einheit von Wortklang und Wortbedeutung voraussetzende Sprachdenken wird ebenso abgewiesen wie die Vorstellung von einer Sprache, die aus authentischen Benennungsakten besteht.

Platons Dialoge sind Beispiele dafür, dass die Wahrheit einer Aussage nunmehr davon abhängt, von welchem Standpunkt aus der Denkende die in der Aussage behandelte *res* angeht. Kulturgeschichtlich können wir unseren eigenen Schritt, den Typus der Rede aus der Einförmigkeit in die Pluriformität überzuführen, als Analogon verstehen zum Abschied von der Vorstellung, ein Name könne oder dürfe nur eine *einzige* Bedeutung haben. Die überraschende Folge dieser Emanzipation von der typologischen Einsprachlichkeit ist der Umstand, dass neben der relativistischen Begriffsrede auch die archaisch-naturalistische Namenrede wieder in ihr Recht treten kann.

Noch eine so rezente Disziplin wie die Kognitionswissenschaft gibt in ihrem Entwurf der „Sprache des Denkens" die Abkehr von der Namen- oder Bilderrede zu erkennen. Der Ausdruck „Sprache des Denkens" („language of thought") bezeichnet in der „Philosophie des Geistes" („philosophy of mind"), zumal in der Kognitionswissenschaft, ein propositional aufgebautes Medium intellektueller Aktivität. Jerry Fodors (1975; 1987) Grundthese der „Sprache des Denkens" weist der mentalen Darstellung von Gedanken und Vorstellungen eine satzartige Gestalt zu. Solche Propositionen können bejaht oder verneint werden, können kataphatisch oder apophatisch formuliert sein. Das Modell „Sprache des Denkens" soll kognitive Leistungen, zumal die Fähigkeit zur mentalen Repräsentation tatsächlicher und vorgestellter Sachverhalte, erfassen. Die traditionelle Grundfigur des kognitionswissenschaftlichen Ansatzes entwirft mentale Aktivität als Abfolge formaler Operationen mit mentalen Repräsentationen. Diese Operationen sind formaler Natur, da sie syntaktischen, d.h. *nicht* in den Inhalten der verarbeiteten Größen gründenden Regeln folgen. Diese symbolischen Repräsentationen treten in einem satzartigen Code hervor; es handelt sich um Sätze einer inneren Rede: eben der „Sprache des Denkens". Diese Sprache wird in aller Regel entworfen als begriffliche Rede, als Prosasprache oder eben als Denksprache.

Die „Sprache des Denkens" zielt ab auf die Formulierung propositionaler Einstellungen als dem Kernbestand mentaler Repräsentationen; demgemäß repräsentiert sie Überzeugungen, Wünsche oder Befürchtungen eines bestimmten Inhalts. Fodor versteht die satzartig beschriebenen Repräsentationen realistisch: Die in der „Sprache des Denkens" formulierten Propositionen werden demnach mental tatsächlich realisiert. Dabei entwirft man die „Sprache des Denkens" als angeboren, sie ähnle natürlichen Sprachen zwar, stimme aber mit keiner von ihnen wirklich überein. Die „Sprache des

Denkens" ist eine Form des Mentalismus. Im Gegensatz zu rein syntaktischen Modellen halten die Verfechter der „Sprache des Denkens" mentale Inhalte für die angemessene Erklärung von Verhalten für unverzichtbar und lehnen „ikonische" Repräsentationen konsequent ab. Solche mit dem dargestellten Objekt über Ähnlichkeitsbeziehungen verknüpfte, wesentlich bildhafte Repräsentationen seien ohne sprachliche Beschreibung mehrdeutig. Nur ein regelgeleitetes, kompositionell angelegtes System wie die „Sprache des Denkens" sei in der Lage, Produktivität und Systematik menschlichen Sprach-Verhaltens zu erklären. So sei das im Grundsatz unbegrenzte Vermögen, neuartige Sätze zu verstehen und zu bilden, nur verständlich, wenn es auf die systematische Verknüpfung grundlegender bedeutungstragender Elemente und damit auf die Verwendung satzartiger Gebilde zurückgeführt werde. Die Diskussion kreist in jüngster Zeit gerade um die Frage, ob ikonische, als nicht-sprachlich aufgefasste Repräsentationen tatsächlich auszuschließen sind und ob die Erklärung sprachlichen Verhaltens wirklich eine angeborene, spezifische Sprache (eben die des Denkens) erfordert oder ob stattdessen der Rückgriff auf eine erlernte, natürliche Sprache ausreicht. Weiterhin wird diskutiert, ob die angenommenen satzartigen Strukturen tatsächlich fundamental oder lediglich abgeleitet sind. Die entscheidende Schwäche dieses Ansatzes liegt in der Beschränkung auf propositionale Diskurse.

Auch ein jüngerer Ansatz der kognitiven Linguistik, die aus der generativen Semantik hervorgegangene Metapherntheorie George Lakoffs (2004), beschränkt ihren Horizont auf die Prosa als sprachliches Medium. Zwar wird hier das Feld der synchronischen Linguistik um das Studium des metaphorischen Subsystems erweitert; zwar wird die Metapher als sprachliche Erscheinung somit rehabilitiert und gegen die Auffassung von Searle, Sadock und Morgan in das Feld der Linguistik integriert und so auch den Prinzipien des Gebrauchs von Sprache einverleibt; doch beharrt auch Lakoff darauf, dass für diese mentalen Prinzipien die konkrete Rede, in der sie Ausdruck finden, belanglos sei. Lakoff hat somit den Prosagebrauch der Metapher legitimiert, nicht aber ihre poetische Verwendung. Und schon gar nicht hat er die Relevanz genuin poetischer Verfahren, Verfahren übertragenen Redens wie der Paronomasie, erfasst. Diese prägt zum Beispiel den Werbespruch „Geiz ist geil". Ohne den identischen Anlaut, die Vokalübereinstimmung und die metrische Symmetrie wäre diese Losung einer deutschen Elektronik-

Kette nicht nur unwirksam, sondern gar nicht erst von einer Werbeagentur in Umlauf gebracht worden.

Statt lautlich induzierter Wortfiguren erforscht Lakoff Metaphern (etwa die Beziehung von Leben und Bewegung als Reise) als Varianten einer einzigen Grundkonzeption. All die folgenden metaphorischen Ausdrücke gründen seiner Auffassung nach in ein und derselben konzeptuellen Metapher, nämlich „LOVE IS A JOURNEY":

> *Look how far we've come.*
>
> *It's been a long, bumpy road.*
>
> *We're at a crossroads.*
>
> *We may have to go our separate ways.*
>
> *The relationship isn't going anywhere.*
>
> *We're spinning our wheels.*
>
> *Our relationship is off the track.*
>
> *The marriage is on the rocks.*
>
> *We may have to bail out of this relationship.*

An anderer Stelle hat Lakoff selbst die Metapher vom Leben als Reise angeführt. Er geht indes nicht darauf ein, dass die Metapher von der Liebe als Reise durch eine Lautverschiebung, eine Paronomasie, aus der Metapher vom Leben als Reise hervorgeht: **LIFE IS A JOURNEY** → **LOVE IS A JOURNEY**; LIFE → LOVE [līf → ləv].

Wenn Lakoff die Arbeitsweise der Tropen in der Lyrik betrachtet, verwendet er statt der originalen Indianersprache der von ihm untersuchten Texte bezeichnenderweise etwa eine englische Übersetzung. Hier sind die möglichen Lautbeziehungen und metrischen Übereinstimmungen durch Translation vernichtet:

> Now women-rivers
>
> > belted with silver fish
> >
> > move unhurried as women in love
> >
> > at dawn after a night with their lovers.
>
> (Merwin/Masson 1981: 71)

Dialogik vs. Dialektik

Klang und grafische Erscheinung spielen für die Kognitionswissenschaft vom Typus Lakoffs überhaupt keine Rolle!

Auch die Prototypensemantik, eine jüngere Filiation der kognitiven Linguistik, eröffnet hier keinen Zugang, wie ihr Paradebeispiel des Vogels zeigt: Das semantische Diagramm bildet eine Schnecke, der gemäß innen der einer Vorstellung von Vogel am nächsten kommende Prototyp des Kanarienvogels steht, während gegen den Uhrzeigersinn Taube, Spatz, Papagei, Tukan, Eule, Pfau, Ente, Pinguin und Strauß das mentale Konzept „Vogel" in fallendem Maße verkörpern. Der „schräge Vogel", ein seltsamer Mensch also, ist ebenso ausgeschlossen wie die Redewendung „einen Vogel zeigen", von der metonymischen, gleichfalls bildhaften Wendung des „Vögelns" ganz abgesehen ...

2. Die Alternative: Sieht sich Nina als Opfer oder als Siegerin?

Im vierten und letzten Akt der Komödie „Die Möwe" von Anton Čechov teilt die Schauspielerin Nina Zarečnaja dem Schriftsteller Treplëv über sich selbst mit: „Ich bin die Möwe. Nein, das stimmt nicht. Ich bin Schauspielerin." (Čechov 1978: 58)[1] Betrachten wir diese Satzfolge im Rahmen der Logik, haben wir vor uns die Folge Proposition, Negation dieser Proposition und neue Proposition. Statt sich selbst als Seevogel zu bestimmen, identifiziert sich die Sprecherin demnach nunmehr als Aktrice. Wir könnten diesen Ausschnitt aus der Figurenrede Ninas damit schon als hinreichend verstanden beiseitelegen, wäre es nicht so, dass sie wenige Sekunden zuvor schon einmal gesagt hat: „Ich bin die Möwe. Nein, das ist es nicht"[2], und wenig später, unterbrochen nur von anderen Aussagen, erneut erklärt, und zwar zunächst genau wie beim ersten Mal: „Ich bin die Möwe. Nein, das ist es nicht"[3], um dann aber anzufügen „Ich bin bereits eine richtige Schauspielerin"[4]. Dieses Hin und Her konterkariert die logische Deutung der Sätze als Selbstkorrektur. Nina wird ‚rückfällig' und benutzt die von dialektischer Warte als falsch bestimmte Proposition zweimal erneut. Es handelt sich also

---

[1] „Я — Чайка... Не то. Я — актриса."
[2] „Я — Чайка... Нет, не то."
[3] „Я — Чайка... Нет, не то. [...] Я — актриса."
[4] „Я — уже настощая актриса."

nicht um einen schlichten Gewinn an Einsicht oder Wissen. Und es ist wenig plausibel, dass Nina drei Anläufe braucht, um ihr Schauspielersein sowie ihr Nicht-Möwe-Sein zu begreifen.

Angesichts dieses Hin und Hers haben sich in der Literaturwissenschaft zwei Lager herausgebildet, die wir Optimisten und Pessimisten nennen. Die Hoffnungsfrohen werten die letzte Aussage als entscheidend und sprechen Nina die Selbsteinschätzung als arrivierte Schauspielerin zu, die Schwarzseher dagegen halten die erste Äußerung für weiterhin zutreffend und sehen Nina in ihrer Selbstdeutung als Möwe an und somit als Opfer der Männer: Der Gesprächspartner Treplëv hatte ihr im ersten Akt in symbolischer Geste die von ihm erschossene Möwe zu Füßen gelegt. Mit dem getöteten Tier identifiziert sich Nina also möglicherweise.

Da sich der prosaischen Logik des Alltags gemäß ein Star nicht als Opfer darstellt, gilt ihr das Sowohl-als-auch, die dritte Möglichkeit also, als nicht gegeben. Die vierte Möglichkeit, dass *beide* Propositionen unwahr sind, wollen wir hier beiseitelassen. Die Lektüre des Textes in der Tradition logisch aufgebauter Prosa suggeriert, in Nina entweder eine Figur eines Entwicklungsdramas zu sehen (Nichtschauspielerin wird gegen alle Widerstände der Umwelt zur Schauspielerin) oder aber des milieubestimmten sozialen Ringens (Mann macht die Frau zu seinem Opfer wie der Jäger das Wild). Die Rezeption des Textes in der Tradition dialogisch fungierender poetischer Rede teilt dagegen etwas über Arbeitsweise und Funktion des Dramas, Schauspielerdasein und dramatische Rede mit.

Während die Geltung der logischen Argumentationsweise, die Dialektik, Nina zur erfolgreichen Schauspielerin stempelt, kommt die Dialogik zu einem anderen Schluss, da sie Ninas Zweifel für einen Zwiefall nimmt: Nina ist in ihrer Selbstsicht zugleich Möwe *und* Schauspielerin. Ja, das Möweund damit Opfer-Sein hat bei ihr die besondere Prägung durch Schauspielerdasein, und das Schauspielerdasein ist selber Form des Lebensopfers. Kraft dieser dialogischen Denkfigur reicht die Geltung der Reflexion über die Dramenfigur zurück auf die Schauspielerin, die Nina spielt, und über das Drama selbst sogar auf den Verfasser, den Arzt Anton Čechov, der, aus Gesundheitsgründen an den Krim-Kurort Jalta gefesselt, mit der berühmten Moskauer Aktrice Olga Knipper verheiratet, nicht nur das Schauspieler-, sondern auch das Schriftstellerleben als Opfer begriff. Diese Redeweise, die – wie wir sehen werden – einer *analogen* Denkweise entspricht, ordnen wir im Weiteren der Dialogik zu, das heißt einer Ordnung des Sprechens und Denkens, die Mehrdeutigkeit, Widersprüche, Paradoxa, Oxymora nicht meidet, sondern vieldeutige Sprach- und Denkfiguren geradezu sucht. Hegels Vorschlag, in der Folge von These, Antithese und Synthese die erste aufzuheben, ist nur der Versuch, den Verlust poetischer Vieldeutigkeit in die Dialektik zu retten.

Kraft seines Klangs ist der Figuren-Name „Nina" in Čechovs Stück durch Zweisilbigkeit, identische zweite Silbe und übereinstimmende metrische Struktur verwandt mit dem Figuren-Namen „Anna", der Heldin aus Tolstois Roman „Anna Karenina", und dieser verweist wiederum über den Klang durch Umkehrung der Reihenfolge Vokal-Konsonant auf „Emma", den Namen der Titelfigur aus Flauberts Roman „Madame Bovary". Dialogisch variiert Nina, die den mit Irina Arkadina verheirateten Schriftsteller Trigorin eine Zeit lang an sich bindet, ebenso die Ehebrecherin Anna wie diese die Ehebrecherin Emma. Solche textübergreifenden Bezüge konstituieren Intertextualität. Die Intertextualität ist in den genannten Namensgestalten poetisch, durch sinnlich wahrnehmbare Lautähnlichkeit verkörpert.

3. Drei Medien – drei Relationen zwischen Sprache und Denken?

In der Sprache wird alles ausgetragen.
(Wittgenstein 1973: 143)

Statt nur eines Redetypus wird hier ein alternatives, drei sprachliche Medien umfassendes Modell vorgeschlagen. Diese unterschiedlichen Redetypen sind als sprachlich-mentale Medien zu verstehen, die jeweils eigene Korrelationen zwischen Denken und Sprechen implizieren. Dabei stütze ich mich für den ersten Typus zum Teil auf den Entwurf der poetischen Sprache der russischen Formalen Schule, vor allem Roman Jakobsons, die dann in der Semiotik, z.B. durch den Münchener Kulturtheoretiker Hansen-Löve, fortentwickelt worden ist. Der erste Redetyp, genannt *Wortkunst*, schreitet vom Sprechen zum Denken, der zweite, mit dem Namen *Perspektiv- oder Fokussier-Kunst*, folgt beim Sprechen dem Modell des Denkens, und im dritten, genannt *Performanz- oder Illusionskunst*, setzen sich Denken und Sprechen wechselseitig voraus.

3.1 Wortkunst oder Sprachdenken

Wortkunst und die ihr korrespondierende Strategie des Sprachdenkens begegnen in der Sprachmagie, etwa dem Spruch „Sesam, öffne dich!", der ein verschlossenes Tor auftut, in der Werbung, so im bereits angeführten Motto „Geiz ist geil", das zum Kauf des Billigen stimuliert, und in poetischer Rede respektive Spachdenken. Sie nutzt das Einbildungsvermögen des Menschen im wortwörtlichen Sinne, sie entwirft das Sprechen und durch das Sprechen das Denken und die Welt aus dem Ich. Sie ist grundsätzlich einsprachig. Ihre Verfahren *Verschiebung, Verdichtung* und *Ein-Bildung* beruhen auf *Vorstellung*. Betrachten wir Robert Gernhardts *Liebesgedicht* als Beispiel:

Robert Gernhardt

Liebesgedicht

Kröten sitzen gern vor Mauern,
wo sie auf die Falter lauern.

Falter sitzen gern an Wänden,
wo sie dann in Kröten enden.

So du, so ich, so wir.

Nur – wer ist welches Tier?

Dieses Gedicht verdient die Bezeichnung „Liebesgedicht" nur dank Ironie. Es nennt aus Prosasicht den Kampf der Menschen dem Kampf der Tiere ums Überleben ähnlich. Und es stellt im letzten Zweizeiler die Frage, wer denn Jäger und wer Gejagter sei. ‚Eigentlich' handelt es sich um ein Kampfgedicht, das nur dank Verschiebung der Begriffe Kampf und Liebe zu *Kampfliebe* respektive *Liebeskampf* und letztlich zur gemeinsamen Bedeutung *Liebe=Kampf* seine Überschrift verdient. Das Verfahren der Verschiebung beobachten wir auch im Parallelismus der Verse eins und drei bzw. zwei und vier:

Dialogik vs. Dialektik

A sitzen gern vor B,
C sitzen gern an D.
wo sie auf die C lauern
wo sie in den A enden.

Durch Verschiebung der Verschiebung kommt es zu einer Figur der Umarmung, in der Kröten Falter ‚in sich aufnehmen': a B B a.

Die poetische Redekonstruktion führt jedoch darüber hinaus Verdichtung durch dank der Vokalfolge der betonten Reimsilben vom dunklen „au" im ersten Zweizeiler über das mittlere „e" im zweiten Distichon zum hellen Vokal „i" im dritten Zweizeiler. Diese Lautfolge verleiht dem Gedicht durch poetische Similarität den Gestus des Aufsteigens vom Dunklen zum Hellen. Dieser Aufstieg wird von den Tonvokalen der beiden Schlussverse noch einmal vollzogen: u, i, i und e, e, i. Das „Du", das „Ich" und das „Wir" könnten dazu verleiten, die Sinnbewegung vom Beginn zum Ende als einen Aufstieg vom Tierischen zum Menschlichen zu verstehen. Der letzte Reim setzt indes kraft Lautübereinstimmung „wir" – Tier" auch deren Semantik in Äquivalenz, er teilt also mit: „wir" sind den „Tieren" letztlich gleich.

Die *Symbolisation* oder Ein-Bildung des Verhältnisses zwischen den Geschlechtern, der Kampf der Liebespartner folgt hier prosaischen und poetischen Strategien. Wer dem Gedicht nur auf der Spur der Prosa folgt, dem stellen sich die Kröten aufgrund ihres weiblichen Genus als weiblich dar, die Falter dagegen als männlich. Dann sind die weiblichen Wesen die Jäger und die männlichen die Gejagten. Die poetische Struktur des „Paarreims" erfüllt dieses ‚Liebesgedicht' vermöge der Reimstruktur, indes mit einer gegenläufigen Bedeutung: den weiblichen Reimen der beiden Zweizeiler folgt der männliche Reim der Endstrophe und legt nahe, im Mann das Tier zu bestimmen, das sich als Jäger enthüllt. So verlaufen in diesem Gedicht, wie so oft in moderner Lyrik, Prosa-Strategien und poetische Verfahren gegeneinander. Wer welches Tier ist, teilt die Struktur des Gedichts nicht mit, oder genauer, es bietet statt einer *zwei* Lösungen an. Hier ist ersichtlich, wie die wechselseitige Überlagerung von poetischen und prosaischen Strukturen die Sinnproduktion bereichert.

Poetische Rede gründet im Sprachdenken, jener Form von Bewusstseinsvorgängen, die, statt das Denken vom Reden zu trennen, sie einander gar entgegenzusetzen, ‚aus dem Reden denkt'. Poetische Rede stützt sich auf Imagination, nutzt also die menschliche Einbildungskraft und wirkt durch Einfaltung (vgl. Hansen-Löve 1982). Sie breitet Information nicht linear aus wie Prosa, sondern verschränkt sie, verzahnt sie ineinander, bettet sie in andere Information ein. Dabei behauptet sie, Sprache gebe Wirklichkeit nicht wieder, sondern sei selbst Wirklichkeit und könne als solche unmittelbar in außersprachliche Realität eingreifen. Sie ist geprägt von der Überzeugung, die Wörter seien nicht frei wählbar und schon gar nicht austauschbar, ihnen wohne kraft unmittelbarer Verknüpfung mit Erscheinungen der außersprachlichen Wirklichkeit Eigenwirkung inne. Diese Sprache realisiert durch *Identifikation*.[5] Sie behandelt alle Wörter letztlich wie triftige Eigennamen.

Moderne Lyrik wirkt dabei stets vor dem Hintergrund der Prosa, sie integriert, revoziert oder negiert ihn. Prosarede wiederum erzeugt kraft der Referenz eine alternative Realität, sie *alteriert*. Im Lallen des Säuglings werden nicht „ganze Geschichten erzählt"[6], sondern es wird die Identität des selbsterzeugten Klangs mit der Welt behauptet.[7] Genuine Lyrik widersetzt sich ebenso dem epistemologischen Zweifel ‚der Moderne' wie der ontologischen Ungewissheit der Postmoderne. Zumal das Poesie-Medium im Dialog mit dem Prosadiskurs oft narrativisiert wird.

3.2 Prosamedium

Perspektiv- oder Fokussier-Kunst begegnet in künstlerischer Prosa, im Protokoll, in wissenschaftlicher Rede. Hier wird Welt durch logische Operationen, durch temporale, lokale, personale und (psycho)logische Koordination entworfen und sprachlich ausgedrückt. Die dabei entworfene Welt ist

---

[5] Umberto Eco (1993: 17) verkleidet die Reserve des Prosaikers gegenüber dem Sprachdenken erneut in eine Mängelrüge, die am Kern des Problems vorbeigeht.

[6] So Claudia Schmölders (2003: 621) aus der Sicht der monolingualen Konzeption der Prosarede.

[7] Bezeichnenderweise treten rezente Verfechter neurologischer resp. evolutionspsychologischer Sprachforschung als Naturalisten hervor und stehen somit der Grundannahme der Kratylisten ebenso nahe wie die Theoretiker und Praktiker des Sprachdenkens.

stets mögliche Welt. Und sie ist prinzipiell mehrsprachig. Ihr existentielles Grundverfahren ist *Einstellung*.

Die Rede der Prosa gründet in abstrahierenden Verfahren der Perspektivierung, in der Bestimmung von Standpunkten der Sprecher und Schreiber gegenüber einem besprochenen Gegenstand mithilfe der Kategorien Raum, Zeit und Person. Kraft Perspektivierung und Fokussierung bezieht sich die Prosarede auf Koordinaten der Wirklichkeit, erzeugt sie Referenz. In ihrer künstlerischen Form erzeugt sie anders als der Alltagsgebrauch der Prosa stets Fiktion, das heißt eine nur in der Rede verankerte, von der aktuellen Wirklichkeit abweichende, fiktive, raumzeitlich und personal perspektivierte Realität. Anders als die Prosarede des Alltags und Habermas' „herrschaftsfreier Diskurs" ist die Prosarede der Fiktion nicht an ein gegebenes „Normales" gebunden. Das scheinbar naturhaft „Normale" wird in avancierter Prosafiktion stets als Konstruktion bewusst gemacht. Die Alterität der „fremden Rede" (Bachtin) wird genutzt, um jene Bedingtheit eigener Rede vorzuführen, die der Psychoanalytiker ebenso wie der die Sprechergemeinschaft therapierende Sprachsoziologe zum Verschwinden bringen muss. Freilich ist auch vor jenem Irrtum zu warnen, dem der Philosoph Rorty (2001) erlegen ist, die konstituierende Bedingung der Alterität avancierter Fiktion in der literarischen Prosa lasse sich aufs Alltagsleben übertragen. Die Lektüre von Romanen (Marcel Proust und Henry James) biete – wieder ist die Prosasprache Bezugsgegenstand – anders als das Philosophieren die Chance, den eigenen Egotismus zu überwinden. Wie bei Schiller das Theater, soll der Postmoderne die Prosa zur Läuterung der Person dienen. Der Roman steigt auf zur moralischen Anstalt.

Prosarede ist anderen Denkfiguren verpflichtet als Sprachdenken und lehnt daher die konkurrierenden Redeweisen in aller Regel ab. Ihr ästhetisches Medium ist die Spannung von Faktizität und Fiktionalität, wobei Fiktionalität (entgegen dem Selbstverständnis der Postmoderne) ebenso stets Faktizität als Gegenfolie voraussetzt wie diese jene. Von besonderem Interesse sind Übergangsformen, die sich auf der einen Seite den Zwecktexten nähern, z.B. in tatsächlicher oder fingierter Dokumentarliteratur. Aufschlussreich sind erfundene Shoa-Autobiographien von Menschen, die außerhalb des Dritten Reiches aufgewachsen sind (vgl. Doessekkers/Wilkomirskis 1995). Sie führen die postmoderne These von der Identität zwischen Faktum und Fiktion ad absurdum.

3.3 Theatermedium

> Wie wäre es, wenn ich zwei Körper hätte, d.h. wenn mein Körper aus zwei getrennten Leibern bestünde? (Wittgenstein 1987: 95)

Performanz- oder Illusionskunst gründet im Spielmodell der Welt. Sie begegnet im Theater, im Film, in Produkt-Präsentationen (*Modenschau*), in Politik (*Wahlkampfveranstaltung*), in Wissenschaft (*Experiment*). Hier entwirft sich das Ich als Anderen und den Anderen als einen ganz Anderen, indem es zugleich imaginiert und denkt, vorstellt und einstellt. Wenn der Sprechende das wissentlich zugleich Imaginierte und logisch Konstruierte als Wahrheit ausgibt, erzeugt er Lüge. Der Irre dagegen, der, seiner Überzeugung gemäß, vorgibt, Napoleon zu sein, irrt nur, er lügt nicht. Die Verfahren gestischen, pikturalen und verbalen Spiels beruhen auf *Verstellung*.

Die dramatische Rede nutzt die szenisch geteilte Identität des Darstellers: Er ist Schauspieler *und* verkörpert mit seinem Körper zugleich eine Rolle (vgl. Plessner 1982). Dramatische Rede zielt auf Illusion, auf den Eindruck, der Schauspieler sei in der Tat der verkörperte Protagonist. Bewirkt wird dies nicht allein durch sprachlich induziertes Erleben einer Situation, in der sich die Zuschauer ebenso wie die Akteure auf der Bühne nur dank ihres Spielverhaltens befinden (vgl. Eco 1977). Die Verfilmung einer Erzählung transformiert ebenso wie die Dramatisierung eines Romans Fiktion in Illusion. Auch bei der Verfilmung eines Szenarios werden wie bei der Inszenierung eines Dramas semantische Einheiten der Textvorlage realisiert: Statt des Nomens *Szpilmann* erscheint im Film der Schauspieler Adrien Brody, der verbale Ausdruck „geht ab" im Theatertext wird in das wahrnehmbare Äquivalent einer Gehbewegung übergeführt. Dramatische Rede realisiert durch *Spaltung*. Dabei ist es sekundär, ob diese Spaltung wie bei Brecht sichtbar gemacht oder wie bei Stanislavski zum Verschwinden gebracht wird.

Die Steigerung dieser Illusionsrealität betrieb das absurdistische Theater von Charms, Ionesco und Beckett. Doch erst unter dem Schlagwort des Simulacrums ist die Vorstellung von der Unumgänglichkeit der Illusion Bestandteil postmodernen Wissens geworden, und sie hat mittlerweile auch die Sprache des Alltags und der Informationssysteme erreicht. Davon zeugen Ausdrücke wie „Drogenszene", „Geiseldrama" oder „Akteure", die keineswegs eine theatralische Aufführung, sondern Realverhalten mit Blick auf Ausschnitte aus der Wirklichkeit *außerhalb* des Theaters bezeichnen. Den Drogenabhängigen am Berliner Bahnhof Zoo, erpresserischen Bankräubern und den Terroristen im Moskauer Musiktheater wird der Verhaltenstypus von Schauspielern zugesprochen. Wenn sie dann selbst dazu neigen, die Medien als Plattform ihrer Selbstdarstellung zu nutzen, verhalten sie sich systemimmanent.

4. Dialogik vs. Dialektik

Dialektik, gedacht als logisches Klären unterschiedlichen Fokussierens respektive Perspektivierens, argumentiert vom Denken her. Sie beschränkt sich in der Regel auf das Nutzen des zweiten Redetypus oder setzt ihn – wie Hegel und seine Nachfolger zeigen – zumindest dominant.

Dialogik, gedacht als sprachliches Klären unterschiedlicher Redeweisen, schließt mit Blick auf den zweiten Redetypus Dialektik ein, beschränkt sich aber nicht auf sie. Dialogik betrachtet das Aufeinanderprallen nicht nur unterschiedlich perspektivierter oder fokussierter Rede, sondern auch verschieden grundierter Redetypen.

Was geschieht, wenn die magisch Sprechende auf den Prosaiker trifft? Es kommt entweder zu einem völligen Missverstehen – der Prosaiker hält die Sprachdenkende schlichtweg für krank, wie es noch in der ersten Hälfte des 20. Jahrhunderts zu beobachten war, oder beide nehmen in ihren Diskurs Strategiemöglichkeiten des jeweils anderen als zulässig auf. Kann aus dem Gespräch zwischen der Performanzkünstlerin und dem Wortkünstler sinnvolles Denken und Reden erwachsen? Hierbei ist das oben zitierte Beispiel der Schauspielerin Nina lehrreich. Die Bildformung geht in die Illusionsherstellung als integraler Bestandteil ein, macht diese Illusion aber zugleich auch bewusst. Die dramatische Rede wird autoreflexiv.

Was geschieht, wenn *Vorstellung* in *Verstellung* übergeführt wird? Dies haben alle erlebt, die einen Lyriker seine Gedichte haben vortragen lassen. Die polnische Nobelpreisträgerin Jadwiga Szymborska hat es in dem bekannten Gedicht *Lampenfieber* zur Sprache gebracht: Das lyrische Ich nimmt eine Rolle an, die ihm von den Zuhörern aufgedrängt ist.

Besonders ergiebig sind Fälle hybrider Rede- und Denkformen, die unsere Redetypen ungeschieden ineinanderfalten. Dann präsentiert etwa der Magier Mode. Oder der Schauspieler wird Politiker wie im Falle von Ronald Reagan und Arnold Schwarzenegger. Der Wissenschaftler tritt auf als Fälscher respektive als Esoteriker. Ein Beispiel dafür liefert die zeitgenössische Hirnforschung, die aus der neuronalen Struktur des Hirns die Unmöglichkeit der Willensfreiheit des Menschen ableiten will. Eine modellierte Welt wird hier für die reale ausgegeben.

Die berühmten Experimente von Benjamin Libet, bei denen Probanden kurzfristig eine alternative Bewegung ausführen mussten, sind von Hirnforschern als Beleg für die Nichtexistenz des freien Willens gedeutet worden. Im Zentrum der Experimente steht der Nachweis, dass jedem bewussten Prozess ein unbewusster, jedoch messbarer Vorgang zeitlich vorausgeht. Diese zeitliche Differenz – die *Mind Time* – lasse den Schluss zu, daß unbewusste Prozesse in unserem Gehirn unser Bewusstsein steuerten und nicht umgekehrt das Bewusstsein Herr der Entscheidung sei. Die vermeintlich freien Willensakte seien längst initiiert, bevor uns ein Handlungswunsch überhaupt gegenwärtig sei. Libet und andere Hirnforscher haben freilich die von ihnen *modellierte* Wirklichkeit ganz in der Tradition des Positivismus für die *aktuelle* Wirklichkeit genommen. Die Kritik an diesem erkenntnistheoretischen Fehler ist in dem von Christian Geyer herausgegebenen Band „Hirnforschung und Willensfreiheit" (2004) zusammengefasst.

5. Die Asymmetrie der Hirnhemisphären

Das Nebeneinander von zwei gegensätzlichen Sprach- und Denktypen lässt sich auch in der Architektur und Funktionsweise des Gehirns beobachten. Die bekannte Asymmetrie der Hirnhemisphären hat zur Folge, dass wir in der Regel über zwei getrennte „Bewusstseine" und Verhaltenseigenheiten verfügen. Die linke analysiert das Reizmaterial vornehmlich kausal-logisch, die rechte analog-gestalthaft. Damit stimmt die rechte mit unserem ersten Rede- und Denktyp überein, die linke mit dem zweiten. Auch die Dominanz der Verarbeitung von Zeitstrukturen links und Raumstrukturen rechts korreliert mit den beiden Sprach- und Denkmedien. Die in der Prosa dominanten syntaktischen Funktionen und Zeitstrukturen sind fast immer links aktiv, die rechte Hemisphäre ist dagegen bei räumlich-gestalthaften Aufgaben, im Erkennen von Gesichtern, in raschen zielgeleiteten Bewegungen, visueller

Daueraufmerksamkeit (Vigilanz) sowie im Erkennen und Äußern von (Sprach)Melodie überlegen.

Die rechte Hemisphäre scheint auch für die Wahrnehmung und das Äußern negativer Gefühle wie Trauer, Ekel und Angst zuständig zu sein. Es fällt auf, dass die „Melancholie", die „Schwarzgalle", als traditioneller Seelenzustand des Dichters, dem auf die rechte Hemisphäre zentrierten Sprachdenken entspricht. Positive Gefühle führen eher zu verstärkter Hirnaktivität links und decken sich so mit der Dominanz idyllischer und utopischer Literaturformen in der Prosa, man denke nur ans ‚Happy End'.

Aufschlussreich sind hier Fälle von Hirn-Schädel-Verletzungen, die unkontrollierte Mischungen von Rede- und Denkweisen zur Folge haben oder die Reduktion auf einen Redetypus erkennen lassen. Es gibt in der Tat bei Aphasien erhebliche Unterschiede hinsichtliczh der sprachlichen Kompetenz bei Erhalt der Funktionsfähigkeit der rechten bzw. der linken Hemisphäre, die Rückschlüsse auf den stärkeren Erhalt entweder des synthetischen oder aber des analytischen und des mit ihm korrelierenden syntaktischen Vermögens respektive der synthetischen und der ihm entsprechenden paradigmatischen Kompetenz zulassen.

Hier wäre für therapeutische Bemühungen die Rücksicht auf die unterschiedlichen Kompetenzen des Sprachdenkens und der Denksprache hilfreich. So ist der logisch unsinnige Ausdruck „Pferdeobst" für die Banane (Pferde essen bekanntermaßen üblicherweise keine Bananen) aus dem Mund einer jungen Frau, die einen schweren Unfall mit frontaler Hirnverletzung erlitten hat, dialogisch sinnvoll, weil ihr Pferd Sharan von klein auf an das Essen von Bananen gewöhnt war. Dem Sprachdenken genügt der Einzelfall, der uns hier erneut zur Namenrede zurückführt. Was dem mit der Denksprache arbeitenden Neuropsychologen als abzulehnender und daher auch abzugewöhnender Unsinn gilt, ist dem für das Sprachdenken Offenen ein kreatives Synonym, eine Metonymie für das Wort „Banane".

Abschließend ist auf einen Bereich von Pädagogik und Didaktik hinzuweisen, in dem die Interrelation von Sprachdenken und Denksprache kreativ genutzt wird: Gabriele L. Rico (1991; 2000) entwickelte eine Methode des freien, assoziativen Schreibens, die inzwischen als „Cluster-Methode" verbreitet ist. Clustering schöpft die unterschiedlichen Funktionen der Hirnhemisphären bzw. der ersten beiden Sprach- und Denktypen für das Schreiben aus. Das daran angelehnte Mind Mapping ist eine sehr einfache produktive Technik, Gedanken, Ideen und Gespräche niederzuschreiben. Es steht zu vermuten, dass weitere Bereiche das Unterscheiden und das Kombinieren der hier vorgestellten unterschiedlichen Medien des Redens und Denkens und ihres Wechselverhältnisses werden nutzen können.

Literatur

Čechov, Anton (1978): Čajka, in: ders., Polnoe sobranie sočinenij i pisem v 30 tomach, Bd. 13, Moskau, S. 3-60.

Doessekkers, Bruno/Wilkomirskis, Binjamin (1995): Bruchstücke aus einer Kindheit 1939-1948, Frankfurt/M.

Eco, Umberto (1977): Semiotics of Theatrical Performance, in: The Dramatic Review, 21, S. 107-117.

Eco, Umberto (1993): Die Suche nach der Vollkommenen Sprache, München.

Fodor, Jerry (1975): The Language of Thought, Cambridge.

Fodor, Jerry (1987): Psychosemantics: The Problem of Meaning in the Philosophy of Mind, Cambridge.

Frejdenberg, Ol'ga (1976): Mif i literatura drevnosti, Moskau.

Geyer, Christian (Hg.) (2004): Hirnforschung und Willensfreiheit, Frankfurt/M.

Hansen-Löve, Aage (1982): Die ‚Realisierung' und ‚Entfaltung' semantischer Figuren zu Texten, in: Wiener Slawistischer Almanach, Bd. 10, S. 107-252.

Lakoff, George/Johnson, Mark (2004): Leben in Metaphern. Konstruktion und Gebrauch von Sprachbildern, Heidelberg.

Merwin, W.S./Masson, J. Moussaieff (Übers.) (1981): The Peacock's Egg. Love Poems From Ancient India, San Francisco.

Platon (1990): Cratylos, in: ders.: Werke in acht Bänden, Bd. 3, Darmstadt.

Plessner, Helmuth (1982): Zur Anthropologie des Schauspielers, in: ders.: Mit anderen Augen. Aspekte einer philosophischen Anthropologie, Stuttgart, S. 146-163 [1948].

Rico, Gabriele Lusser (1991): Pain and Possibility, London.

Rico, Gabriele Lusser (2000): Writing the Natural Way, New York.

Rorty, Richard (2001): Frankfurter Allgemeine Zeitung, 5.12.2001, S. 5.

Schmölders, Claudia (2003): Gibt es eine Sprache hinter dem Sprechen?, in: Merkur, Bd. 651, S. 619-624.

Wittgenstein, Ludwig (1973): Philosophische Grammatik, Frankfurt/M.

Wittgenstein, Ludwig (1987): Philosophische Bemerkungen, Frankfurt/M.

Reto Holzner

Faszination Chaos

Chaos findet im Spannungsfeld zwischen Ordnung und Zufälligkeit statt. Es bietet dem sinnsuchenden Geist einen idealen mehrdimensionalen Projektionsraum für Wünsche, Ängste, Vermutungen, Träume und Welterklärungsversuche zwischen dem einengenden Diktat steriler Ordnung und der strukturlosen Beliebigkeit des Zufälligen. Dank Computer ist Chaos berechenbar und die Ästhetik des Chaos in fantastischen fraktalen Bildern sichtbar geworden.

Auch in der Wissenschaft hat die neue Denkweise um das Chaos Spuren hinterlassen, welche das meist kausale lineare Denken mit nichtlinearen und selbstähnlichen Elementen bereichern. Lassen diese Spuren den Schluss zu, dass die geistige Auseinandersetzung mit dem Chaos tatsächlich neuartige und universell anwendbare Denkwerkzeuge geschaffen hat, oder sind die Erkenntnisse über chaotische Phänomene lediglich eine zwangsläufige Folge der Anwendung traditionellen Denkens auf immer komplexer werdende Sachverhalte, mit welchen sich die Gesellschaft notgedrungen auseinanderzusetzen hat?

Eine einheitliche Chaostheorie gibt es nicht. Vielmehr werden unter diesem Begriff verschiedene mit den naturwissenschaftlichen Aspekten des Chaos verbundene Theoriefragmente und Erkenntnisse zusammengefasst, welche eine wichtige Rolle spielen in Disziplinen wie der nichtlinearen Dynamik einfacher oder komplexer Systeme, der fraktalen Geometrie, der Kybernetik oder der Synergetik (vgl. Haken 1977), um nur einige zu nennen. Meist ist diesen Fragmenten aber die empfindliche Abhängigkeit von Anfangs- und Randbedingungen sowie die enorme Vielfalt auftretender Muster in Abhängigkeit eines „Ordnungsparameters" gemeinsam, was wohl auch das Wesen des Chaos am treffendsten beschreibt.

Chaotische Systeme zeichnen sich dadurch aus, dass sie nebst den traditionellen stationären Zuständen „stabil" oder „instabil" einen weiteren stationären Zustand hervorbringen, welchen man als „seltsam" bezeichnet. Stationär bezeichnet in diesem Zusammenhang denjenigen Zustand, in welchem sich das System nach unendlich langer Zeit für unendlich lange befindet. Im Hinblick auf ein besseres Verständnis der neuartigen seltsamen stationären Zustände lohnt es sich, hier etwas weiter auszuholen. Dies auch deshalb, weil sie die Basis für die wohl klarste mathematisch formulierbare Definition des deterministischen Chaos mittels der sogenannten Liapunovexponenten bilden. (vgl. Schuster 1984)

Soll das Verhalten eines Systems als Funktion der Zeit beschrieben werden, bedient sich zum Beispiel die Physik oft sogenannter Differentialgleichungen. Dabei werden alle im System relevanten Wechselwirkungen in eine mathematische Form gebracht (Bewegungsgleichung), welche die rechnerische Bestimmung des Zustandes des Systems nach einer kleinen Zeitdifferenz t (daher der Ausdruck Differenzialgleichung) zur Zeit $t_0 + t$ zulässt, wenn der gegenwärtige Zustand zur Zeit t_0 bekannt ist. Der Zustand eines mechanischen Systems, zum Beispiel eines angetriebenen Federpendels (Figur 1), kann durch die Angabe von 6 Zahlen eindeutig beschrieben werden: 3 Komponenten seines Ortsvektors (x,y,z Raumkoordinaten im rechtwinkligen Koordinatensystem) und 3 Komponenten seines Geschwindigkeitsvektors (Geschwindigkeit in x,y,z Richtung).

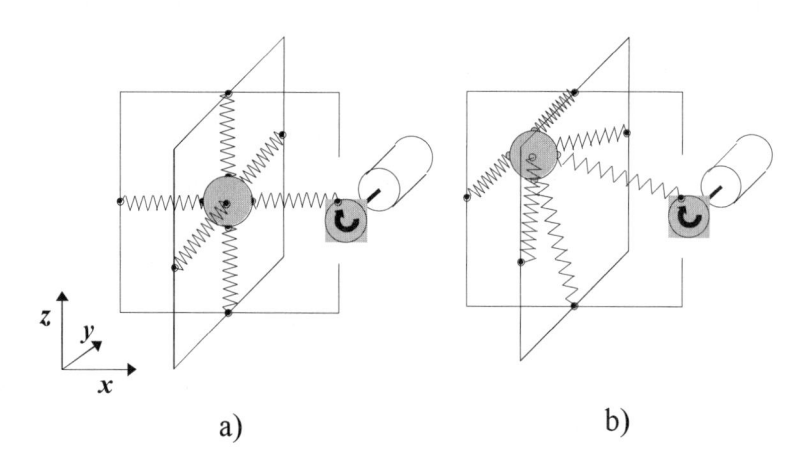

Figur 1: Dreidimensionales Federpendel als Beispiel eines Systems, welches bei geeigneten Werten der Systemparameter Masse, Federkonstanten, Reibung, Amplitude und Frequenz der antreibenden Kraft chaotische Zustände haben kann. a) Ruhelage; b) Auslenkung aus der Ruhelage als Anfangszustand.

Faszination Chaos

Der sogenannte Anfangszustand, also der Zustand des Systems zur Zeit t_0 wird durch diejenigen 6 Zahlen beschrieben, welche dem Ort und der Geschwindigkeit beim ‚Loslassen' der Federpendelmasse (Figur 1b) zur Zeit t_0 entsprechen. Nach dem Loslassen wirken die Kräfte der Federn, die Reibung, die Gravitationskraft oder auch andere speziell definierte Kräfte, welche durch die entsprechende Bewegungsgleichung definiert werden. Zu erwähnen ist hier auch die periodische Kraft, welche der an eine Feder gekoppelte Motor hervorruft. Diese Kraft treibt das System an und versorgt es mit Energie, ohne die es keine anhaltende Dynamik mit chaotischen Zuständen und auch keine Musterbildungsprozesse geben kann.

Die Energiemenge, welche nicht im System selber, zum Beispiel in Form von kinetischer oder potentieller Energie, gespeichert wird, wird dem System im Laufe der Zeit wieder entzogen durch dissipative Vorgänge wie etwa die Luftreibung. Dieser Energiefluss bringt das System weg von einem thermodynamischen Gleichgewicht hin zu einem Energiefließgleichgewicht. Diese Feststellung ist bedeutend, weil sie die Nichtanwendbarkeit des zweiten Hauptsatzes der Thermodynamik begründet, nach dem die Entropie in einem System nur zunehmen und damit die Ordnung nur abnehmen kann. Stabile entropiereduzierende Ordnungs- oder Musterbildungsprozesse sind nur in einem Energiefließgleichgewicht möglich.

Der Zustand des Pendels kann nun für jede beliebige Zeit in der Zukunft eindeutig bestimmt werden durch fortlaufende oder „iterative" Anwendung der Bewegungsgleichung auf den jeweils neuesten errechneten Zustand. Die Verbindungslinie aller Orte zu jeder Zeit stellt die Bahn des Federpendels dar. Diese Bahn wird sich beim angetriebenen Federpendel mit Reibung schließlich auf einer geschlossenen Bahn bewegen und darauf für immer bleiben, oder, mathematisch genauer ausgedrückt: „die Bahn kommt nach unendlich langer Zeit einer geschlossenen Bahn beliebig nahe". Der stationäre Zustand ist also eine durch die Bewegung des antreibenden Motors bestimmte, in sich geschlossene Bahn im dreidimensionalen Ortsraum. Der Einfachheit halber wird die ebenfalls in sich geschlossene Bahn im Geschwindigkeitsraum hier nicht dargestellt.

Wird das Federpendel von einem leicht unterschiedlichen Ort aus losgelassen und endet ebenfalls auf derselben geschlossenen Bahn, dann stellt diese Bahn einen stabilen Attraktor dar. Auf einer solchen Bahn kann die zukünftige Entwicklung einfach vorhergesagt werden, auch ohne die fortlaufende Anwendung der Bewegungsgleichung oder Lösung der Differentialgleichung. Das Verhalten des Systems ist vorhersehbar. Dies ist immer der Fall für ein „normales" Federpendel mit „normalen" Federn (lineare Federkraft proportional zur Auslenkung) und einer „normalen" Reibung (proportional zur Geschwindigkeit).

Normal werden diese Eigenschaften nicht etwa darum genannt, weil sie am häufigsten in der Natur auftreten, sondern weil sie sich am leichtesten als Bewegungsgleichung mathematisch formulieren und auch ohne Hilfe des Computers analytisch lösen lassen. Dies ist auch der Grund, weshalb nur die linearen Systeme über Jahrhunderte untersucht und als Normalfall definiert wurden. Nichtlineare Systeme waren mit den Mitteln der analytischen Mathematik nicht lösbar und daher höchstens als Kuriosum von Interesse. Poincaré (1892) stellte zum Beispiel bereits Ende des 19. Jahrhunderts fest, dass die Newton'schen Bewegungsgleichungen nur mit zwei Himmelskörpern auf analytische Lösungen führen und bereits bei drei Himmelskörpern seltsames, nicht mehr vorhersehbares Verhalten zeigen. Diese Feststellung hat ihn tief bewegt. Er hat sich aber entschlossen, diesen Forschungszweig nicht mehr weiterzuverfolgen, weil er, wie er selber bemerkte, „sich sonst um seine geistige Gesundheit hätte Sorge machen müssen".

Sind nun zum Beispiel die Federn oder die Reibung nicht mehr „normal", so kann es geschehen, dass sich die Bahn des Federpendels nach unendlich langer Zeit zwar nicht auf einer geschlossenen Bahn bewegt, jedoch ein bestimmtes Gebiet im Ortsraum nie mehr verlässt. Dieses Gebiet wird als „seltsamer Attraktor" bezeichnet. Er ist nicht stabil im Sinne des vorherigen Beispiels, wo sich die Bahn einem Grenzzyklus als „normalem" Attraktor annähert. Vielmehr erstreckt sich die Bahn innerhalb eines definierten Gebietes, was eben eine „sonderbare" Stabilität darstellt. Wird nun dieses „nichtlineare" Federpendel von einer leicht unterschiedlichen Anfangslage aus losgelassen, wird seine Bahn zwar im selben sonderbaren Attraktor enden, wird aber innerhalb dieses Gebietes eine ganz unterschiedliche Bahn durchlaufen. Dies ist gleichbedeutend mit der für chaotische Systeme typischen Empfindlichkeit auf Anfangsbedingungen. Und nun zum Kernpunkt dieser Erörterungen: anhand des Bahnverlaufes auf dem jeweiligen Attraktor kann mathematisch eindeutig bestimmt werden, ob die Bahn zu einem System im chaotischen Zustand gehört oder nicht.

Faszination Chaos

Dabei betrachtet man den Bahnverlauf für zwei leicht unterschiedliche Anfangsbedingungen (Figur 2, 3).

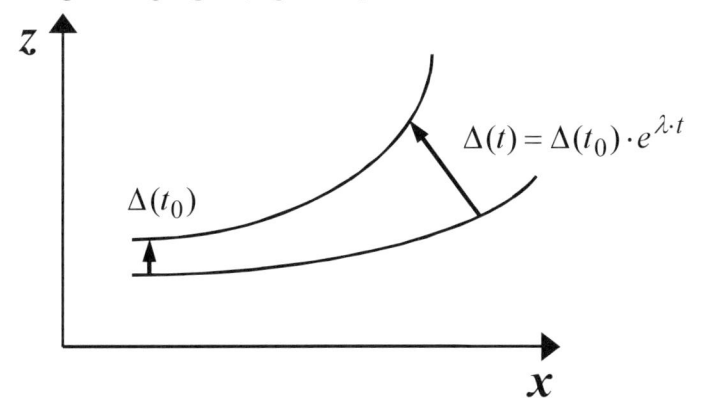

$$\Delta(t) = \Delta(t_0) \cdot e^{\lambda \cdot t}$$

Figur 2: Entwicklung zweier Bahnen auf einem Attraktor. Leicht unterschiedliche Anfangspositionen .t0 zur Zeit t0 entwickeln sich für kurze Zeiten approximiert durch eine Exponentialfunktion zu Bahnabständen .t.

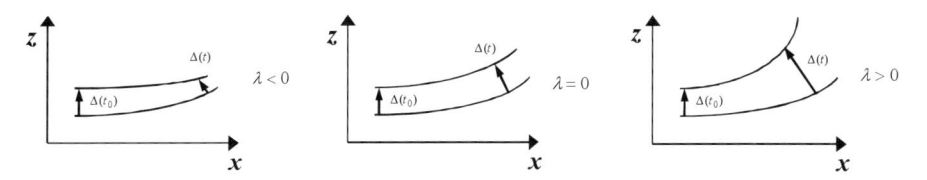

Figur 3: Entwicklung zweier Bahnen auf einem Attraktor. Links: Annäherung der Bahnen bei negativem Liapunovexponenten; Mitte: konstanter Abstand bei Liapunovexponent null; rechts: divergierende Bahnen bei positivem Liapunovexponenten. Das Vorhandensein eines positiven Liapunovexponenten ist eine notwendige Voraussetzung für deterministisches Chaos.

Nähern sich die Bahnen an, liegt ein klassischer stabiler Attraktor vor, bewegen sich die Bahnen auseinander, bleiben aber beide auf einem beschränkten Gebiet, so liegt ein seltsamer Attraktor vor, und das zugehörige System verhält sich chaotisch.

Das Maß für die Konvergenz- oder Divergenzrate der Bahnen auf einem Attraktor ist der sogenannte Liapunovexponent (vgl. Schuster 1984). Er ist negativ für konvergierende und positiv für divergierende Bahnen. Ein Liapunovexponent mit dem Wert null bedeutet, dass sich benachbarte Bahnen weder einander nähern noch sich voneinander entfernen. Das Vorhandensein eines positiven Liapunovexponenten ist eine notwendige Voraussetzung für deterministisches Chaos.

Besonders faszinierend an derartigen Systemen ist die Vielfalt überraschender Erscheinungen, wenn das System bei Veränderungen der Systemsparameter, in unserem Beispiel Masse, Federkonstanten, Reibung, Amplitude und Frequenz der antreibenden Kraft, vom „stabilen" zum „seltsamen" Attraktor und wieder zurück wechselt. Ein oft beobachtetes Szenarium, entdeckt vom amerikanischen Mathematiker Feigenbaum (vgl. Schuster 1984) ist eine Kaskade von Verdopplungen der Periode eines „stabilen" Attraktors (die Bahn schließt sich jeweils nach 2, 4, 8, 16 ... Perioden, verglichen mit der Periode der antreibenden Kraft des Motors im Beispiel des angetriebenen Federpendels) bis zum „seltsamen" Attraktor (chaotische Bahn ohne Periodizität, obwohl die antreibende Kraft periodisch ist), wenn ein Systemparameter, zum Beispiel die Amplitude der antreibenden Kraft und damit der Energiefluss durch das System, sukzessive erhöht wird. Die dabei beobachtbaren Formen, Muster oder Topologien der Attraktoren haben universellen Charakter. Meist haben seltsame Attraktoren eine fraktale Struktur, welche zum Beispiel als farbige Bilder der „Apfelmännchen" wohlbekannt sind.

Eng verbunden mit der naturwissenschaftlichen Untersuchung chaotischer Phänomene ist ein Forschungszweig, welchen Hermann Haken (1978) treffend als Synergetik bezeichnet hat. Synergetik ist die Lehre vom Verhalten vieler, an sich unabhängiger primärer Systeme, welche ein übergeordnetes System bilden können, worin durch kollektives Zusammenwirken spontan Ordnung auftreten kann.

Die primären Systeme können die unterschiedlichsten Eigenschaften haben. Sie werden dann je nach Fachgebiet entsprechend bezeichnet. In der Physik sind dies unter vielen anderen Atome, Atomkerne, Photonen, Phononen, Kernteilchen, Massenpunkte, Planeten oder ganze Galaxien. In der Chemie oder Molekularbiologie sind diese Systeme meist Moleküle und in der Biologie, Zoologie oder Botanik vor allem Zellen, Organismen, Pflanzen oder Tiere. Besonders interessant, aber auch bei Weitem am schwierigsten zu beschreiben, sind selbstorganisierende Systeme – wenn Menschen interagieren, was in der Soziologie oder in den Wirtschaftswissenschaften Gegenstand intensiver Untersuchungen ist. Als Wechselwirkungen zwischen den Primärsystemen, aber auch zwischen einem Primärsystem und der übrigen Umwelt kommen ebenfalls wieder ganz unterschiedliche Mechanismen infrage, wie zum Beispiel der Austausch von Energie, Impuls, Drehimpuls, Ladung, Strahlung, Materie, aber auch von Gütern, Geld oder Informationen. Die Wechselwirkungen können generell in zwei Klassen eingeteilt werden (vgl. Haken 1977; Brun 1986). Die einen reduzieren die Korrelation zwischen primären Systemen, sodass deren Individualität erhalten bleibt, während die anderen die Korrelation verstärken und so die primären Systeme zu einem kollektiven Verhalten zwingen.

Die erste Klasse umfasst die dissipativen Kräfte, welche zum Beispiel in einem physikalischen System zum thermischen Gleichgewicht und damit zu einer wohldefinierten Temperatur führen. Die Temperatur ist übrigens ein gutes Beispiel für die einfache Beschreibung eines kollektiven Zustandes, hervorgerufen durch ein komplexes Verhalten vieler Teile. Die Temperatur ist im Grunde genommen ein statistischer Zahlenwert, welcher für viele Anwendungszwecke das System befriedigend beschreibt. Obwohl die Bahnen der einzelnen Teilchen nicht beschrieben werden können, ist doch das Verhalten des gesamten Systems durchaus vorhersehbar.

Die Wechselwirkungen der zweiten Klasse ermöglichen eine Selbstorganisation der primären Systeme. Sie beginnen sich zu ordnen in einer Art, welche das „Ganze" mehr werden lässt als bloß die „Summe der Teile". Wechselwirkungen beider Klassen sind koexistent und bilden eine sogenannte nichtlineare Dynamik. Überwiegen die kollektiven, kommt es zur neuen Ordnung im übergeordneten System, überwiegen die dissipativen, so entwickelt sich das übergeordnete System in Richtung Unordnung auf dem Niveau der primären Systeme. Ein wesentlicher Faktor für das nachhaltige Funktionieren der Wechselwirkungen aus der Ordnung bildenden zweiten Klasse ist, wie bereits vorher erwähnt, das Vorhandensein eines „Energiestromes", welcher letztlich die Ordnung aufrechterhalten kann. Fehlt diese extern zur Verfügung gestellte Energie, überwiegen immer die dissipativen Wechselwirkungen der zweiten Klasse. Ein und dasselbe übergeordnete System kann sich also je nach Stärke des externen Energiestromes auf die eine oder andere Art verhalten. Die Stärke des Energiestromes ist der „Ordnungsparameter" mit einem definierten Schwellwert für das Auftreten von Ordnung. Gelingt es, die Wechselwirkungen in derartigen Systemen als Differentialgleichungen mathematisch zu erfassen, dann können die auftretenden Muster als Attraktoren aufgefasst und mit denselben mathematischen Werkzeugen wie beim Beispiel des Federpendels analysiert werden.

Wie Gleick (1990: 418ff) anschaulich aufzeigt, waren Glaubenssätze wie „Einfache Systeme zeigen einfaches Verhalten", „Komplexes Verhalten impliziert komplexe Folgen" oder „Unterschiedliche Systeme zeigen unterschiedliches Verhalten" seit jeher derart tief in den Wissenschaften verankert, dass sie kaum hinterfragt wurden. Dies mag auch der Grund dafür gewesen sein, dass lange Zeit gar nicht erst versucht wurde, über die Fachgrenzen hinweg gemeinsame Lösungen für mehr oder weniger bekannte und akzeptierte Ungereimtheiten zu suchen.

Erst die aus der Chaosforschung resultierenden Erkenntnisse zeigten, dass sich einfache Systeme sehr komplex verhalten und komplexe Systeme im Sinne der Synergetik einfaches Verhalten aufweisen können. Wohl die wichtigste Erkenntnis war aber, dass die Gesetze der Komplexität einen universellen Charakter haben können, in dem Sinne, dass zunächst völlig unterschiedlich scheinende Systeme identische Verhaltensregeln befolgen. Plötzlich sah man in den verschiedenen Fachbereichen bis anhin kaum erklärbare Phänomene, welche sich mit denselben Methoden und Werkzeugen der Chaosforschung verstehen und das Vorhandensein von universellen Prinzipien als sehr plausibel erscheinen ließen. Dies löste um etwa 1980 eine Periode intensiver Chaosforschung aus, welche gute zehn Jahre andauerte. Auch die neuen Möglichkeiten der numerischen Erforschung derartiger Phänomene dank besser und billiger werdender Computer und der Fortschritte in der aufblühenden experimentellen numerischen Mathematik hatten einen entscheidenden Einfluss auf die rasante und fachübergreifende Entwicklung der Chaosforschung. War der Enthusiasmus der Chaosforschung am Anfang noch von einem fast euphorischen Glauben an neue universelle Gesetze getragen, so wich er gegen Ende dieser äußerst kreativen Periode eher einer Ernüchterung. Revolutionäre Neuerungen, wie sie etwa die Relativitätstheorie oder die Quantenmechanik hervorbrachten, stellten sich nicht ein. Vieles blieb ungelöst, wie zum Beispiel die Frage, ob sich im Quantenbereich auch Chaos zeigen kann. Die „einfachen" Fragestellungen, welche sich meist im

Rahmen niederdimensionaler nichtlinearer gewöhnlicher Differentialgleichungen oder einfacher Iterationen behandeln ließen, waren bald erschöpft, und das Verstehen komplexerer Phänomene wie etwa der Turbulenz in raumzeitlichen Systemen unter Verwendung partieller Differenzialgleichungen erwies sich als schwieriger, als zuerst angenommen. Die Chaosforschung gehört heute in den Stammdisziplinen Mathematik und Physik nicht mehr zu den „Topthemen", hat aber im Laufe der Zeit eine zunehmende Breitenentwicklung nicht nur in den Natur- und Geisteswissenschaften, sondern auch in verschiedenen Bereichen der Wirtschaft, Politik und Kultur im Allgemeinen erfahren.

Heute lässt sich feststellen, dass das linear extrapolierende Denken sowie die Vorstellung, dass komplexe Systeme sich auch nur kompliziert verhalten können, der Vergangenheit angehören. Längerfristig gesehen könnte dies vielleicht eine Revolution darstellen, welche zwar die Quantenmechanik oder die Relativitätstheorie nicht in der wissenschaftlichen Tiefe, doch aber in der breiten gesellschaftlichen Verankerung einer neuen Denkweise übertrifft.

Literatur

Brun, Ernst (1986): Ordnungs-Hierarchien, Neujahrsblatt 1986, Naturforschende Gesellschaft Zürich.

Gleick, James (1990): Chaos – die Ordnung des Universums, München.

Haken, Hermann (1977): Synergetics – An introduction, Berlin.

Poincaré, Henri (1892): Les Méthodes Nouvelles de la Méchanique Celeste, Paris.

Schuster, Heinz Georg (1984): Deterministic Chaos, Weinheim.

III.
Ordnungen des Sozialen

Andreas Schneider

Sehnsucht nach Harmonie und Ganzheit. Friedrich Meineckes „Die deutsche Katastrophe" und das Ordnungsdenken der Klassischen Moderne[*]

I

Die Epoche der Klassischen Moderne[1] war geprägt „von einem so hohen und phasenweise immer noch weiter beschleunigten Tempo der Veränderung nahezu aller Lebensbereiche, wie es das seit Menschengedenken nicht gegeben hatte." (Doering-Manteuffel 2004: 91) Der Umfang und die Rasanz, mit der sich die industriegesellschaftliche Moderne durchsetzte, verunsicherten besonders in Deutschland viele Zeitgenossen. Entsprechend entwickelte sich seit der Jahrhundertwende ein ausgeprägtes Krisenbewusstsein, welches sich vor allem in Begriffen wie „Degeneration", „Entartung" oder „Vermassung" artikulierte und durch den Ausgang des Ersten Weltkriegs nur noch verstärkt wurde. Als Reaktion auf die unerwünschten Folgeerscheinungen der Modernisierung – insbesondere (weibliche) Individualisierung und Pluralisierung – lassen sich mannigfaltige Strategien des Ordnens und der „Kontingenzaufhebung" (Makropoulos 2005: 75) beobachten.

Diese je konkreten Versuche, die „aus den Fugen geratene" Gesellschaft wieder zu reintegrieren, wurden überwölbt von einem zeitgenössischen Harmonie- und Ganzheitsdiskurs. Dieser vornehmlich intellektualistische, aber sehr folgenreiche Diskurs im Sinne Michel Foucaults (1981), der der Klassischen Moderne ihren Stempel aufdrückte, zielte auf die unaufhebbaren Ambivalenzen der Moderne. Diese zu beseitigen, war die „herkulische Aufgabe in dieser orientierungslosen Übergangszeit" (Mai 2001: 9). Die von den Zeitgenossen erfahrene „Fragmentierung und Zerrissenheit" wurde auf sozialer Ebe-

---

[*] Für Lektüre und anregende Hinweise danke ich neben den Herausgebern dieses Bandes ganz herzlich Matthias Dahlke (Berlin), Sebastian Eberle (Berlin), Rüdiger Graf (Berlin), Anica Jahning (Berlin) und Nikolai Wehrs (Potsdam).

[1] Während Detlev Peukert (1987) dieses Zeitalter, in dem Deutschland den „soziokulturellen Durchbruch der Moderne" (ebd.: 11) erlebte, in den Neunzigerjahren des 19. Jahrhunderts beginnen und in den Dreißigerjahren des 20. Jahrhunderts enden lässt, spricht mittlerweile viel dafür, die Epochenzäsur in die Sechzigerjahre zu verlegen, da erst in dieser Zeit das für die Klassische Moderne typische Ordnungsdenken ausläuft (vgl. Nolte 2000: 25).

ne in dem „Bild der Klassengesellschaft" reflektiert und sollte nicht selten „in einer ständischen Ordnung wieder geheilt werden" (Nolte 2000: 26). Zudem verstärkte sich seit der Jahrhundertwende die seit dem 19. Jahrhundert vorhandene Tendenz, den politischen Individualismus zugunsten überindividueller Ordnungsentwürfe in den Hintergrund zu drängen (vgl. Hettling 2001: 325). Dieser politische Kollektivismus äußerte sich in Ordnungsbegriffen wie dem Organizismus des „Volkskörpers", der vor allem seit dem Ersten Weltkrieg immer sehnsüchtiger erwünschten „Volksgemeinschaft" oder der „durch klare Außengrenzen und eine homogene Flächenfarbe" (Etzemüller 2005: 135) markierten Nation. Dieser „Hunger nach Ganzheit" (Gay 1993) und Harmonie implizierte jedoch zugleich stets die Nichtakzeptanz politischer und sozialer Konflikte, was sich oftmalig „zu prinzipieller Ablehnung moderner Vergesellschaftungsformen" (Jansen 1992: 307) steigerte.

Zu den Trägern dieses dezidierten „Willen[s] zur Ordnung" (Etzemüller 2005: 142) zählten vorwiegend die „Sozialingenieure", deren Zielsetzung, die „Fehlentwicklungen" der neuen Zeit zu kompensieren, meistenteils mit genuin modernen Methoden erfolgte (vgl. Raphael 2003). Diese Feststellung lenkt den Blick auf den Befund, dass das Ordnungsdenken der Klassischen Moderne kein ausschließlich *anti*moderner Reflex war. Nicht fundamentale Ablehnung, sondern die „selektive Aneignung der *Moderne*" (Mai 2001: 9) dominierte. Doch dieses auf Ganzheitlichkeit und Harmonie zielende Ordnungsdenken war nicht nur im *social engineering* der ersten Jahrhunderthälfte virulent, sondern lässt sich auch bei anderen Vertretern der gesellschaftlichen Eliten identifizieren – nicht zuletzt bei den Hochschullehrern, die sich durch ihre „Selbststilisierung als geistige Elite" in deutlicher Opposition „zum Typus des Spezialisten oder des Fachmannes" sahen (Jansen 1992: 71).

II

Am Beispiel einer der wirkungsmächtigsten historiographischen Schriften der unmittelbaren Nachkriegszeit, Friedrich Meineckes „Die deutsche Katastrophe", möchte ich nun diesen oben in groben Zügen dargestellten Harmonie- und Ganzheitsdiskurs paradigmatisch aufzeigen. Bislang fand dieser Text in der Forschung in erster Linie Aufmerksamkeit als mehr oder weniger gelungene Auseinandersetzung mit dem Nationalsozialismus (vgl. etwa Wippermann 1981). Doch darüber hinaus repräsentiert Meineckes Buch auch einen genuinen Beitrag zur „Folgenabschätzung der Modernisierung" (Mai 2001: 18).

Sehnsucht nach Harmonie und Ganzheit

Meinecke leitete sein 1946 erschienenes Werk mit der Frage ein, ob „man die ungeheuerlichen Erlebnisse, die uns in den zwölf Jahren des Dritten Reichs beschieden wurden, je vollkommen verstehen" (Meinecke 1946: 5) werde. Um „unser Schicksal tiefer zu verstehen", unternahm Meinecke eine Tour d'Horizon durch die letzten einhundertfünfzig Jahre deutscher Geschichte (ebd.: 5f.). Beginnen ließ er seine Umschau mit der Zeit der preußischen Reformen, die mit der Chiffre „Goethezeit" versehen wurde. Schnell wird deutlich, dass diese Epoche um 1800 für Meinecke eine Zeit geordneter und harmonischer gesellschaftlicher Verhältnisse war. So sei sie vor allem geprägt gewesen durch „ein gesundes, natürliches und harmonisches Verhältnis zwischen den rationalen und irrationalen Kräften des Seelenlebens" (ebd.: 56). Damit sprach Meinecke eine jener in der Klassischen Moderne als unvereinbar geltenden Antinomien an, zu denen unter anderem noch das Verhältnis zwischen Universalismus und Partikularismus, Kollektiv und Individuum oder Differenzierung und Einheit zählten (vgl. Mai 2001: 11). Fernerhin handelte es sich bei dieser Berufung auf eine ehedem harmonische Ordnung um ein typisches Element des Krisenbewusstseins der Zeit seit der Jahrhundertwende. Der Rekurs auf „Preußen" war dabei nur eine Spielart, der etwa Mittelalterbeschwörungen oder Rückgriffe auf die germanische Frühgeschichte gegenüberstanden.

Gleichwohl betrachtete Meinecke aber bereits die „Goethezeit" auf eine ambivalente Weise, denn neben einer kulturfähigen Seele hätte noch eine kulturwidrige existiert, womit er das Machtstreben und den Militarismus des preußischen Staatswesens meinte. Allerdings hätte sich die kulturwidrige Seele in dieser Ära noch in Balance mit Kultur und Geist befunden. Das Ende dieses harmonischen Verhältnisses setzte Meinecke mit dem Abbruch der preußischen Reformen an. Seitdem hätte „eine Störung des seelischen Gleichgewichts" ihren Anfang genommen und zu einer „Entartung des deutschen Menschentums" geführt (Meinecke 1946: 79, 28). Hierfür sah Meinecke nicht zuletzt „unaufhaltsame dynamische Ursachen mit im Spiele", womit er zum einen die „französische Revolution mit ihrer Mobilisierung der Massen und Erweckung nicht nur der Freiheits-, sondern auch der Macht- und Erwerbstriebe" ansprach und zum anderen die „Revolution auf wirtschaftlich-technischem Gebiete durch die Maschine" im Sinn hatte, welche „die Großindustrie, die neuen Bevölkerungsmassen und den Hochkapitalismus ins Leben rief" (ebd.: 11). Um „das heilige Erbe der Goethezeit" vor dem „Drucke der Massen und der damit drohenden Vergröberung und sonstigen Entartung zu bewahren", hätten „die amorph gewordenen Schichten der Gesellschaft wieder fester in sich und für das Ganze" geformt werden müssen (ebd.: 21, 137). Mit diesem Verweis auf die Gefährdung des deutschen Kulturerbes und mit der Gegenüberstellung der „derben Bedürfnisse der Massen" und der „feineren Bedürfnisse des Kulturmenschen" (ebd.: 34) artikulierte sich das elitär-traditionalistische, hochkulturelle Selbstverständnis der „deutschen Mandarine" (Ringer 1987).

Das Ziel, die aus ständischen Ordnungen freigesetzten Menschen wieder zu reintegrieren, hätte laut Meinecke vor allem der „klassische Liberalismus", als dessen bedeutsamsten Vertreter er Heinrich von Treitschke nennt, zu erreichen versucht. Jedoch sei diese angestrebte Synthese von Geist und Macht einerseits durch den „preußischen Staate mit seiner monarchisch-militaristischen Struktur" und andererseits durch den „Entartungsprozeß im deutschen Bürgertum" (ebd.: 22f., 41) bedroht gewesen. Mit letzterem zielte Meinecke vor allem auf die mit der Modernisierung einhergehende Technisierung und Rationalisierung, die seines Erachtens zur Verdrängung des „homo sapiens" durch den „homo faber", mit der damit verknüpften „entseelenden Wirkung" (ebd.: 62, 142), geführt hätte. In diesem Kontext spricht Meinecke auch von „den Problemen einer Spätzeit, wo die spontane geistige Schöpferkraft des Individuums gegen den Druck der Massen und einen verflachenden Technizismus anzukämpfen hat" (ebd.: 162). Dabei rekurrierte Meinecke freilich auf eine ganz spezifische Form der Individualität, die sich maßgeblich an Humanismus, Idealismus und einem klassischen, persönlichkeitsorientierten Liberalismus orientiert. Mit dieser Sorge vor dem Niedergang des schöpferischen Individuums brachte sich jene seit der Jahrhundertwende auftauchende „neue Sensibilisierung der Bedingungen für Individualität und ihrer Gefährdungen" (Hettling 2001: 311) zum Ausdruck, zu denen vor allem die moderne Arbeitsteilung sowie die Standardisierung der alltäglichen Lebenswelt durch Massenmedien und -konsum gerechnet wurden. Demgegenüber avancierte der Begriff der „Masse" zu einem „Selbstreflexionsmedium der bürgerlichen Gesellschaft" (Gennett 1999: 194). Denn während das Bürgertum für sich selbst Individualität reklamierte, betrachtete es „die Unterschichten nicht mehr als Vielzahl von Individuen, sondern als diffuse und bedrohliche ‚Masse'" (Nolte 2000: 35).

Sehnsucht nach Harmonie und Ganzheit

Neben der Gefährdung des bürgerlichen Individuums identifizierte Meinecke mit „den beiden Wellen des Zeitalters" (Meinecke 1946: 35) noch eine weitere Bedrohung des klassisch-liberalen Syntheseversuchs von Geist und Macht, mit denen er auf die Massenbewegungen von Nationalismus und Sozialismus anspielte. Die größere Gefahr sah Meinecke in ersterer, denn das revolutionäre Potential der sozialistischen Bewegung sei durch „eigene vorbeugende, repressive oder reformerische Innenpolitik" (ebd.: 12) verringert worden. Dagegen hätte die nationale Bewegung vielmehr den langfristigen „Entartungsproze" in Deutschland dokumentiert. Denn „ursprünglich" sei die nationale Bewegung noch eine „liberale, auf die Freiheitsrechte des Individuums gerichtete Bewegung" gewesen, aber zunehmend hätten der „nationale Egoismus und der Machtstaatsgedanke das weltbürgerlich-humane Element immer mehr" zurückgedrängt (ebd.: 12, 37). Um diese „sinistre Entwicklung" (ebd.: 36) zu stoppen, hätte es einer verantwortungsvollen Politik bedurft. Diese hätte vor allem die „Heilung unserer inneren Schäden" (ebd.: 86) vorzunehmen gehabt und hätte sich die entscheidende Frage stellen müssen, ob „die beiden großen Wellen des Abendlandes" dauerhaft voneinander getrennt hätten bleiben können: „Gab es nur Kampf und Gegensatz zwischen ihnen, konnte nicht auch eine innere Verschmelzung beider gelingen?" (ebd.: 15) Obzwar Meinecke in Rechnung stellte, dass eine Synthese beider Ideologien mit potentiellen Gefahren behaftet gewesen sei, da beiden Wellen „eine Tendenz zur Übersteigerung" innegewohnt habe, erscheint ihm diese „Verschmelzung" „in hohem Grade wünschenswert, ja eigentlich lebensnotwendig für das Ganze" (ebd.: 33). Die Synthese von Nationalismus und Sozialismus, die für Meinecke eine der „großen objektiven Idee[n] seiner Zeit" (ebd.: 107) darstellte, avancierte entsprechend zu einem Therapieangebot, um die wahrgenommene Krise der Moderne zu überwinden. Den erfolgversprechendsten Versuch, „die Vereinigung der beiden Wellen zu erreichen, d.h. Bürgertum und Arbeiterschaft in den großen Hauptfragen des öffentlichen Lebens in Harmonie zu bringen" (ebd.: 34), erkannte Meinecke im Nationalsozialen Verein Friedrich Naumanns. Zeitlich verortete Meinecke die Versuche, die beiden „Wellen des Zeitalters" miteinander zu versöhnen, in den beiden Jahrzehnten um 1900, die für Meinecke „ein Zeitalter stärkster miteinander ringender Gegensätze und unentschiedener Zukunftsmöglichkeiten" darstellen. Noch hätte sich, so führt er aus, der „Entartungsproze" des deutschen Bürgertums in seinen

„ersten Stadien" (ders. 1946: 41) befunden. Doch der „überreizte Nationalismus" (ebd.: 40) hätte sich weiter ausgebreitet und sich zudem mit Nietzsches Philosophie verbunden:

> „Der die alten Moraltafeln zerbrechende Übermensch Nietzsche leuchtete einem leider nicht geringen Teil der deutschen Jugend unheimlich verführerisch voran als Wegweiser in die zu erkämpfende, ganz dunkle Zukunft". (ebd.: 42)

Diese „ganz dunkle Zukunft" schien jedoch mithilfe des „Augusterlebnisses" noch einmal abgewendet werden zu können:

> „Noch einmal schien ein guter Geist das deutsche Volk auf seine Wege zurückführen zu können, als der erste Weltkrieg ausbrach. Die Erhebung der Augusttage 1914 gehört für alle, die sie mit erlebt haben, zu den unverlierbaren Erinnerungswerten höchster Art, – trotz ihres ephemeren Charakters. Alle Risse, die im deutschen Menschentum sowohl innerhalb des Bürgertums wie zwischen Bürgertum und Arbeiterschaft bisher bestanden hatten, überwölbten sich plötzlich durch die gemeinsame Gefahr, die über uns gekommen war" (ebd.: 43).

Diese Glorifizierung des Kriegsbeginns war seinerzeit besonders unter deutschen Gelehrten sehr populär. Um die Einheit der Nation zu erreichen, wurde von breiten Kreisen nicht nur des rechten Spektrums, sondern auch und gerade des liberalen Bürgertums, zu dem Meinecke ebenfalls zählte, die „Erosion des tradierten Individualitätsverständnisses" (Hettling 2001: 328) begrüßt. Jedoch musste Meinecke konstatieren, dass die Hoffnung auf eine Verknüpfung der beiden „Wellen" nur von kurzer Dauer war. Spätestens mit der Etablierung der Weimarer Republik erlosch Meinecke zufolge der letzte Funken Hoffnung, da sich fortab „ein großer und wichtiger Teil" „des deutschen Bürgertums"

> „noch mehr verschloß gegen die demokratische Idee, das heißt, gegen die Absicht, den Riß zwischen Bürgertum und Arbeiterschaft und zwischen der nationalen und sozialistischen Bewegung zu schließen durch die Gleichberechtigung beider Teile und durch Bildung einer volkstümlichen, vom jeweiligen Mehrheitswillen getragenen Regierung". (Meinecke 1946: 52)

Meinecke selbst konnte sich von diesem Vorwurf freilich ausnehmen, gehörte er doch zu den wenigen „Vernunftrepublikanern" (vgl. Klueting 1986), die die Weimarer Verfassung zwar nicht mit ganzem Herzen, so aber doch loyal mittrugen. Denn das parlamentarische System wurde von „Vernunftrepublikanern" wie Meinecke nicht prinzipiell abgelehnt, „sofern dieses die Kraft und den Willen aufbrachte, Vernunft und Ordnung gegen den Ansturm der Massen und der Kulturlosigkeit zu verteidigen, den rationalen Ausgleich der Interessen zwischen den sozialen Gruppen herzustellen und die Interessen der Nation zu behaupten" (Mai 2001: 44). Dabei strebten Meinecke und andere die Symbiose von „Kulturstaat" und „Demokratie" an, die der Historiker mit dem Begriff der „geistigen Aristokratie" (vgl. Wehrs 2004: 30) zum Ausdruck brachte.

Schlussendlich musste Meinecke (1946: 81) jedoch unter den Bedingungen des „Dritten Reiches" das Scheitern der Verflechtung von Nationalismus und Sozialismus einräumen. Im „Zeitalter der Massen", so schrieb er, „vermehrten sich [...] die Schlüssel zum Giftschranke, in dem die Essenzen des Macchiavellismus lagen", der sich somit in „Massenmacchiavellismus" verwandelte. Die „Umbildungen des deutschen Menschentums" hätten sich „mit ausgesuchter Methodik immer bewußter und erfolgreicher [...] zu einem neudeutsch entarteten Hitlermenschentum" (ebd.: 55) weiterentwickelt. Doch zum Nationalsozialismus habe kein geradliniger Weg geführt. Vielmehr sah Meinecke in der „Machtergreifung" Hitlers „eine ganz singuläre und in nicht geringem Grade zufällige Verkettung von Ursachen" (ebd.: 138). Und obwohl Hitler mit der „Schaffung einer neuen fruchtbaren Volksgemeinschaft" die „bewußte Absicht" gehabt hätte, „die beiden großen Wellen des Zeitalters [...] in Eins strömen zu lassen", sei die Synthese aufgrund der „hybride[n] Art, wie Hitler die beiden Ideen vertreten und miteinander verbunden hat" (ebd.: 108, 137, 153), misslungen. Diese sei „ja nichts Ideelles, sondern etwas ganz Gemeines, [...] Verbrechergesinnung" (ebd.: 153) gewesen. In dem missglückten Syntheseversuch erblickte Meinecke denn auch den „positiven Gehalte des Hitlerismus", der „rundweg anerkannt werden" (ebd.: 137, 107) müsse. Diese Worte nähren den Verdacht, dass Meinecke im Nationalsozialismus einen guten Ansatz erblickte, der lediglich in seiner Umsetzung mit eklatanten Mängeln behaftet gewesen sei. Doch wenngleich der Historiker unmittelbar nach der „Machtergreifung" nicht gänzlich unbeeinflusst von der „Aufbruchstimmung" der „Nationalen Revolution" blieb, bestand weder vor noch nach 1933 Zweifel an Meineckes grundsätzlicher Ablehnung des Nationalsozialismus (vgl. Wehrs 2004: 97).

III

Das Ordnungsdenken Friedrich Meineckes war, dies konnte gezeigt werden, maßgeblich durch den Harmonie- und Ganzheitsdiskurs geprägt. Der Diagnose einer „Krisenzeit" korrespondierte der Versuch einer Reintegration und Harmonisierung der gesellschaftlichen Verhältnisse, die hier mittels Sozialpolitik und -reform erreicht werden sollte. Dies geschah bei Meinecke freilich ex post im Modus der Geschichtsschreibung, wurde aber seinerzeit auch durch sein Engagement für Friedrich Naumanns „Nationalsozialen Verein" praktiziert (vgl. Meineke 1995: 88f.). Obschon Meinecke sich kulturkritischer Topoi bediente, war sein Umgang mit der Moderne kein fundamental ablehnender, woran auch sein besonders nach 1945 verstärkter Rückgriff auf Goethe nichts ändert (vgl. Meinecke 1946: 173ff.). Vielmehr wird man von einer reservierten, partiellen Akzeptanz der neuen Zeit sprechen müssen, die sich in einem Zugeständnis an eine sukzessive Demokratisierung äußerte. Diese nötigte sich Meinecke aber „nur sehr langsam, zögernd und im Grunde widerstrebend" ab (Herzfeld 1963: XXII). Darüber hinaus bleibt festzuhalten, dass Meinecke jenen verhängnisvollen Weg, den viele seiner intellektuellen Zeitgenossen mit der Radikalisierung ihrer Sehnsucht nach Ganzheit und Harmonie gingen und der letztlich in der totalen Vernichtungspolitik des Nationalsozialismus mündete, nicht folgte. Dies war nicht zuletzt dem Umstand geschuldet, dass Meinecke in der Weimarer Republik dem innerhalb der bürgerlichen Eliten kleinen Lager der „Vernunftrepublikaner" angehörte, die den neuen Verfassungsstaat zwar nicht aus „leidenschaftlicher Überzeugung", aber doch aus „verstandesmäßiger Entscheidung" unterstützten (Gay 1970: 44).

Literatur

Doering-Manteuffel, Anselm (2004): Mensch, Maschine, Zeit. Fortschrittsbewußtsein und Kulturkritik im ersten Drittel des 20. Jahrhunderts, in: Jahrbuch des Historischen Kollegs 2003, München, S. 91-119.

Etzemüller, Thomas (2005): Die „Rothfelsianer". Zur Homologie von Wissenschaft und Politik, in: Hürter, Johannes/Woller, Hans (Hg.): Hans Rothfels und die deutsche Zeitgeschichte, München, S. 121-144.

Foucault, Michel (1981): Archäologie des Wissens, Frankfurt/M. [1969].

Gay, Peter (1970): Die Republik der Außenseiter. Geist und Kultur in der Weimarer Zeit 1918-1933, Frankfurt/M.

Gay, Peter (1993): Hunger nach Ganzheit, in: Stürmer, Michael (Hg.): Die Weimarer Republik. Belagerte Civitas, Frankfurt/M., S. 224-236.

Gennett, Timm (1999): Angst, Haß und Faszination. Die Masse als intellektuelle Projektion und die Beharrlichkeit des Projizierten, in: Neue Politische Literatur, Bd. 44, S. 193-240.

Herzfeld, Hans (1963): Einleitung des Herausgebers, in: Friedrich Meinecke, Weltbürgertum und Nationalstaat, hg. v. Hans Herzfeld (= Werke 5), München, S. IX-XXXI.

Hettling, Manfred (2001): Bürgerliche Selbstbehauptung – Politischer Individualismus, in: Dülmen, Richard van (Hg.): Entdeckung des Ich. Die Geschichte der Individualisierung vom Mittelalter bis zur Gegenwart, Köln u.a., S. 311-329.

Jansen, Christian (1992): Professoren und Politik. Politisches Denken und Handeln der Heidelberger Hochschullehrer 1914-1935, Göttingen.

Klueting, Harm (1986): „Vernunftrepublikanismus" und „Vertrauensdiktatur". Friedrich Meinecke in der Weimarer Republik, in: Historische Zeitschrift, Bd. 242, S. 69-98.

Mai, Gunther (2001): Europa 1918-1939. Mentalitäten, Lebensweisen, Politik zwischen den Weltkriegen, Stuttgart u.a.

Makropoulos, Michael (2005): Krise und Kontingenz. Zwei Kategorien im Modernitätsdiskurs der Klassischen Moderne, in: Föllmer, Moritz/Graf, Rüdiger (Hg.): Die „Krise" der Weimarer Republik. Zur Kritik eines Deutungsmusters, Frankfurt/M. u. New York, S. 45-76.

Meinecke, Friedrich (1946): Die deutsche Katastrophe. Betrachtungen und Erinnerungen, Wiesbaden.

Meineke, Stefan (1995): Friedrich Meinecke. Persönlichkeit und politisches Denken bis zum Ende des Ersten Weltkrieges, Berlin u. New York.

Nolte, Paul (2000): Die Ordnung der deutschen Gesellschaft. Selbstentwurf und Selbstbeschreibung im 20. Jahrhundert, München.

Peukert, Detlev J. K. (1987): Die Weimarer Republik. Krisenjahre der Klassischen Moderne, Frankfurt/M.

Raphael, Lutz (2003): Sozialexperten in Deutschland zwischen konservativem Ordnungsdenken und rassistischer Utopie, in: Hardtwig, Wolfgang (Hg.): Utopie und politische Herrschaft im Europa der Zwischenkriegszeit, München, S. 327-346.

Ringer, Fritz K. (1987): Die Gelehrten. Der Niedergang der deutschen Mandarine 1890-1933, München [1969].

Wehrs, Nikolai (2004): Friedrich Meinecke und die Weimarer Republik, Magisterarbeit Universität Freiburg.

Wippermann, Wolfgang (1981): Friedrich Meineckes „Die deutsche Katastrophe". Ein Versuch zur deutschen Vergangenheitsbewältigung, in: Erbe, Michael (Hg.): Friedrich Meinecke heute. Bericht über ein Gedenk-Colloquium zu seinem 25. Todestag am 5. und 6. April 1979, Berlin, S. 101-121.

Timo Luks

Wissenschaftliche Expertise im Angesicht der „lebenden Toten". George A. Romeros „Trilogy of the Dead" (1968–1985)

Der vorliegende Aufsatz geht Fragen nach dem Verhältnis von wissenschaftlichem und nicht-wissenschaftlichem Wissen sowie den spezifischen Ordnungspraktiken nach, die für den Umgang wissenschaftlicher Experten mit modernen Gesellschaften (nicht nur) im Angesicht der „lebenden Toten" konstitutiv sind. Am Beispiel von George A. Romeros „Trilogy of the Dead" frage ich nach den filmischen Repräsentationen[1] wissenschaftlichen Wissens, deren gemeinsamer Impuls – die Re-Stabilisierung einer in die Krise geratenen Gesellschaft sowie die Sondierung und Verortung deplatzierter Subjekte – jeweils andere Effekte zeitigt, denen, ausgehend von einer film- und gesellschaftsgeschichtlichen Kontextualisierung der Filme Romeros, nachzugehen sein wird.[2]

Die „Trilogy of the Dead" in ihrer (Film-)Geschichte

Im Verlauf der „langen Sechzigerjahre" des 20. Jahrhunderts durchliefen nahezu alle westlichen Gesellschaften einen umfassenden Transformationsprozess, der in der Herausbildung von Massenkonsumgesellschaften mündete. Die sich auf verschiedenen Ebenen einstellende De-Zentrierung der Gesellschaft ermöglichte eine Problematisierung sozialer, kultureller und politischer Selbstverständlichkeiten, verbunden mit ausgeprägtem Kontingenz- und damit Gestaltbarkeitsbewusstsein (vgl. Gitlin 1993; Etzemüller 2005; Steigerwald 1995). Dies brachte u.a. eine Reihe von Filmen hervor, die direkt auf das Reflexivwerden bisheriger Ordnung rekurrierten. Neben apokalyptischen Roadmovies und brachialen Anti-Western zeigte sich dies in einer Neuorientierung des Horrorgenres (vgl. Tudor 1989; Waller 1986; Wells 2000). Die expressionistische Ästhetik der klassischen Horrorfilme in

---

[1] Hier und im Folgenden beziehe ich mich auf den kulturwissenschaftlichen Repräsentationsbegriff, wie er insbesondere von Stuart Hall geprägt wurde (vgl. Wienand 2005).

[2] Diese Perspektive soll nicht suggerieren, dass die analysierten Filme primär oder gar ausschließlich dem Genre des Wissenschaftshorrors angehören. Mit Ausnahme vielleicht von „Day of the Dead" ist dies nicht der Fall. Der folgende Aufsatz ist dementsprechend als *problemgeschichtliche* Analyse angelegt, die sich ihres *konstituierenden* Zugriffs bewusst ist.

der Tradition des *gothic horror* wich einem „ambivalent realism" (P. Wells), der explizit die Wiedererkennbarkeit der eigenen Gegenwart wahrte und deren Umformung in ein Bedrohungsszenario ins Zentrum rückte. Was bis dato stabil und harmonisch funktionierte und schlimmstenfalls mit einer temporären Invasionsgefahr umzugehen hatte, wurde nun zum autodestruktiven Gefahrenproduzenten oder sah sich einer umfassenden inneren Transformation ausgesetzt, in deren Folge die bisher stets gewährte finale Sicherheit fraglich wurde. So versetzte auch George Romero seine „lebenden Toten" in das gegenwärtige Amerika. Waren Zombies in den Filmen der 1930er- und 1940er-Jahre i.d.R. Werkzeuge eines Voodoomeisters, so wurden sie nun in ihrer bloßen Faktizität als Korrelat einer modernen Massengesellschaft präsentiert, in der weder Voodoomeister einen Platz hatten noch eine Krise sich auf dem Weg kultischer und ritueller Handlungen überwinden ließ.

Diese Verschiebung brachte zwei für die Repräsentation wissenschaftlichen Wissens bedeutsame Effekte hervor. Erstens gerieten die Praktiken der Grenzziehung zwischen Realität und filmischer Repräsentation selbst in den Blick,[3] indem die Unterscheidung sozialer Realität und filmischer Repräsentation filmintern wiederholt, d.h. die repräsentierte Realität im Film einerseits als soziale Realität und andererseits als mediale Repräsentation zu sehen gegeben wurde (vgl. Freeland 1995: 133ff.; Sanjek 1992; Wells 2000: 74ff.). Dies hatte zweitens wiederum zur Folge, dass der Status von Realität prekär wurde, d.h. diese nicht mehr unmittelbar erkennbar war, sondern medial und wissenschaftlich sichtbar gemacht werden musste. Eine Sondierung und neuerliche Verortung der „lebenden Toten" wurden zur Bedingung der Re-Stabilisierung der sozialen Ordnung. Insbesondere die Kopplung von medialer Repräsentation und wissenschaftlicher Expertise wirkte in diese Richtung und stützte das von Andrew Tudor (1989: 89ff.) beschriebene „knowledge narrative", das wissenschaftliches Wissen entweder als Bedrohung oder Problemlösung in Szene setzt und es als Zone des Übergangs zwischen Bekanntem und Unbekanntem situiert. Als sich seit den 1960ern die klassische Figur des „mad scientist" in einen „modernen" Experten verwandelte, der u.a. im Fernsehstudio von den Ergebnissen seiner Arbeit berichtet

---

[3] Gemeint ist damit nicht eine Gegenüberstellung von „Wirklichkeit" und „Abbildung", sondern eine spezifische Form der Beobachtung. Vgl. dazu die Beiträge von David Kaldewey und Dirk Thomaschke in diesem Band.

und Handlungsanweisungen formuliert, wurde zudem eine ähnliche Grenzziehungsfunktion der Medien sichtbar, als Ort der Grenzziehung zwischen Wissenschaft und Nicht-Wissenschaft, die aus Sicht der Wissenschaft wesentlich die Frage nach Aneignung und Anerkennung wissenschaftlichen Wissens durch das Publikum aufwarf, d.h. auf die Installation und Reproduktion diskursiver Hierarchien verwies (vgl. Sarasin 2003: 242ff.).

„Night of the Living Dead"

„Night of the Living Dead" (USA 1968) reflektiert auf verschiedenen Ebenen die US-Gesellschaft der späten 1960er-Jahre, wobei Bürgerrechtsbewegung und Vietnamkrieg das filmische Narrativ wesentlich strukturieren (vgl. Higashi 1990). Mit seinem gegenwartsbezogenen Realismus und seiner dokumentarischen Ästhetik, darauf weist Tony Williams (2003) hin, lässt sich „Night" wie die meisten Filme Romeros als Bestandteil des Naturalismus amerikanischer Prägung begreifen, für den die Kritik eines „unangemessenen" Optimismus ebenso kennzeichnend ist wie das Bestreben, „objektiv" auf die „harten Fakten" der sozialen Realität zu blicken. Romeros Zombies bieten in ihrer Normalität und Polyvalenz die Möglichkeit, variierende und konkurrierende Aspekte der gegenwärtigen Gesellschaft zu aktualisieren und so das Bedrohungsszenario einer kontinuierlichen Transformation des Alltäglichen zu inszenieren, in dem die alte Ordnung buchstäblich von innen her verschlungen wird (vgl. Dillard 1987: 17ff.; Mihm 2004: 173ff.).

Der Film verweist auf den Verlust des sozialen Konsenses, einen Kommunikationsverlust, der sich wesentlich in der Transformation einer Gesellschaft der Lebenden in eine Nicht-Gesellschaft der „lebenden Toten" manifestiert. Entsprechend lässt sich die Ausgangskonstellation von „Night" entlang einer Umstrukturierung kommunikativer Situationen beschreiben. In einem abgelegenen Farmhaus findet sich eine Gruppe Überlebender zusammen, von denen jeder bestimmte Erfahrungen mit den „lebenden Toten" gemacht hat. Schnell geht man dazu über, die Alltagsempirie miteinander abzugleichen. Das verfügbare Wissen verweist auf einen Pragmatismus, der im Sinn der von Claude Lévi-Strauss (1991: 11ff.) mit *bricolage* bezeichneten Praxis des Wissens funktioniert. Dieser drückt sich mit Mitteln aus, „deren Zusammensetzung merkwürdig ist und die, obwohl vielumfassend, begrenzt bleiben; dennoch muß man sich ihrer bedienen, an welches Problem es auch immer herangeht, denn es hat nichts anderes zur Hand." (ebd.: 29) Dieses

Wissen stößt in der konkreten Bedrohungssituation jedoch an Grenzen. Schnell tritt die Notwendigkeit einer weiter gehenden Präzisierung und Fundierung hervor. Dabei übernehmen die Medien die Funktion, den Raum fragmentarischen Alltagswissens mit dem Raum wissenschaftlicher Expertise zu koppeln:

> „Die Berichte, so unglaublich sie klingen, haben nichts mit Massenhysterie zu tun. [...] Die Berichte aus allen Teilen des Landes werden von offiziellen Stellen bestätigt. [...] Erste Augenzeugenberichte über diese grausigen Begebenheiten stammen von Menschen, die unter Schock standen und sind daher unzusammenhängend. Journalisten sowie die Polizei hielten anfangs die Augenzeugenberichte für absolut frei erfunden. Aber die Berichte häufen sich. Die Autopsie einiger der Opfer bestätigte eindeutig, dass ihre Verstümmelungen teilweise von Bissen herrühren. [...] Die eingehenden Untersuchungen von Krankenhäusern und Leichenschauhäusern haben zu dem unglaublichen Schluss geführt, dass unbeerdigte Tote wieder lebendig werden und sich Menschen als Opfer suchen. Es fällt uns schwer, selbst zu glauben, was wir Ihnen berichten, aber es scheint wahr zu sein."

Hier wird nicht nur ein ergänzendes Wissen bereitgestellt, sondern zugleich wird der Status von wissenschaftlichem und nicht-wissenschaftlichem Wissen verhandelt und beides in Beziehung gesetzt. In der medialen Präsentation stellt der Verweis auf Augenzeugenberichte eine Beziehung von wissenschaftlicher Expertise und Alltagswissen her. Freilich werden diese Berichte als „unzusammenhängend" charakterisiert, der Verdacht der „Massenhysterie" steht im Raum und die Sprecherposition der Augenzeugen ist prekär, und erst die Autorisierung von der Position des wissenschaftlichen Experten rückt die Alltagsempirie „ins Wahre".[4] Die Transformation konkreter Erfahrungen in wissenschaftliche Expertise (und deren mediale Repräsentation) erzeugt eine spezifische Autorität, die nicht auf der Spiegelung der Intensität und Konkretheit der Bedrohungen, sondern im Versprechen der Wiederherstellung verlorener Ordnung, in einer steten Aktualisierung der Wirklichkeit vergangener und Möglichkeit zukünftiger Ordnung gründet (vgl. Waller 1986: 289). Der Verweis auf wissenschaftliche Experten, die mit ihren Berichten aus Forschungsinstituten, Kliniken und

---

[4] Zum Problem der Autorisierung von Wissen vgl. den Beitrag von Antke Engel in diesem Band.

Wissenschaftliche Expertise im Angesicht der „lebenden Toten"

Universitäten eine Transformation alltäglicher in wissenschaftliche Erfahrungen – Erfahrungen von Wissenschaftlern, gemacht an Orten der Wissenschaft – ermöglichen, legitimiert die sich anschließende, temporäre Einklammerung bisheriger Ordnung mit dem Ziel ihrer Neuinstallation (vgl. Dillard 1987: 15ff.; Williams 2003: 28f.). In entschiedener Nüchternheit vorgetragen und auf ästhetischer Ebene durch den Umstand unterstützt, dass wissenschaftliche Expertise im geordneten Rahmen eines Fernsehstudios verortet und im Modus ruhiger Berichterstattung repräsentiert wird[5], werden sogar ungeheuerliche Feststellungen akzeptabel – solange diese sich als Konsequenz wissenschaftlichen Wissens ausweisen, das seinerseits als verantwortungsvolle Transformation des Alltagswissens erkennbar bleibt.

„Dawn of the Dead"

Neben der Kritik an der Konsumgesellschaft thematisiert „Dawn of the Dead" (USA 1978) den Konflikt einer sich radikalisierenden Wissenschaft mit der (moralischen) Ordnung der Gesellschaft. Im Gegensatz zu „Night" wird hier der Modus des Expertenwissens grundlegend problematisiert und mit dem Vorwurf konfrontiert, trotz anderslautender Ansprüche eine wirkliche Krise der Gesellschaft nicht meistern zu können. Dabei radikalisiert der Film einen seit den 1960ern feststellbaren horrorfilm- und gesellschaftsgeschichtlichen Trend: Angesichts der Anonymisierung, Entindividualisierung und Internalisierung der Bedrohungen wird die Wirksamkeit wissenschaftlicher Expertise infrage gestellt und das Scheitern von Experten und Repräsentanten der institutionellen Ordnung stärker hervorgehoben (vgl. Steigerwald 1993: 164ff.; Tudor 1989: 103f.).

Wo in „Night" der Blick auf ein geordnetes und gerahmtes Bild geboten und letztlich befriedigt festgestellt wurde, dass alles wieder unter Kontrolle sei, beginnt „Dawn" mit einem Blick auf das Fernsehstudio in seiner Gesamtheit, hinter die Kulissen und auf die Produktionsbedingungen der Berichterstattung. Diese Einstellung macht eine sich in emotionalen Eruptionen

---

[5] Diese ordnende Rahmung kontrastiert in eigentümlicher Weise mit dem „visual paranoid style" des Films insgesamt. Lediglich in einer Sequenz wird das Fernsehstudio verlassen und – unterstützt durch eine in diesem Kontext einmalige Handkameraästhetik – die Instabilität sichtbar gemacht, die sich hinter den ansonsten geordneten wissenschaftlichen Berichten verbirgt (vgl. Williams 1996: 133ff.).

auflösende Ordnung sichtbar. Die Öffnung des bildlichen Rahmens erlaubt eine neue Problematisierung der Medien in ihrer Funktionsweise inklusive einer deutlichen Relativierung ihrer Autorität (vgl. Waller 1986: 298f.; Williams: 1996: 148ff.). Dem Autoritätsverlust der Medien steht derjenige der Wissenschaft zur Seite. Deren radikaler Szientismus wird in Gestalt eines Wissenschaftlers vorgeführt, der sich in einem Fernsehinterview einer harten Befragung ausgesetzt sieht. Die Auseinandersetzung entzündet sich am Stellenwert menschlicher Würde und moralischer Konventionen angesichts einer existenziellen Bedrohung. Die Logik des radikalen Szientismus identifiziert das Beharren auf beidem als hinderlichen Ausdruck verantwortungsloser „öffentlicher Figuren", während der Interviewer klarmacht, dass weder er noch die Bevölkerung willens seien, sich auf diese Logik einzulassen. Diesem journalistischen Insistieren wird freilich harsch begegnet:

> „Menschliche Würde? Ich darf Sie darauf hinweisen, dass Sie hier keine Talkshow veranstalten, Mr. Berman. Sie brauchen sich nicht als moralisch einwandfrei zu profilieren, um höhere Einschaltquoten herauszuholen. [...] Was muss noch geschehen, bevor sie den Menschen reinen Wein einschenken? [...] Auch wenn es pietätlos klingt, die Leichen müssen zerstört werden, indem wir das Gehirn entweder irreparabel zerstören oder es vom übrigen Körper separieren. Wir müssen die Lage unter Kontrolle bringen. Noch haben wir eine Chance. Wer weiß, wie lange noch. [...] Wenn wir auf diesen Zwischenfall, dieses Phänomen vernünftig und ohne falsche Emotionen reagiert hätten, wäre es nicht so weit gekommen. [...] Wir müssen die Konsequenzen, auch wenn sie uns grausam und unmenschlich erscheinen, auf uns nehmen. Sollten wir auf Grund gewisser emotionaler Vorbehalte der Öffentlichkeit nicht dazu in der Lage sein, wird die Entwicklung über uns hinwegrollen."

Die Inszenierung eines radikalen Szientismus schreibt sich an anderer Stelle fort:

> „Wir dürfen uns unter keinen Umständen von dem Gedanken beeindrucken lassen, dass es Familienmitglieder oder Freunde sind. Sie sind es nicht mehr. Sie sind zu Gefühlen weder fähig noch für sie empfänglich. [...] Wir haben keine andere Wahl als konsequente Vernichtung. [...] Wir müssen das klar erkennen. Ohne Emotionen. Wir müssen unsere Intelligenz einsetzen, nicht unsere Gefühle. Wir müssen klar denken und logisch handeln, logisch handeln. Ich wiederhole: Wir müssen unsere Intelligenz einsetzen, unsere Intelligenz, nichts anderes. Es geht nur so. Es ist der einzige Weg."

Wissenschaftliche Expertise im Angesicht der „lebenden Toten"

In einer Welt, in der gewöhnliche Menschen sich ohne Vorwarnung in kannibalistische Zombies verwandeln und der in „Night" noch unumgängliche legitimatorische Rückbezug der Wissenschaft auf das Alltagswissen der Akteure gekappt wird, muss jeder Glaube an die Wissenschaft deplatziert wirken. Allzu offensichtlich kann ein Wissenschaftler, der unrasiert, mit halb offenem Hemd, gelöster Krawatte und Augenklappe wie in Trance manische und selbsthypnotische Beschwörungen von Rationalität wiederholt, nur noch ungläubiges Kopfschütteln und Resignation hervorbringen (vgl. Tudor 1989: 155ff.). Die unmittelbare Identifikation emotionsloser Vernunft mit administrativen Techniken des Ausnahmezustands, das Ineinanderfallen eines radikalen Szientismus mit totalitärer Staatlichkeit (vgl. Waller 1986: 298f.) verweist zudem auf die Frage, wo die Entmenschlichung der Gesellschaft eigentlich ihren Ort hat. Was Wissenschaftler fordern und Zombies tun, läuft in letzter Konsequenz gleichermaßen auf einen Zusammenbruch zivilisatorischer Werte hinaus (vgl. Mihm 2004: 179).

„Day of the Dead"

„Day of the Dead" (USA 1985) ist in gewichtigen Teilen eine Reaktualisierung der „Mad-Scientist"-Tradition, die die Horrorfilme der 1930er- bis 1950er-Jahre bestimmt hatte, dann aber zugunsten einer Hervorhebung nicht intendierter Nebenfolgen der Wissenschaft jenseits individueller Verantwortung zunehmend in den Hintergrund trat (vgl. Tudor 1989: 136ff.). „Day" greift die Tradition des „verrückten Wissenschaftlers" wieder auf und versucht, ihr eine selbstreflexive und kritische Wendung zu geben, indem das obszöne Genießen der Geheimnisse des Lebens seitens männlicher Wissenschaftler und das damit verbundene Ordnungsdispositiv thematisiert werden (vgl. Williams 1996: 268ff.).

Dr. Logan, der im Film ironisch „Frankenstein" genannt wird, agiert in einem Labor, das einem Schlachthaus gleicht. Er seziert einen Zombie nach dem nächsten und wäre in seinem blutigen Laborkittel ästhetisch kaum näher an die Frankenstein-Tradition zu rücken. Als (Neuro-)Chirurg auf der Suche nach den Geheimnissen des Lebens der Lebenden wie der „lebenden Toten" und damit als ideale Verkörperung des „verrückten Wissenschaftlers" genießt er „als Privilegierter den Rausch den Wissenwollens und Wissenkönnens. Diese obszöne *jouissance* treibt ihn dazu, die Achtung vor dem Leben anderer zu verlieren – sie für seine wissenschaftlichen Ziele zu opfern – und damit auch alle Maßstäbe für das eigene Tun." (Sarasin 2003: 253) Logan ist sichtlich erregt ob der Aussicht, auf Basis seiner Forschungen die Zombies zu „zähmen" und dazu zu bringen, „sich so zu benehmen, wie wir es wollen". Wenn Logan, der währenddessen mit nervösem Kopfzucken und entrücktem Blick endgültig seinen „Wahnsinn" offenbart, über den Charakter seiner „Schüler" und ihre mögliche Konditionierung zu „zivilem Verhalten" doziert, treten die Koordinaten einer Wissensformation hervor, in der väterliche Erziehungsgewalt und wissenschaftliches Kontrollstreben konvergieren und zugleich in ihrer Absurdität vorgeführt werden.

> „Sie sind wie wir. Sie sind sozusagen die gleiche Gattung. Sie funktionieren nur fehlerhaft. Man kann sie zum Narren halten. Man kann sie mit einem Trick dazu bringen, brave kleine Jungen und Mädchen zu sein, wie wir mit einem Trick dazu gebracht wurden, an das Versprechen einer kommenden Belohnung zu glauben. Sie müssen belohnt werden. Belohnung ist der Schlüssel. [...] Sie müssen belohnt werden. Wie sollen sie sonst tun, was wir von ihnen verlangen? [...] Und Höflichkeit muss belohnt werden. Wenn sie nicht belohnt wird, dann ist da kein Sinn dahinter."

Hier wird bereits deutlich, dass der „Mad Scientist" nicht nur, wie Philipp Sarasin (2003: 253) völlig zu Recht betont, i.d.R. ein „Biowissenschaftler" ist, weil dessen Lebenswissen eine unvergleichliche und kaum zu überbrückende Distanz zum Alltagswissen aufweist, sondern eben auch ein männlicher Wissenschaftler, dessen Männlichkeit sich auf der Grundlage einer spezifischen Art des Sehens realisiert. Der im Wortsinn „assaultive gaze" von Logan verweist auf ein obsessives, exzessives und ermächtigendes Wissenwollen, in dem Wissenschaft und Männlichkeit korrelieren (vgl. Clover 1992: 182ff.). Auf den ersten Blick scheint „Day" mithin eine der wesentlichen Determinanten des klassischen Frankenstein-Narrativs, die ihm eingeschriebene Dichotomie eines agierenden männlichen Wissenschaftlers und einer als weiblich gedachten, zu regulierenden Natur zu problematisieren und kritisch zu wenden (vgl. Freeland 2000: 27ff.). In der Gegenüberstellung von Logan und Sarah, seiner Assistentin, kommt dies deutlich zum Ausdruck (vgl. Grant 1996; Williams 2003: 135). Präsentiert diese doch ein Alternativprogramm zu Logan:

> „Ich dachte, wir würden mit der neurophysiologischen Arbeit aufhören und uns auf praktische Arbeiten konzentrieren. [...] [S]ie beweisen doch nur Theorien, die schon vor Monaten vorgebracht wurden – und das nicht ein-

mal genau. Sie bringen doch nur eine Menge Vermutungen vor. Sie verschwenden Zeit damit, zu definieren, was passiert, anstatt herauszufinden, wodurch es passiert und Sie schneiden zu viele von diesen Kreaturen auf und es ist äußerst gefährlich, es auf die Spitze zu treiben und sie in die Freiheit zu entlassen, wo wir sie nicht kontrollieren können."

Diese Gegenüberstellung zweier Modi des Wissen(wollen)s, eines grenzenlosen Strebens nach Gestaltung des Lebens, das zunehmend mit den Insignien des Wahnsinns ausgestattet wird, und der Forderung nach einer Konzentration auf das Wesentliche, weist jedoch ihrerseits eine Schwierigkeit auf: Die Kritik der totalitären Vernunft des Wissenschaftlers resultiert aus der Festlegung der Wissenschaftler*in* auf eine emotional-menschliche und zudem praktische (fast möchte ich sagen: „häusliche") Vernunft.

Die vorangegangene Analyse der „Trilogy of the Dead" ging von der Frage nach den Konkretisierungen wissenschaftlicher Ordnungspraktiken und ihrer Effekte angesichts einer in die Krise geratenen Gesellschaft aus. In „Night of the Living Dead" wird wissenschaftliches Wissen als pragmatische Expertise in ein Spannungsverhältnis zur Alltagsempirie der Akteure gesetzt. Gleichwohl letztere von der Autorisierung durch die Wissenschaft abhängt, ist diese doch nur insofern wirkmächtig, als dass sie sich eher als Transformation denn als Suspendierung des Alltagswissens ausweist. *Dass* der Wissenschaft dies gelingt, wird unterstrichen durch das Auftreten des Wissenschaftlers in einer gerahmten und geordneten Interviewsituation. In „Dawn of the Dead" mutiert Wissenschaft zum radikalen Szientismus, der sich unter fragwürdigem Bezug auf Rationalität und Emotionslosigkeit sowie den gemutmaßten Einklang mit behördlichem Vorgehen zu einem Angriff auf die Fundamente der Gesellschaftsordnung berechtigt glaubt. Auch dies findet seine Entsprechung im Auftreten des Wissenschaftlers, der, weit davon entfernt zu ordnen, seine Umgebung in Aufruhr versetzt und sich selbst ins Abseits befördert. In „Day of the Dead" schließlich begegnet der „Mad Scientist" mit neuen Konturen. Was von wissenschaftlicher Rationalität bleibt, wenn die praktische Vernunft abgespalten und in Form einer Wissenschaftler*in* „ausgelagert" wird, ist ein Wissenschaftler in entgrenztem, sich und andere vernichtendem Wahnsinn. Die Geschichte, die Romero in seiner Trilogie erzählt, ist eine Geschichte von wissenschaftlicher Verantwortung, von den Gefahren der Entgrenzung wissenschaftlicher Vernunft, von der Notwendigkeit der lebensweltlichen Rückbindung wissenschaftlicher Expertise – eine Geschichte, die ihre eigenen Probleme aufwirft, die eine romantische Überhöhung des Wissens der gewöhnlichen Leute aktualisiert, die diese dennoch das tun lässt, was sie im Diskurs der Wissenschaft als Skandal identifizieren; eine Geschichte, die sich schließlich nur mit der Konstituierung einer „weiblichen Vernunft" zu helfen weiß.

Literatur

Clover, Carol J. (1992): Men, Women, and Chain Saws. Gender in the Modern Horror Film, Princeton/NJ.

Dillard, Richard H.W. (1987): Night of the Living Dead. It's Not Like Just a Wind That's Passing Through, in: Waller, Gregory A. (Hg.): American Horrors. Essays on the Modern American Horror Film, Urbana u. Chicago, S. 14-29.

Etzemüller, Thomas (2005): 1968 – Ein Riss in der Geschichte? Gesellschaftlicher Umbruch und 68er-Bewegungen in Westdeutschland und Schweden, Konstanz.

Freeland, Cynthia A. (1995): Realist Horror, in: dies./Wartenberg, Thomas E. (Hg.): Philosophy and Film, New York, S. 126-142.

Freeland, Cynthia A. (2000): The Naked and the Undead. Evil and the Appeal of Horror, Boulder u. Oxford.

Gitlin, Todd (1993): The Sixties. Years of Hope, Days of Rage, 2., überarbeitete Auflage, New York u.a.

Grant, Barry Keith (1996): Taking back the Night of the Living Dead. George Romero, Feminism and the Horror Film, in: ders. (Hg.): The Dread of the Difference. Gender and the Horror Film, Austin, S. 200-212.

Higashi, Sumiko (1990): Night of the Living Dead. A Horror Film about the Horrors of the Vietnam War, in: Dittmar, Linda / Michaud, Gene (Hg.): From Hanoi to Hollywood. The Vietnam War in American Film, New Brunswick u. London, S. 175-188.

Lévi-Strauss, Claude (1991): Das wilde Denken, Frankfurt/M. [1962].

Mihm, Kai (2004): Die Nacht der lebenden Toten – Night of the Living Dead, in: Vossen, Ursula (Hg.): Filmgenres: Horrorfilm, Stuttgart, S. 173-183.

Sanjek, David (1992): Apocalypse Then. Apocalyptic Imagery and Documentary Reality in Films of the 1960s, in: Tischler, Barbara L. (Hg.): Sights on the Sixties, New Brunswick, S. 135-147.

Sarasin, Philipp (2003): Das obszöne Genießen der Wissenschaft. Über Populärwissenschaft und „mad scientists", in: ders.: Geschichtswissenschaft und Diskursanalyse, Frankfurt/M., S. 231-257.

Steigerwald, David (1995): The Sxities and the End of Modern America, New York.

Tudor, Andrew (1989): Monsters and Mad Scientists. A Cultural History of the Horror Movie, Oxford.

Waller, Gregory A. (1986): The Living and the Undead. From Stoker's Dracula to Romero's Dawn of the Dead, Urbana u. Chicago.

Wells, Paul (2000): The Horror Genre. From Beelzebub to Blair Witch, London u. New York.

Wienand, Kea (2005): Funktionen visueller Repräsentationen von Alterität – Überlegungen aus gendertheoretischer und postkolonialer Perspektive, in: Krol, Martin/Luks, Timo/Matzky-Eilers, Michael/Straube, Gregor (Hg.): Macht – Herrschaft – Gewalt. Gesellschaftswissenschaftliche Debatten am Beginn des 21. Jahrhunderts, Münster, S. 203-214.

Williams, Tony (1996): Hearths of Darkness. The Family in the American Horrorfilm, Madison u.a.

Williams, Tony (2003): The Cinema of George A. Romero. Knight of the Living Dead, London.

IV.
Körper und Geschlecht

Josch Hoenes

„Im falschen Körper". Ambivalenzen einer Metapher

Der Satz „transsexuelle Menschen haben das Gefühl, im falschen Körper zu leben" scheint die Existenzweise Transsexueller auf eine einfache Weise zu erklären. Nicht nur in massenmedialen Diskursen[1] findet die Metapher „im falschen Körper" eine fast inflationäre Verwendung, sondern auch in wissenschaftlichen Auseinandersetzungen um Transsexualität und in Äußerungen von Transsexuellen selbst. Jay Prosser (1998: 69) konstatiert in seiner Analyse transsexueller Narrationen: „My contention is that transsexuals continue to deploy the image of wrong embodiment because being trapped in the wrong body is simply what transsexuality feels like". Dieser verbreiteten Verwendung steht eine zunehmende Kritik an der Metapher gegenüber. Britta Madeleine Woitschig (2001: 25) zeigt anhand der Analyse fiktionaler Erzählungen des Geschlechtswechsels Ende des 19. und Anfang des 20. Jahrhunderts, dass der Körper/Seele-Tausch kulturell mit problematischen Mythen wie Omnipotenz und Unsterblichkeit verknüpft und „im falschen Körper daher keine unschuldige Metapher ist". Und Jason Cromwell (1999: 104) verweist darauf, dass die Rede ‚im falschen Körper' in die dominante Sex/Gender-Ideologie eingebettet ist: „The idea [of the wrong body, jh] has been imposed upon transpeople by those who control access to medial technologies and have controlled discourses about transpeople". Im Folgenden werde ich den ambivalenten Gehalt der Metaphorik und deren Verstrickung in die dominante Sex/Gender-Ideologie genauer betrachten.

Zweigeschlechtlichkeit als Bezugsrahmen der Transsexualität

Die Konstruktion der Transsexualität wie auch die Rede „im falschen Körper" ergibt erst vor dem Hintergrund der Konkordanznorm heteronormativer Zweigeschlechtlichkeit Sinn. Diese fordert, dass jeder Mensch ein Geschlecht ist – eindeutig und lebenslänglich – und dass Geschlechtsidentität und Körper übereinstimmen. Im Falle Transsexueller steht das „gefühlte Geschlecht" im Widerspruch zu der Geschlechtszuschreibung, die diese aufgrund ihres Körpers erfahren. Es handelt sich hierbei folglich um einen Widerspruch, der sich nicht unabhängig von Sex- und Gender-Normen denken

---

[1] Vgl. beispielsweise die Dokumentationen „Jugendliche im falschen Körper" (Ulf Eberle, ZDF, 27.04.2004); „Wahres Ich im falschen Körper" (Michael Verhoevens, ARD, 12.3.2006).

lässt. Diese Perspektive, in der das Gefühl, „im falschen Körper" zu sein, als ein Effekt begriffen werden kann, der sich aus einem Widerspruch zwischen subjektivem Erleben und kulturellen Normen ergibt, gerät durch die Formulierung „im falschen Körper" aus dem Blick. Als Widerspruch zwischen „gefühltem" und körperlichem Geschlecht formuliert, wird das Problem in das Individuum verlagert. Diese Vorstellung von Transsexualität basiert auf einem spezifisch modernen Bild des Menschen, nach dem dieser ein „Inneres" besitzt, das von einem Körper umschlossen wird. Ist dieses „Innere" seit den philosophischen Diskursen der Aufklärung in besonderer Weise mit Assoziationen von Authentizität und „Wahrheit" verknüpft,[2] wird der Körper als Raum vorgestellt, der das Innere vor den Einflüssen der äußeren Umwelt schützt.[3] Körperhistorische Arbeiten zeigen, dass die Vorstellung des Körpers als Raum eng mit der Etablierung heteronormativer Zweigeschlechtlichkeit verbunden und keinesfalls ahistorisch ist.[4] Räume sind in unserer Alltagsvorstellung stabil und beherbergen oder umschließen etwas Inneres, das sich klar von der Materialität des Raumes differenzieren lässt. In dieser Stabilität konnotieren sie Gegebenheit und Natürlichkeit. In Bezug auf Körper dient die Verwendung räumlicher Metaphorik dessen Naturalisierung und vermittelt so unter der Hand Ideologie (vgl. Duden 1987). Wie stark die Assoziationen von Natürlichkeit sind, die dem Raumbegriff anhaften, verdeutlicht die Argumentation von Lakoff und Johnson (2003). Sie konstatieren, dass räumliche Metaphern – im Gegensatz zu anderen Arten von Metaphern – nicht arbiträr, sondern in natürlichen Bedingungen begründet sind.

Kritik an räumlichen Metaphern

In den letzten Jahren ist jedoch die häufige und unproblematisierte Verwendung räumlicher Metaphoriken in sozial- und kulturwissenschaftlichen Diskursen kritisiert worden. Smith und Katz (1993) weisen auf die na-

---

[2] Zur Verinnerlichung des Selbst durch und seit Descartes vgl. Taylor (1996).

[3] Zum Topos des „Innen" sowie der Grenzziehung zwischen Innen und Außen vgl. Butler (1991: 199ff.).

[4] „Während Frauen in erster Linie auf die Fähigkeit des Gebärenkönnens festgelegt werden und ihr Körper als Gefäß für das potentielle oder reale Kind entworfen wird, wird der Männerkörper zum geschlossenen und gedrillten Panzer." (Löw 2001:119; vgl. auch Duden 1987)

turalisierenden Effekte und politischen Implikationen räumlicher Metaphern hin. Als problematisch erweisen sich diese, da sie sich auf die spezifisch moderne Vorstellung des *absoluten* Raums beziehen. Diese setzt sich historisch im Kontext der europäischen Moderne, des Kolonialismus und Kapitalismus als hegemoniale Raumvorstellung durch. „In the first place, an absolut conception [of space, jh] began to dominate the philosophical and scientific discussion of space [...] with the work of Newton, Descartes and Kant. Space was infinit and *a priori*; [...] The emergence of capitalist social relations in Europe brought a very specific set of social and political shifts that established absolute space as the premise of hegemonic social practices" (Smith/Katz 1993: 75). In diesem Prozess entsteht auch die Vorstellung des individuellen Körpers als grundlegender sozialer Einheit. Da räumliche Metaphoriken Implikationen ihrer Entstehungszusammenhänge transportieren und herrschaftsstabilisierende Effekte zeitigen, sind sie politisch problematisch. Dies trifft besonders dann zu, wenn sie nicht mehr als Metaphern wahrgenommen und reflektiert werden. Ist die metaphorische Macht von Begriffen auf einer epistemologischen Ebene in der Philosophie häufig hinterfragt worden (vgl. Brown 2000: 12), betonen Lakoff und Johnsen (2003), dass die alltäglichen Konzepte, in denen wir denken, wahrnehmen und nach denen wir unser Handeln strukturieren, metaphorische sind. Insofern kann ihre kritische Hinterfragung Erkenntnisse über den Bereich der Kultur und des Alltagslebens bieten. Im Anschluss daran verdeutliche ich zunächst, wie die Metapher „im falschen Körper" Denken und Handeln in Bezug auf Transsexualität strukturiert. Gleichzeitig hat die Verwendung räumlicher Metaphern materialisierende Effekte. Das heißt, indem bestimmte Dinge als Räume gedacht werden und sich das individuelle und gesellschaftliche Handeln an diesem Denkmuster orientiert, werden diese Dinge als reale Räume produziert. Diese Realität von Räumen ist nicht anders denn als Effekt von Machtverhältnissen aufzufassen. Daher frage ich in einem zweiten Schritt danach, inwiefern die Verwendung der Metapher „im falschen Körper" als Repräsentation spezifischer Erfahrungen innerhalb konkreter Machtverhältnisse angemessen ist.

Metaphern als Self-fulfilling Prophecy

Wenn Prosser (1998) konstatiert, dass die Erzählung „im falschen Körper" eine Schlüsselerzählung Transsexueller ist, die das Phänomen der

Transsexualität erst konstituiert, kann diese sowohl als performativer Akt im Sinne Judith Butlers als auch als Self-fulfilling Prophecy aufgefasst werden (vgl. Lakoff/Johnson 2003: 156.). Die Wahrnehmung des Körpers als Ursache von als problematisch empfundenen Erfahrungen lässt seine Modifikation als mögliche – und einzig mögliche – Lösungsstrategie erscheinen. Damit wird Transsexualität zu einem individuellen Problem, das nur auf individueller Ebene – durch eine möglichst vollständige Anpassung des Körpers an die gesellschaftlichen Normen – zu lösen ist. Erst die Wahrnehmung und die Erzählung gegenüber medizinischen Gutachtern „im falschen Körper" zu sein, führt zur Diagnose Transsexualität und verschafft Zugang zu medizinischen Behandlungen. Die Dynamik der Metapher als Self-fulfilling Prophecy verschärft sich durch die medizinischen und rechtlichen Definitionen, die den Zugang zu Hormonen und Operationen regeln. Indem die „innere Gewissheit" der Geschlechtszugehörigkeit und die Ablehnung des angeborenen Körpers definierendes Merkmal der Transsexualität bilden, wird die Erzählung „im falschen Körper" zur einzigen Möglichkeit, den Zugang zu medizinischen Behandlungen zu erlangen.[5] Was damit aus dem Blick gerät, sind die gesellschaftlichen Machtverhältnisse, innerhalb derer sich Subjekte als transsexuell konstituieren, sowie die gesellschaftlichen Zwänge, die an der Subjektkonstitution beteiligt sind. Genauso ausgeblendet bleiben Praktiken und Politiken, die eine transsexuelle Existenz ohne oder nur mit teilweisen medizinischen Körpermodifikationen ermöglichen könnten.[6] Die Metapher „im falschen Körper" ist daher keinesfalls nur auf sprachlicher Ebene produktiv, sondern strukturiert und determiniert Handlungsweisen in Bezug auf die materielle Modifikation von Körpern. Nimmt man die Metaphorik ernst, so ist es möglich, einerseits auf die Notwendigkeit körperlicher Modifikationen angesichts herrschender Machtverhältnisse zu bestehen und gleichzeitig Politiken zu unterstützen, die beispielsweise durch Text- und Bildproduktionen dazu beitragen, neue Selbstverständnisse und Selbstbilder zu entwickeln,

---

[5] Vgl. die Definition der Standards zur Behandlung und Begutachtung von Transsexuellen (1997).

[6] Diese Problematiken wurden bislang am Beispiel der Narrationen von Transgender-Personen, die die Formulierung „im falschen Körper" für sich ablehnen, herausgearbeitet (vgl. Kilian 2004). Die Autorin nimmt Identitätskonstruktionen Transsexueller auseinander, ohne jedoch die Metapher „im falschen Körper" zu hinterfragen.

Diskriminierungserfahrungen zu thematisieren und Existenzweisen jenseits von Mann und Frau lebbarer zu machen.

"Im falschen Körper" verräumlicht

Wie aber ist es möglich, den metaphorischen Aspekt in den Blick zu bekommen? Die zentrale Problematik liegt in der naturalisierenden und absoluten Vorstellung von Raum. Raum ist jedoch keine natürliche und stabile Entität. Er wird durch Handlungen und Anordnungen innerhalb kultureller Prozesse sowie in und durch soziale Beziehungen hergestellt. Die damit einhergehenden Grenzziehungen sind nie endgültig fixierbar. Sie sind umkämpft und verschieben sich über die Zeit oder lösen sich auf (vgl. z.B. Butler 1991; Brown 2000). Wird Raum als Ergebnis sozialer Prozesse begriffen, ist zu fragen, wie sich spezifische Räume durch und innerhalb von Machtverhältnissen konstituieren. Wie manifestieren sich Machtverhältnisse räumlich? Und inwiefern sind Räume damit nicht politisch neutral, sondern fungieren als Mittel, durch das Machtverhältnisse aufrechterhalten werden (vgl. Brown 2000)? Diesen Fragen gehe ich exemplarisch an autobiographischen Narrationen Transsexueller nach.

Autobiographische Narrationen sind ein zentrales Mittel der Identitätskonstruktion, der Sinngebung und Stiftung von Kontinuität und Kohärenz (vgl. Kilian 2004). Im Falle der Transsexualität ist das Muster, in der das eigene Erleben gegenüber medizinischen Gutachtern erzählt werden muss, vorgegeben und zentriert sich um das „Gefühl im falschen Köper" zu sein. Die Schlüsselstelle solcher Narrationen bildet die Entscheidung, körperliche Modifikationen in Anspruch zu nehmen. Am Beispiel von Felix Fink (2001) lässt sich der ambivalente Gehalt der Metapher „im falschen Körper" verdeutlichen. Die Autobiographie des Frau-zu-Mann-Transsexuellen schildert ausführlich dessen Erfahrungen bis zu dem Zeitpunkt, zu dem er alle Operationen hinter sich gebracht hat und das „normale Leben eines Mannes" (ebd.: 399) lebt. Damit folgt sie einem konventionellen Muster.

Nachdem Felix einige Zeit zuvor beschlossen hatte, seine Männlichkeit zu leben, schildert er die Erlebnisse einer Chorwoche, auf die er jährlich mit seinen Eltern fuhr. Mit 15 Jahren wagte er, Tenor zu singen, und erzählt: „Hier fühlte ich mich zum ersten Mal in meinem Leben als anerkanntes Mitglied einer männlichen Gemeinschaft. Das war ein tolles Gefühl! ...

Ich konnte so sein, wie ich mich fühlte, und alle sahen es als selbstverständlich an. Ich war kein Außenseiter mehr!" (ebd.: 109) Vor seinen Eltern verheimlichte er dies. Auf der Chorwoche im Jahr darauf führt dies zu einer entscheidenden Situation. Seine Mutter unterhielt sich mit einem Tischnachbarn: „Der Mann [...] [bezeichnet] mich natürlich als ‚er'. Das kann meine Mutter nicht im Raum stehen lassen: ‚Das ist eine ‚sie'!' Ich erstarre. [...] Nach vielen Beteuerungen haben meine Eltern es endlich geschafft, ihn zu überzeugen. Nur seine Höflichkeit hindert ihn daran, mich anzustarren, mich im Geiste auszuziehen, um versteckte weibliche Merkmale zu finden. Noch schlimmer: alle in der Umgegend scheinen es gehört zu haben. Ein paar lachen schallend. Alles ist im Eimer." (ebd.: 117) Fink schildert hier die Gefühle der Unsicherheit und Scham, die bei ihm entstanden, und die Konsequenzen, die diese Situation für ihn hatte: „Hiermit bin ich aus der Männergemeinschaft ausgeschlossen [...]! Nur weg hier! [...] In dieser Nacht schwöre ich mir, erst wieder diese Singwoche zu besuchen, wenn mit mir alles in Ordnung ist. Ich muß ihnen durch eindeutige Merkmale beweisen können, dass ich ein Junge bin. Wie kann ich das erreichen? Operation. Ja. Das ist die einzige Möglichkeit. [...] Ich entschied mich zur Operation" (ebd.: 118).

Die Passage problematisiert weniger den Körper als vielmehr die soziale Zugehörigkeit. Solange ihm das *Passing* und damit die Zugehörigkeit zur männlichen Gemeinschaft gelingt, erscheint auch der Körper nicht als Problem. Dies wird er erst in dem Moment, in dem die „Wahrheit" des Körpers von den Eltern offengelegt wird. Diese „Wahrheit" ist so dominant und allumfassend in ihrem Anspruch, dass Felix keine Möglichkeit hat, seine Selbstrepräsentation zu verteidigen. Indem die Eltern die Definitionsmacht über sein Geschlecht gewinnen, verliert er seine soziale Zugehörigkeit und ist blamiert. Die daraus resultierende soziale Isolation und der absolute Wahrheitsanspruch, der sich an die Kategorie des anatomischen Geschlechts knüpft, sind es, die eine Frage sozialer Zugehörigkeiten in eine Frage individueller Abnormität verdrehen. Obwohl Felix mit einem weiblichen Körper anerkanntes Mitglied der männlichen Gemeinschaft sein konnte, wird dies durch dessen „Entlarvung" zu einer Unmöglichkeit. Die Passage kann als eine Schilderung dessen gelesen werden, wie sich der Körper als Raum, in dem das Selbst von Felix gefangen ist, konstituiert: Als Ergebnis heteronormativer Anrufungen und normierender Blicke, die Felix isolieren und als

„Im falschen Körper"

„nicht normal" markieren.[7] Hinzu kommt, dass der Protagonist als relativ machtlos repräsentiert wird. Er scheint keine Sprache zu besitzen, die die Wirkmächtigkeit und den Wahrheitsanspruch der Fremdzuschreibungen in Frage stellt und sein Erleben den anderen verständlich machen könnte. Der einzige sich bietende Ausweg scheint, durch eindeutige körperliche Merkmale den Beweis für sein Geschlecht zu erbringen. Die Wirkmächtigkeit speist sich dabei nicht allein aus den performativen Akten, sondern auch aus dem hier repräsentierten Kontext. Die Chorwoche wird als ein heteronormativ strukturierter Ort repräsentiert. Deutlich wird dies nicht nur in der offensichtlich von allen geteilten Auffassung, Felix sei „in Wirklichkeit" ein Mädchen, sondern auch in der Anordnung der Personen im Raum. Um zur männlichen Gemeinschaft des Tenors gehören zu können und gleichzeitig nicht von seinen Eltern entdeckt zu werden, muss sich Felix entsprechend platzieren: „Meine Eltern durften nichts davon merken! Also setzte ich mich [...] an die Grenze zwischen Alt und Tenor." (ebd.: 108) Diese Grenzpositionierung unterstreicht die Prekarität der Zugehörigkeit des Protagonisten. Auffällig ist, dass in Transbiographien, die die Formulierung „im falschen Körper" explizit für sich ablehnen, häufig ein nicht dermaßen heteronormativ strukturiertes Lebensumfeld geschildert wird.[8] Solche heteronormativen Machtverhältnisse, innerhalb derer sich transsexuelle Subjekte konstituieren, werden durch die Metapher „im falschen Körper" unsichtbar gemacht, sie zeitigt somit politisch problematische Effekte. Zugleich besitzt sie jedoch das Potential, das Selbsterleben transsexueller Personen zu beschreiben. Innerhalb einer heteronormativ zweigeschlechtlichen Gesellschaft vermag sie die Spezifität einer Erfahrung, die darauf beruht, den sich überschneidenden Normen von Gender und Sex nicht zu entsprechen, einfach auszu-drücken. Sie ermöglicht es, über das Leiden, das aus dem Unsichtbarsein des eigenen Geschlechts resultiert, zu sprechen. Zudem verweist sie auf die Unmöglich-

---

[7] Die Formulierung „im falschen Körper" verwendet Fink erst in der Schilderung seines Lebens, nachdem er bereits in psychologischer Behandlung ist und die Wartezeit auf die Operation schildert.

[8] So lehnt Jess, die/der Protagonist/in in Leslie Feinbergs Roman (1998), die Bezeichnung „im falschen Körper" für sich explizit ab. Jess hatte über viele Jahre eine stabile Zugehörigkeit zur US-amerikanischen Butch/Femme-Szene. Erst gesellschaftliche und politische Veränderungen machen medizinische Körpermodifikationen für Jess erforderlich.

keit sozialer Existenz: Solange eine Person „im falschen Körper steckt" kann sie nicht als reale/„fassbare" Person in ihrer Umwelt existieren. Insofern kann die Metapher „im falschen Körper" als eine Repräsentation der Wirkmächtigkeit heteronormativer Zweigeschlechtlichkeit aufgefasst und als solche als angemessen betrachtet werden. Selbstverständlich wäre es jedoch verkürzt, Transsexuelle als „Opfer" einer heteronormativen Zweigeschlechtlichkeit darzustellen. Vielmehr existieren verschiedene Strategien, sich innerhalb dieser Machtverhältnisse als Subjekt zu konstituieren. Wie groß dabei die individuelle Handlungsfähigkeit ist und welche Entscheidungen Einzelne treffen, ist immer abhängig von einem komplexen Feld sich überschneidender Machtrelationen. Kritisiert werden muss nicht die Verwendung der Metapher, zumindest nicht aus jeder Position. Kann sie als Erfahrung Transsexueller angemessen erscheinen, ist ihre dominante Verwendung in hegemonialen Diskursen, die andere Formen der Repräsentation transsexueller Existenz verunmöglicht, zu kritisieren. Insbesondere medizinische und juristische Institutionen sollten der existierenden Vielfalt unterschiedlicher Trans-Existenzweisen gerecht werden.

Konsequenzen für die Wissensproduktion

Frühe Forschungen zu Transsexualität haben wichtige Anstöße für die feministische Frauen- und Geschlechterforschung gegeben, indem sie zeigen konnten, dass der materielle Körper für Geschlechterkonstruktionen relativ unbedeutend ist. Dennoch blieben Forschungen zum Thema Transsexualität in den letzten Jahren marginal. Fokussiert wurden die Konstruktionsprozesse von Gender, während Konstruktionsweisen des Sex ausgeblendet blieben. Mit dem Zunehmen dekonstruktiver Ansätze wurden die Figur des Transsexuellen und des Transgender zu zwei zentralen Eckpunkten einer sich als kritisch verstehenden Geschlechterforschung: „Drag queens expose compulsory sex/gender-relations, while transsexuals can only offer ‚an uncritical miming of the hegemonic [sex/gender-System]'." (Namaste 2000: 14). Diese in Butlers Theorie implizit vorgenommene Trennung zwischen Travestie und Transsexualität kritisiert Vivian K. Namaste als „tragic misreading", das die Entwicklung breiter Bündnispolitiken von Transgendern verhindere (vgl. auch Prosser 1998; Preciado 2003). Dieses Missverständnis wirkt sich auch auf die wissenschaftliche Geschlechterforschung aus. Während zahlreiche Forschungen die Performativität von Geschlechtsidentität untersuchen und

„Im falschen Körper"

die Figur des Transgender zum paradigmatischen Zeichen der Subversion von Zweigeschlechtlichkeit avanciert, bleiben Forschungen zu Transsexualität und zu den alltäglichen, zumeist extrem prekären Existenzbedingungen transgeschlechtlicher Personen genauso marginalisiert wie Untersuchungen der Konstruktionsweisen des anatomischen Geschlechts. Als differenzierendes Merkmal zwischen Transgender und Transsexualität fungiert dabei zumeist die Modifikation des Körpers mittels Hormonen und Operationen. Trotz queeren Kritiken an heteronormativer Zweigeschlechtlichkeit scheint sich die alltagsweltliche Auffassung, dass es doch so etwas wie eine „letzte Wahrheit" des Körpers gibt, dass jeder Mensch letztendlich doch entweder Frau oder Mann ist, auch in wissenschaftlichen Diskursen hartnäckig zu halten. Insofern die Naturalisierung des anatomischen Geschlechts eine der wirksamsten Strategien ist, herrschende Ordnungsmuster und Machtverhältnisse aufrechtzuerhalten – Machtverhältnisse, innerhalb derer Personen, die den Geschlechternormen nicht entsprechen, pathologisiert, diskriminiert, unsichtbar gemacht und/oder mit Gewalt einpasst werden –, ist eine Infragestellung der Naturbasis von Geschlecht dringend notwendig. Statt hier den häufig postulierten Gegensatz zwischen Essentialismus und Konstruktivismus aufzumachen, schlage ich vor, die Wirksamkeit heteronormativer Machtverhältnisse ernst zu nehmen.[9] Betrachtet man die Metapher „im falschen Körper" als angemessen, um spezifische Erfahrungen innerhalb konkreter Machtverhältnisse auszudrücken, dann ist die Unhintergehbarkeit des materiellen Körpers keine naturgegebene Tatsache mehr. Bedeutsam bleibt der materielle Körper jedoch als Effekt soziokultureller Prozesse und Machtverhältnisse. Er ist damit nicht vollständig unwichtig für die Konstruktion von Geschlecht, er ist aber auch nicht natürlich und unveränderbar. Statt Sex für unbedeutend zu erklären, gilt es zu fragen, mittels welcher Strategien und Technologien dieser produziert wird und welche Möglichkeiten kritischer Intervention sich bieten. Hierfür können Forschungen zu Transsexualität wichtige Anstöße geben. In ähnlicher Weise gälte es aber auch andere

---

[9] Preciado (2003: 117f.) fasst dies zusammen: „[D]ie Unterscheidung Sex/Geschlecht [verweist] [...] auf die [...] zentrale Unterscheidung von Essentialismus und Konstruktivismus. Als wäre der Sex und die Geschlechterdifferenz [...] in einem essentialistischem Rahmen verständlicher, wohingegen das Geschlecht, die soziale Konstruktion der Geschlechterdifferenz [...], besser in konstruktivistischen Modellen erfaßt werden könnte".

Formen der Körpermodifikation, wie etwa Schönheitsoperationen, aus feministischer Perspektive nicht einfach als normativitätsaffirmierend zu verwerfen, sondern als Ausdruck der Wirksamkeit von Normen kritisch zu hinterfragen. Die Abhängigkeit der Selbstrepräsentationen von Transpersonen von den gesellschaftlichen Kontexten, in denen sie sich positionieren, legt es zudem nahe, die kategoriale Trennung von Transgender und Transsexualität zu hinterfragen. Statt sie als wesenhafte Eigenschaften von differenten Personengruppen zu definieren, gilt es diese vielleicht eher in Begriffen einer veränderbaren Positionierung, die sich aus einem jeweils konkreten Zusammenspiel von Subjekt und Gesellschaft ergibt, zu beschreiben.

Literatur

Brown, Michael P. (2000): Closet Space. Geographies of metaphor from the body to the globe, London u. New York.

Butler, Judith (1991): Das Unbehagen der Geschlechter, Frankfurt/M.

Cromwell, Jason (1999): Transmen & FTMs. Identities, Bodies, Genders & Sexualities, Urbana u. Chicago.

Duden, Barbara (1987): Geschichte unter der Haut. Ein Eisenacher Arzt und seine Patientinnen um 1730, Stuttgart.

Feinberg, Leslie (1998): Träume in den erwachenden Morgen, Berlin.

Fink, Felix (2001): Sein oder Nichtsein. Erlebnisse eines Frau-zu-Mann-Transsexuellen, Books on Demand.

Kilian, Eveline (2004): GeschlechtSverkehrt: theoretische und literarische Perspektiven des gender-bending, Königstein/Ts.

Lakoff, George/Johnson, Mark. (2003): Metaphors we live by, Chicago u. London.

Löw, Martina (2001):Raumsoziologie, Frankfurt/M.

Namaste, Vivian K. (2000): Invisible Lives. The Erasure of Transsexual and Transgendered People, Chicago u. London.

Preciado, Beatriz (2003): kontrasexuelles manifest, Berlin.

Prosser, Jay (1998): second skins. The Body Narratives of Transsexuality, New York.

„Im falschen Körper"

Smith, Neil/Katz, Cindi (1993): Grounding Metaphor. Towards a spatialized politics, in: Keith, Michael/Pile, Steve (Hg.): Place and the Politics of Identity, London u. New York, S. 67-83.

Standards der Behandlung und Begutachtung von Transsexuellen der Deutschen Gesellschaft für Sexualforschung, der Akademie für Sexualmedizin und der Gesellschaft für Sexualwissenschaft (1997): http://www.transmann.de/formalien/sogstandards.shtml [06.09.2005].

Taylor, Charles (1996): Quellen des Selbst, Frankfurt/M.

Woitschig, Britta Madelaine (2001): Gautier-Ewers-Lovecraft: Im falschen Körper, in: Krah, Hans (Hg): All-Gemeinwissen. Kulturelle Kommunikation in populären Medien, Kiel.

Silke Förschler

Die durchsichtige Burka. Orientalismen in der Gegenwartskultur am Beispiel von „Submission Part I"

Der Film „Submission Part I", im August 2004 im niederländischen Fernsehen in der Sendung „Zomergasten" ausgestrahlt, war zwei Monate später Anlass der Ermordung des Regisseurs Theo van Gogh. Das Drehbuch schrieb die niederländische Politikerin muslimisch-somalischer Abstammung Hirsi Ali.[1] Der elfminütige Film zeigt das Zwiegespräch einer jungen Frau mit Allah (Abb. 1).

Ihr Gesicht ist verschleiert, während ein transparentes Gewand ihren Körper sichtbar bleiben lässt. Die Ästhetik des Films bewegt sich zwischen der von Hochglanz-Magazinen und unterhaltsamen Erotikbildern. Repräsentiert ist der Orient durch den Ort des Geschehens, eine mit Ornamenten geschmückte Moschee, über die Burka der Sprecherin sowie die Tonspur aus arabischen Klängen und Gebeten, immer wieder von Peitschenhieben durchsetzt. Wobei der Gegensatz zwischen dem Ort, also der Moschee, und der Erotisierung des weiblichen Körpers auf die Doppel-

Abb. 1: Hirsi Ali vor einem Filmstill aus „Submission Part I" (in: Spiegel 6/2006: 97)

---

[1] Hirsi Ali kämpft seit Langem gegen die Männerherrschaft in muslimischen Familien. Sie wechselte aus Ärger über die Politik der niederländischen SPD zur rechtsliberalen Partei VVD und sitzt heute als Abgeordnete in der zweiten Kammer des Parlaments von Den Haag. Marc de Leeuw und Sonja van Wichelen (2005) analysieren neben dem Film das „Phänomen Hirsi Ali" innerhalb der niederländischen Gesellschaft und kommen zu dem Schluss, dass der Wechsel von einer linken zu einer rechtsliberalen Partei und ihre Äußerungen zu „Frau und Islam" nicht mehr im Rahmen einer Politik für Minderheiten eingeordnet werden können, sondern stattdessen anti-islamische Standpunkte der VVD legitimieren. Zur Polarisierung zwischen Demokratie und Islam in den Niederlanden nach dem Mord an Theo van Gogh im Zusammenhang mit den Diskussionen um das Selbstbestimmungsrecht islamischer Frauen siehe auch Minnaard (2005).

bödigkeit religiöser Moralvorstellungen verweisen soll, die einerseits Gewalt und Vergewaltigung in der Ehe und im Haus des Mannes zulässt und andererseits von der Frau Keuschheit und Verhüllung mit einem Schleier fordert. Austragungsort islamischer Werte ist der weibliche Körper, den der Film über die Opposition einer makellosen und einer gewaltsam zugerichteten Oberfläche inszeniert. Nicht nur diese Darstellung wirkt blasphemisch, sondern auch die Softporno- und Videoclipästhetik des Film.

Der Artikel verfolgt zwei Fragestellungen. Zum einen geht es darum, anhand von Ordnungen des Orientalismus das Verhaftetsein des Films in Stereotypen des 19. Jahrhunderts darzulegen, um dann im zweiten Schritt zu zeigen, wie diese Stereotype in Debatten und Bildern der Massenmedien als feministische Interessen umgedeutet wurden. Hierbei wird die Bekämpfung der Unterdrückung der Frau im Islam als Legitimation herangezogen, kulturelle Alterität zu verwerfen und gegenüber Unterdrückungsmechanismen in der eigenen Gesellschaft blind bleiben zu können.

Den Zusammenhang von Wissenschaft, kulturellen Artefakten und machtpolitischen Interessen hat Edward Said in der 1978 vorgelegten Studie „Orientalism" (dt. 1981) ausführlich beleuchtet.[2] Ein wichtiges Fundament des Orientalismus bilden binäre Unterscheidungen zwischen dem Orient und

---

[2] Thomas Scheffler nennt eine der am häufigsten an Said geäußerten Kritiken: Mit der Konstruktion *eines* westlichen Orientdiskurses von Aischylos bis Kissinger verfalle Said selbst in jenen ahistorischen Essentialismus, den er dem westlichen Orientalismus unterstellt. Scheffler (1995: 109) hebt jedoch hervor, dass Said mit seiner „souverän überspringenden Querlektüre zum Thema ‚Orient' [...] ein synergetisches Arbeitsfeld erschloß, das sich nach wie vor ausdehnt". James Clifford (1989) bezeichnet „Orientalism" als Polemik, ordnet die Analyse jedoch auch methodologisch ein und schätzt daran, dass das Buch einer der ersten Versuche ist, Foucaults Systematik auf die Analyse kultureller Artefakte anzuwenden. Hierzu führt Clifford aus, dass Said sich jedoch nicht Foucaults archäologischer Methode bedient, die Texte in Beziehung zu einem synchronen epistemologischen Feld setzt, sondern dass Saids Lektüreergebnisse dazu dienen, retrospektiv eine Kontinuität orientalistischer Stereotype aufzuzeigen. Außerdem weist Clifford nach, dass Said in seinen Ausführungen oftmals Autorsubjekt und Diskurs vermischt und es dadurch zu Psychologisierungen statt zu Verknüpfungen zwischen Aussagen kommt. Dennoch, so Clifford, stellt Said wichtige Fragen: zum Beispiel, was überhaupt eine andere Kultur ausmacht und wie man diese repräsentieren kann.

dem Okzident, zwischen Islam und Christentum, despotisch und demokratisch, barbarisch und zivilisiert, rückständig und modern, lasziv und sittlich. Der Orient ist kein klar definierter geographischer Raum, sondern das im Westen am häufigsten verwendete Bild des „Anderen", das zur Abgrenzung benötigt wird. Ein wichtiges Merkmal des Orientalismus ist, dass er Aussagen über den Orient mit dem Ziel verfolgt, ihn zu beherrschen und ein koloniales Verhältnis zu etablieren. Den Beginn einer Diskursproduktion über den Orient sieht Said in kulturellen Artefakten wie Literatur und Malerei, die ihrerseits Motive und Handlungsanweisungen für Reisen und Eroberungspläne bereitstellen. Daraus schließt er, dass ein zentrales Merkmal des Orientalismus die praktische Anwendung eines textuellen Verständnisses von Definitionen und Formulierungen im Orient ist. Der Islam kommt in Saids Analyse immer wieder kurz zur Sprache. Für Orientalisten des späten 19. und des frühen 20. Jahrhunderts stand diese Religion als Prototyp für die geschlossene, traditionsgebundene Gesellschaft. Eine weitere zentrale Ordnung des Orientalismus im 19. Jahrhundert ist die Ineinssetzung von Frau und Orient.[3] Said weist dies anhand literarischer Texte von Nerval und Flaubert nach.[4] Dabei geht es um die Entschleierung der Orientalin bzw. des Orients und die Beschreibung der außerordentlichen Sinnlichkeit der orientalischen Frau und letztlich um die Gleichsetzung von Orient und sexuellen Ausschweifungen. Der These des Autors nach kann der „freie" orientalische Sex, der in Harems-, Tanz- und Rauschszenen sowohl in der Literatur als auch in der Malerei, Grafik und Fotografie zu finden ist, als Gegenkonstrukt zur wachsenden Verbürgerlichung und Institutionalisierung der europäischen Gesellschaft im 19. Jahrhundert verstanden werden.[5] Meiner Meinung nach

---

[3] Linda Nochlin (1983) kritisiert das „Frauenbild" Saids sowie die Analogisierung zwischen männlichem Kolonisator und dem zu kolonialisierenden weiblichen Orient. Vor allem Reina Lewis (1996) analysiert Beiträge von Frauen der europäischen, weißen Mittelschicht zur orientalistischen Kunst und Literatur.

[4] Gérard de Nerval (1852): Voyage en Orient, Paris; Gustave Flaubert (1849-1851): Voyages et Carnets de Voyage I et II, Paris; ders. (1877): Hérodias, in: Trois Contes. Oeuvres II, Paris, S. 649-678; ders. (1863): Salammbo, in: Oeuvres I, Paris, S. 707-994.

[5] DelPlato (2002) bezeichnet Repräsentationen des Harems als ästhetischen Positivismus und ordnet die Darstellungen innerhalb Foucaults Polen eines Willens zum Wissen über Sexualität der *sciencia sexualis* und nicht der auf Erfahrung gründenden und von Foucault als orientalisch bezeichneten *ars erotica* zu. Damit macht die

sind diese Darstellungen jedoch nicht nur als Alternative zur eigenen Kultur und zu eigenen Moralvorstellungen zu verstehen, sondern sind Teil kolonialer Verfahren, sich die fremde Kultur über die Vorstellung einer maximalen Sichtbarkeit, die der Blick in den Harem vermittelt, anzueignen.[6] Eine weitere, zentrale Denkordnung des Orientalismus stützt sich auf die Kategorie der Erfahrung. Hierbei interessiert Said vor allem die Frage, wie „professionelle Terminologie und Praxis geschaffen wurden", die den Diskurs über den Orient dominierten und ihm Gültigkeit gaben. Wichtig hierfür ist das persönliche Zeugnis der anderen Kultur, das oft mit einem Wohnsitz der Künstler und Schriftsteller in Nordafrika gleichgesetzt wurde. Said kategorisiert die unterschiedlichen Arten der Erfahrung und stellt fest, dass sie alle davon ausgehen, dass der Orient allein für den europäischen Betrachter existiert und immer wieder aufs Neue als erlösend für die Gegenwart ausgegeben wird.

Wie lassen sich diese von Said herausgearbeiteten Ordnungen des Orientalismus auf den Film „Submission" übertragen und wo zeigen sich Differenzen? Eine gewichtige Legitimation erhält der Film über die Sprecherposition Hirsi Alis, die sich auf ihre eigene Erfahrung gründet. Ali in Somalia geboren, floh 1992 in die Niederlande, um einer von der Familie arrangierten Heirat zu entgehen. „Seitdem", so der Klappentext ihres Buches „Anklage" (2004), „kämpft sie für ihre Schicksalsgenossinnen: damit sie nicht mehr nur ‚Söhnefabriken' sind, dass sie studieren können, dass endlich sie selbst – und nicht mehr die Männer – bestimmen können, wie sie leben wollen". Die

---

Autorin deutlich, dass es sich bei diesen Repräsentationen der fremden Kultur um Konstruktionen des Eigenen handelt.

[6] Für die Analyse französischer Literatur, die sich im 19. Jahrhundert mit dem Orient beschäftigt, verwendet Susanne Stemmler ebenfalls die Begriffe Blick und Sichtbarkeit, ihr Einsatz wechselt oft den theoretischen Kontext, aus dem sie entlehnt wurden. Sie sind abwechselnd psychoanalytisch, anthropologisch oder fotografietheoretisch zu verstehen. Koloniale Machtverhältnisse werden zwar erwähnt, finden jedoch in der Untersuchung keine Berücksichtigung. So „können Orientalismen als Konstellationen des Blicks beschrieben werden", wobei diese Konstellationen, Verhältnisse, Zusammenhänge, Perspektiven" gleichermaßen bedeuten (Stemmler 2004: 45). Gleichzeitig macht der Blick im Sinne postkolonialer Theorie, die sich gegen eine klare Subjekt/Objekt-Einteilung zwischen kolonialer Macht und Kolonialisierten wendet, „die nuancenreichen Wechselwirkungen einer Begegnung in der kolonialen Kontaktzone beschreibbar" (ebd.: 83).

eigene Erfahrung, Opfer islamischer Tradition geworden zu sein, befähigt nun für die Rolle der Kämpferin, die sich im Westen für die von islamischen Traditionen unterdrückte Frau einsetzt. Die biographische Erfahrung des Islam und seiner kulturellen Differenz macht ihre Position unangreifbar und ihren Kampf umso glaubwürdiger. Der Unterschied zu Schriftstellern und Künstlern des 19. Jahrhunderts liegt auf der Hand: Hirsi Ali geht es nicht darum, einen Orient als Fluchtort modernemüder Europäer zu schaffen, sondern dessen frauenverachtende Praxen öffentlich zu machen. Jedoch wird dieses Anliegen im Film mit Bildern vermittelt, die Stereotype des 19. Jahrhunderts aufgreifen. Während des Monologs um häusliche Gewalt und Religion sind im Film „Submission" vier Frauen zu sehen. Die wichtigste Figur ist die Sprechende, sie betritt barfuß den mit Ornamenten geschmückten Raum und breitet einen Teppich aus, auf dem sie zuerst in arabischer Sprache zu beten beginnt und dann ihr anklagendes Zwiegespräch mit Allah in Englisch fortführt. Neben ihr werden noch drei andere Frauen in dem Gebetsraum gezeigt, auf die in bestimmten Momenten des Monologs die Kamera schwenkt. Eine weitere Frau, Hirsi Ali selbst, trägt ein weißes, spitzenbesetztes Brautgewand und ist vom Betrachter abgewandt. Ihr nackter Rücken zeigt arabische Zeichen. In blitzartigen Fragmenten wird eine dritte Frau in einer Ecke liegend gezeigt, blutbefleckt, mit Blutergüssen und zerschlagenem Gesicht. Die vierte Frau trägt eine ebenfalls mit Kalligraphien besetzte schwarze Burka, die das Gesicht und den schwangeren Körper nur erahnen lassen. Vor allem die Sprecherin ist ambivalent ins Bild gesetzt. Ihr Gesichtsschleier betont die stark geschminkten Augen, die transparente Burka ihren nackten Körper. Die Kameraführung, die besonders häufig Brüste und Bauchnabel ins Bild bringt, baut eine Spannung zwischen dem Ort, dem Gebet und der Tradition der Verschleierung auf. Das Changieren zwischen Gewalt und Erotik ist eine beliebte Figur im Diskurs des Orientalismus. Das in dem anklagenden Monolog eingeforderte Selbstbestimmungsrecht der Frau im Islam wird durch die eingesetzten Bilder auf das Recht auf weibliche Sexiness reduziert.

Die Inszenierungsstrategie Erotisierung als Revolte einer Frau in einer an ein westliches Publikum gerichteten Repräsentation von Islam einzusetzen, verkennt die lange Tradition von Aktdarstellungen im Harem der orientalistischen Künstler sowohl in der Malerei als auch in der Atelierfotografie. Betrachtet man das Portrait „Orientalische Schönheit" von Alfred Stevens aus dem Jahre 1873[7] (Abb. 2), fällt die aufreizende Anordung auf. Mit leicht geneigtem Kopf blickt die „Orientalin" dem Betrachtenden entgegen, die Arme sind über dem Kopf zusammengeführt, sodass die entblößte Brust präsentiert wird. Auch auf dem Gemälde findet sich das Motiv des leicht und transparent wirkenden Stoffes, der die Nacktheit betont. Der ornamentierte Stoff, der goldene Riemen einer Veste (*ghlila*) unterhalb der Brust und die Kopfbedeckung sind wie im Film ethnographische Markierungen, die zum einen den weiblichen Körper exotisieren und zum anderen dessen Nacktheit als eine kulturell fremde konnotieren. Die Darstellung der Brust ist weder mythologisch noch in eine biblische oder historische Erzählung eingebunden, sondern verweist auf die Laszivität und Sinnlichkeit des Orients. In „Submission" wirkt die Verbindung aus durchsichtiger Burka der Sprecherin und dem Adressat der Rede, also Allah, provokativ und greift zudem die Bildtradition der sinnlichen Orientalin auf.

Abb. 2: Alfred Stevens, „Orientalische Schönheit", in: Belgin (2005: 43).

---

[7] Das Ölgemälde hat die Maße 76 x 56 cm und befindet sich heute in Privatbesitz.

Die durchsichtige Burka

Nicht nur in der Malerei des 19. Jahrhunderts wurde diese Ikonographie verwendet, sondern auch in der Atelierfotografie. Von europäischen Fotografen für ein europäisches Publikum in den französischen Kolonien eingerichtet, waren diese Ateliers vor allem Produktionsstätten kolonialer Postkarten, die nach Frankreich verschickt wurden. Die Schwarzweißfotografie „Mauresque" aus dem Jahre 1890, aufgenommen in Algerien, weist sich nur zum Teil als ethnographisches Portrait aus (Abb. 3). So sind Kopfbedeckung (*chéchiya*), Kopfumhang (*haik*), Ohrschmuck (*khros*) und der das Dekor bildende Teppich als traditionell einzuordnen, der Titel ist jedoch eine koloniale Wortneuschöpfung, die keine indigene Ethnie bezeichnet, sondern alle nordafrikanischen Frauen.

Abb. 3: Anonym, „Mauresque, Algérie", in: Taraud (2003: 68).

Das merkwürdig ausgeschnittene Kleid aus weißem, transparentem Stoff zeigt wie das gemalte Portrait die nackten Brüste und bekommt seine aufreizende Bedeutung durch die Kombination mit der kulturell fremden Kleidung. Das gerade geschnittene Gewand lässt den Körper auf der Fotografie in die Fläche verschwinden, die entblößten Brüste wirken absurd innerhalb dieser Anordnung. Anders als in der Malerei, wo die Brüste die Sinnlichkeit des Orients ausstellen, verweisen sie hier auf die koloniale Situation im Atelier, die zum einen die orientalische Frau erst erschafft und zum anderen über deren maximale Sichtbarkeit die Machtasymmetrie kolonialer Verhältnisse verbildlicht. Auch wenn „Submission" nicht innerhalb kolonialer Hierarchien entstanden ist, ist das Spiel von Ver- und Enthüllen des weiblichen Körpers innerhalb orientalisierter Bildtraditionen des 19. Jahrhunderts zu verorten. Anhand der Ikonographie der erotisierten „Orientalin", die im Film unter der Gewalt ihrer eigenen Familie zu leiden hat, werden islamische Gesellschaften als rückständig, martialisch und irrational-religiös konstruiert und dienen als Gegensatz zu einem aufgeklärten, demokratischen und toleranten Westen.

Nach dem Mord an Theo van Gogh und im Kontext des 11. September 2001 sowie der Anschläge in Madrid und London bildeten sich in den deutschen Massenmedien anhand der Stellung der Frau im Islam die Diskussionen um „Integration", „Leitkultur" und „Parallelgesellschaften" ab. So illustrierte *die tageszeitung* vom 4.10.2004 die Debatte um den EU-Beitritt der Türkei mit Plakaten der verschleierten Frau (Abb. 4). *Der Spiegel* vom 15.11.2004 nahm den Mord an dem Regisseur zum Anlass für eine Titelstory über Zwangsheirat, Gewalt in der Ehe, das Kopftuch und Fundamentalis-mus, worunter in Deutschland lebende Musliminnen zu leiden hätten, und bestätigte mit Reportagen und Interviews genau die Perspektive auf die Frau im Islam, die van Gogh und Hirsi Ali vorgeben. Die Kopftuchdebatte bildet den Paradekonflikt der multikulturellen Gesellschaft, wird aber in Reportagen einseitig als Gewalt gegen Frauen vermittelt. Tiefer gehende Konflikte, wie der zwischen Säkularisierung und Minderheitenreligion oder generell der Umgang mit Minderheiten und die Frage, wie das Recht der Frau auf Selbstbestimmung jenseits westlicher Vorstellungen aussehen kann, wurden völlig ausgeblendet (vgl. hierzu: Oestreich 2004). So forderte Alice Schwarzer (2004: 70), die die „Multikulti-Ideologie" für verlogen hält,

Abb. 4: Cover: *die tageszeitung*, 4.10.2005.

das Kopftuchverbot, da die Islamisten ihrer Meinung nach in Deutschland seit Mitte der 1980er-Jahre gezielt Propaganda machten, die das demokratische Bildungswesen und den Rechtstaat mit der Scharia unterwandert. Die Flagge dieses Kreuzzugs – Schwarzer wählt hier eine religiös-mittelalterliche Metapher, um die archaischen Methoden des Orients zu beschreiben – sei das Kopftuch.

Dieses Beispiel führt vor Augen, wie politische und gesellschaftliche Debatten ebenso wie die Bilder des Films die orientalische Frau als Schauplatz des Umgangs mit kultureller Differenz einsetzen. „Submission" arbeitet mit einer Bildsprache, die die Orientalin erotisiert und den Orient gleichzeitig martialisiert. Dies bedeutet jedoch nicht, dass diese Bilder als historische ausgewiesen sind. Ganz im Gegenteil wird deren schon im 19. Jahrhundert bestehende Botschaft, dass der Orient als das Andere des Westens unterworfen und kolonialisiert werden muss, nun in aktuellen Diskussionen dahingehend umgemünzt, dass die islamische Geschlechter- wie Religionsideologie einen Angriff auf die westliche, demokratische Gesellschaftsordnung darstellt. Feministische Forderungen nach dem Selbstbestimmungsrecht der islamischen Frau werden mit Ordnungen des Orientalismus belegt. Diese Orientalismen dienen gleichzeitig als Legitimation und Bestätigung für den Umgang mit islamischen Einwanderern und ihrer Kultur im Westen, deren Alterität im Namen des Feminismus verworfen wird. Judith Butler weist diesen Mechanismus anhand des Vorgehens der Bush-Regierung nach, die ihren militärischen Einsatz in Afghanistan unter feministische Vorzeichen gestellt hatte und mit der Befreiung der Frauen begründete. Sie kritisiert die Gleichsetzung von Feminismus und Werten, die „vorsätzlich ignorierten kulturellen Kontexten oktroyiert werden" (Butler 2005: 59). Der Feminismus würde so zu einem kolonialen Projekt, in dem „weiße Männer, die braunen Frauen vor braunen Männern retten wollen" (ebd., hier Spivak 1999: 303 zitierend). Universelle feministische Ansprüche verkennen Handlungsfähigkeiten von Frauen anderer Kulturen. Außerdem sei die Gleichsetzung von fehlenden Möglichkeiten mit dem Schleier oder der Burka ein Missverstehen kultureller Bedeutungen (ebd.: 65). Übertragen auf „Submission" lässt sich abschließend sagen, dass die Polemik gegen den Islam nicht nur Alterität ignoriert, um im Namen des Feminismus einer Stimmung das Wort zu reden, die Islam und Terror mit Islam und Geschlechterverhältnissen gleichsetzt, sondern auch Ordnungen des Orientalismus im 19. Jahrhundert mithilfe einer weiblichen Opferposition aktualisiert. Die aufgefrischten Orientalismen als Alternative zu bestehenden Verhältnissen der Frau im Islam einzusetzen, vermittelt keine überzeugende politische Utopie, sondern bestätigt nur den eigenen Blick.

Literatur

Belgin, Tayfun (Hg.) (2005): Harem. Geheimnis des Orients, Krems u. Wien.

Butler, Judith (2005): Gewalt, Trauer, Politik, in: dies.: Gefährdetes Leben. Politische Essays, Frankfurt/M., S. 36-68.

Clifford, James (1980): Orientalism, in: History and Theory, Bd. 19.2, S. 204-223.

DelPlato, Joan (2002): Multiple Wives, Multiple Pleasures. Representing the Harem, 1800-1875, Cranbury u. London.

Hirsi Ali, Ayaan (2004): Ich klage an. Plädoyer für die Befreiung der muslimischen Frau, München u. Zürich.

Leeuw, Marc de/Wichelen, Sonja von (2005): „Please Go Wake up!": Submission, Hirsi Ali, and the „War on Terror" in the Netherlands, in: Feminist Media Studies, Bd. 5.3, S. 325-40.

Lewis, Reina (1996): Gendering Orientalism. Race, Feminity and Representation, London.

Minnaard, Liesbeth (2005): Hafid Bouazzas Fliegender Teppich. Die Imagination eines niederländischen Arkadiens, in: Graduiertenkolleg Identität und Differenz (Hg.): Ethnizität und Geschlecht. (Post)koloniale Verhandlungen in Geschichte, Kunst und Medien, Köln u. Weimar, S. 263-280.

Nochlin, Linda (1983): The Imaginary Orient, in: Art in America, Bd. 9/10, S. 119-131.

Oestreich, Heide (2004): Der Kopftuchstreit. Das Abendland und ein Quadratmeter Islam, Frankfurt/M.

Said, Edward (1978): Orientalism, London.

Scheffler, Thomas (1995): Exotismus und Orientalismus, in: kultuRRevolution, Bd. 32/33, S. 105-111.

Schwarzer, Alice (2004): Augen fest verschlossen, in: Der Spiegel 47, S. 70.

Spivak, Gayatri Chakravorti (1999): A Critique of Postcolonial Reason: Toward a History of the Vanishing Present, Cambridge.

Stemmler, Susanne (2004): Topografien des Blicks. Eine Phänomenologie literarischer Orientalismen des 19. Jahrhunderts in Frankreich, Bielefeld.

Taraud, Christelle (2003): Mauresques. Femmes orientales dans la Photographie coloniale 1860-1910, Paris.

Gregor Straube

Geschlechterpädagogische Jugendarbeit – Theorien, Konzepte, Praxis

I

Spätestens mit der Frauenbewegung ab den 1960er-Jahren und feministischer Forschung steht außer Frage, dass Geschlecht eine soziale Kategorie ist, die nicht nur Individuen zuordnet, sondern auch Wissen formatiert. Wissenschaftliche Diskussionen drehen sich immer wieder um die Frage, wo und wie vergeschlechtlichte Perspektiven in der Produktion von Wissen wirksam sind und waren. Diese vergeschlechtlichten Perspektiven schreiben sich nicht nur in formal wissenschaftliche Wissensbestände ein – inklusive des Wissens über Geschlecht –, sondern strukturieren auch Alltagshandeln.

In der geschlechterpädagogischen Jugendarbeit wird eben dieses Alltagshandeln und damit das implizite Wissen der Jugendlichen über *Geschlecht* thematisiert. Für PädagogInnen stellt sich damit immer wieder von Neuem die Frage, wie mit dem eigenen Wissen und dem Wissen der Jugendlichen über Geschlecht in der konkreten geschlechterpädagogischen Arbeit umzugehen sei.

Ziel geschlechterpädagogischer Arbeit ist es, den Jugendlichen nahe zu bringen, dass die heteronormative Geschlechterordnung eine soziale Konstruktion ist. Geschlecht wird sowohl als gesellschaftliche als auch als individuelle Subjektivierungskategorie thematisiert. Ausgangspunkt ist die Kritik der Geschlechterordnung als Herrschaftsstruktur. Während geschlechterpädagogischer Projektschultage erhalten die Jugendlichen die Möglichkeit, diese Ordnung als solche zu erkennen. Damit wird ihnen die Möglichkeit an die Hand gegeben, sich kritisch mit dieser Ordnung auseinanderzusetzen.

Ich bilde in diesem Artikel keine Theoriedebatte ab. Ich zeige, wie sich in der geschlechterpädagogischen Praxis Geschlecht als strukturierte und strukturierende Kategorie einschreibt. Damit leiste ich einen Theorie-Praxis-Abgleich. Anhand der Koedukationsproblematik werde ich die Verknüpfung von Theorie und Praxis herausarbeiten. Für dieses Vorgehen von der Praxis her sprechen mehrere Gründe.

Erstens: Die theoretischen Debatten in den Geschlechterstudien sind bereits weitgehend durchdekliniert. Die verschiedenen Vorstellungen von

Geschlecht und Subjekt stehen einander gegenüber, und die Irrtümer der je anderen Positionen sind herausgearbeitet und bieten somit relativ wenig Neues. Mit dieser Theorie-Praxis-Verknüpfung verhindere ich, dass die Diskussion auf der Ebene der theoretischen Begriffserörterung bleibt und die praktische Arbeit aus dem Blick gerät.

Zweitens: Pädagogische Praxis ist komplexer als ein einfaches Gegenüber verschiedener theoretischer Positionen. PädagogInnen sind immer wieder mit unterschiedlichen und teilweise auch widersprüchlichen Wissensformationen über Geschlecht konfrontiert, mit denen es zu arbeiten und zwischen denen es zu vermitteln gilt. Damit können sich Situationen völlig unterschiedlich darstellen und unterschiedliche Lösungen verlangen.

Drittens: Das Verhältnis pädagogischer Praxis und theoretischer Arbeit. Im Durchdeklinieren der Koedukationsdebatte und der immanenten theoretischen Debatten wird deutlich, dass theoretische Diskussionen nicht rein akademische Spielereien sind. Es zeigt sich, dass geschlechterpädagogische Praxis immer schon „theoriegeladen" ist.

II

Die Kategorie Geschlecht ist auf mehreren Ebenen für die Pädagogik relevant. Ein Verdienst feministischer Erziehungswissenschaft ist, dass aufgezeigt werden konnte, wie Geschlecht als implizit wirksame Kategorie Bildungsprozesse strukturiert. Dies reicht von der Belegungspraxis von Arbeitsstellen (vgl. Faulstich-Wieland 2004: 213) bis zu der Ausrichtung von Lehrplänen und offener Jugendarbeit an Jungen (vgl. Kreienbaum 1995: 37ff.). Feministische Pädagogik hat diese Strukturen und die zugrunde liegenden sexistischen Annahmen offen gemacht und kritisiert (vgl. Bönold 2003: 142ff).

Der feministischen Kritik liegen zwei Annahmen zugrunde. Erstens, dass Jungen und Mädchen unterschiedliche Bedürfnisse haben. Zweitens, dass Geschlecht im Sinne von Geschlechtsidentität etwas Erworbenes, Gelerntes und Reproduziertes ist. Diese zwei Positionen sind nur scheinbar gegensätzlich, da die Jugendlichen sich an dem orientieren, was sie in dem heteronormativ strukturierten Raum vorfinden, und sich dazu entweder positiv oder negativ in Beziehung setzen.

Geschlechterpädagogische Jugendarbeit

Pädagogik – Wissenschaft und pädagogische Praxis – ist auf Persönlichkeitsbildungsprozesse gerichtet. Dementsprechend hat Pädagogik als Wissenschaft der Bildungsprozesse die Aufgabe, zu analysieren wie in der Pädagogik als Praxis der Bildung eine Geschlechterordnung re/produziert wird. In diesem Text ist das Augenmerk dabei auf die impliziten theoriegeladenen, vergeschlechtlichten Annahmen gerichtet, welche die pädagogische Arbeit strukturieren beziehungsweise Begründungen für Handlungsoptionen pädagogischer Praxis liefern.

Koedukation meint die gemeinsame Erziehung von Jungen und Mädchen und wurde in der Bundesrepublik im höheren Schulwesen hauptsächlich durch die Öffnung der Jungengymnasien für Mädchen sukzessive eingeführt. Dies verbesserte zunächst den Zugang von Mädchen zur höheren Bildung über die Vermehrung der Möglichkeiten einen höheren Schulabschluss zu machen. In den 1980er-Jahren ist das koedukative Schulsystem jedoch von feministischer Seite aus in die Kritik geraten, da sich trotz verbesserter Bildungsmöglichkeit vergeschlechtlichte Strukturen, Verhaltensmuster und Normen und damit die Diskriminierung von Frauen fortschrieben (vgl. Kreienbaum 1992; Bönold 2003).

Wenn die Ordnung der Geschlechter kritisch hinterfragt werden soll, müssen die Orte ihrer Re/Produktion betrachtet werden. Ist das Anliegen der Geschlechterpädagogik, den Jugendlichen die Möglichkeiten an die Hand zu geben, sich mit der Ordnung der Geschlechter kritisch auseinanderzusetzen, stellt sich die Frage, ob dies besser in getrennten oder gemischten Gruppen geschieht. Vor dem Hintergrund einer Kritik der heteronormativen Geschlechterordnung muss man darüber hinaus fragen, welche Form von Ordnung durch eine Trennung in Jungen und Mädchen fortgeschrieben wird. Von diesem Ansatzpunkt ausgehend, wird aber auch die Verknüpfung von Geschlecht mit anderen Subjektivierungskategorien deutlich. Nicola Gast von der Haar (2001: 184f.) spricht von „multipler Zugehörigkeit", wobei sie konkrete vergeschlechtlichte Subjektpositionen eben gerade nicht unabhängig von anderen „Zugehörigkeiten" verstanden wissen will.

Damit will ich verschiedene Diskussionen, die bisher in der Pädagogik randständig sind (vgl. Nestvogel 2001: 240), ins Blickfeld rücken und eine, wie Bönold (2003) feststellt, mangelhafte Theoretisierung einen Schritt weiter bringen.

III

Ein zentrales Argument für das Arbeiten in geschlechtsgetrennten Gruppen ist, dass die Jugendlichen sich bereits in einer vergeschlechtlichten Struktur bewegen. Sie haben ein implizites Wissen, auf das sie ihr Alltagshandeln gründen, und schreiben damit auch ihre je eigenen vergeschlechtlichten Positionen innerhalb dieser heteronormativen Struktur performativ fort. Ein Moment dieser Ordnung ist die Eindeutigkeit der geschlechtlichen Zuordnung in eine der beiden zur Verfügung stehenden Kategorien. Abweichung von bzw. Unsicherheit über und in diesen Kategorien wird marginalisiert oder pathologisiert.

Neben der individuellen Ebene der Selbstverhältnisse und Interaktionen gibt es die strukturelle Ebene (vgl. Bönold 2003: 103ff.). Kollektives implizites Wissen schreibt sich in gesellschaftliche Strukturen und Institutionen ein. Die Mädchen setzten sich zu sich selbst und ihrer Umwelt als Mädchen und die Jungen als Jungen in Beziehung und werden von ihrer Umwelt als solche in Beziehungen gesetzt. Dies folgt nicht deterministischen Mechanismen, sondern kann von Bruch und Ablehnung bis zur Überaffirmation reichen (vgl. Connell 1999).

In der heteronormativen Geschlechterhierarchie sind Mädchen sowohl dem Dominanzverhalten der Jungen als auch strukturellen Benachteiligungen ausgesetzt. Nach Geschlecht getrennte Gruppen stellen daher insbesondere für Mädchen einen Schutzraum dar (Kreienbaum 1995).

Ausgehend von der Vorannahme eines geteilten vergeschlechtlichten Erfahrungshintergrundes, über den zunächst Klarheit hergestellt werden muss, ist geschlechtshomogene Gruppenarbeit ein sinnvoller erster Schritt. In diesem Rahmen können Vorstellungen über das eigene, aber auch das andere Geschlecht bzw. die damit verknüpften Unsicherheiten und Unklarheiten zur Sprache kommen.

Über die Beschäftigung mit sich – den eigenen Ansprüchen, Wünschen und Erwartungen an sich selbst und das Gegenüber – wird das Verhältnis der Geschlechtlichkeiten thematisiert. Die Beschäftigung mit eigenen vergeschlechtlichten und vergeschlechtlichenden Erfahrungen, Erwartungen und Problemen ist noch nicht zwingend ein Arbeiten an und mit den Konstituierungsmechanismen von Geschlechtlichkeit. Übernimmt man Fritjof Bönolds

Geschlechterpädagogische Jugendarbeit

Forderung (2003: 65), dass sowohl das Verhältnis der Geschlechtlichkeiten *als auch* deren Konstitutionszusammenhang thematisiert werden muss, ist an diesem Punkt nur die eine Hälfte dieses Anspruchs eingelöst. Es gilt die spezifischen Mechanismen der Vergeschlechtlichung und ihrer gesellschaftlichen Konstituierung zu klären.

Kaiser (2001: 219) stellt fest, dass die Verschiebung der Mechanismen der Vergeschlechtlichung nur durch einen langen interaktiven Prozess erreichbar ist und nicht durch apodiktische Setzungen und Zuschreibungen von Androgynie. Aus einer heteronormativitätskritischen Perspektive ist die dichotomisierende Struktur der Geschlechterordnung bereits als problematisch zu überdenken. Es muss gefragt werden, an welchen Stellen dieser Prozesse Brüche und Verschiebungen auftauchen und wo die heteronormative Geschlechterordnung re/produziert wird.

Die Arbeit in getrennten Gruppen löst die aufgestellte Forderung „das Geschlechterverhältnis, also die strukturellen und interaktiven Bedingungen der geschlechtsstereotypisierenden Sozialisation zu verändern" (Kaiser 2001: 206f.) nur bedingt ein. Besonders in Bezug auf die Koedukationsproblematik stellt sich die Frage, ob und wie durch dieses Werkzeug die heteronormative Geschlechterordnung und deren Hervorbringungsmechanismen verschoben oder re/produziert werden.

Das Arbeiten in geschlechtshomogenen Gruppen lässt sich mit dem Argument kritisieren, dass damit eine Geschlechterordnung reproduziert wird, welche die Geschlechterdichotomie als ahistorisch und Geschlechtszugehörigkeit damit als essentiell begreift. Mit dieser Bewegung wird eine Struktur der eindeutigen geschlechtlichen Verortung fortgeschrieben, die es erlaubt, Eigenschaften an ein Geschlecht gekoppelt zu betrachten und eine Geschlechterhierarchie zu etablieren.

Verstehen lässt sich die Koedukationsproblematik nur, wenn die Argumentationsstrukturen für und gegen die Alternativen gemischt- oder getrenntgeschlechtlichen Arbeitens genauer betrachtet werden. Hierfür setze ich an dem Punkt der vergeschlechtlichten Erfahrung an. Erfahrung ist als Prozess zu begreifen, in dem sich Individuen durch ihr Agieren im Geschlechterdispositiv als vergeschlechtlichte konstituieren. Der unterschiedliche Erfahrungshintergrund ist nicht biologisch, essentiell begründet, sondern dadurch, dass die Jugendlichen sich in einer vorgefundenen Struktur bewegen.

Die je eigene Geschlechtlichkeit ist durch das Wissen der Jugendlichen über die Geschlechterordnung formatiert. Die Ordnung der Geschlechter ist jedoch nicht statisch, sondern re/produziert sich performativ durch nicht determinierte Bezugnahmen (vgl. Butler 1991). Eines der momentan zentralen Merkmale ist die Zweigeschlechtlichkeit und deren hierarchische Ordnung.

In getrennten Gruppen können die geschlechtsspezifischen Gemeinsamkeiten thematisiert werden. Es kann herausgearbeitet werden, was an diesen verschiedenen Punkten als je spezifisch für das eine oder das andere Geschlecht wahrgenommen wird. Damit wird das implizite Wissen, an das im Arbeiten mit getrenntgeschlechtlichen Gruppen angedockt wird, expliziert und dem Zugriff zugänglich gemacht. Die Jugendlichen werden mit ihren Problemen und Fragen ernst genommen, und an diesen wird angesetzt. Arbeiten in getrennten Gruppen ist demnach der Bedürfnisorientierung geschlechterpädagogischen Arbeitens geschuldet.

Differenztheoretisch geprägte Feminismen gehen von einer inhärenten Verschiedenheit der Geschlechter aus. Geschlechterpädagogische Jugendarbeit hätte dementsprechend die Aufgabe, in einer Gesellschaft, die Geschlecht hierarchisch ordnet, diese Hierarchie abzubauen. Dies geschieht dann durch das Herausarbeiten des spezifisch Weiblichen – und als Übertrag: des spezifische Männlichen – und der Explizierung der Mechanismen, durch die das Männliche über das Weibliche gestellt wird.

Bei diesen Ansätzen geht es insbesondere aus der Perspektive feministischer Pädagogik darum, durch die positive Bezugnahme auf das eigene Geschlecht die Bezogenheit auf das andere Geschlecht und damit ein hierarchisches Abhängigkeitsverhältnis der Geschlechter zu überwinden (vgl. Glücks 1994: 118ff.). Vor dem Hintergrund der Abwertung des „Weiblichen" und der Pathologisierung und Abstrafung von abweichendem Verhalten, ist diese Argumentation auf einer pragmatisch-politischen Ebene aus feministischer Perspektive strategisch sinnvoll. Aber auch der von Holger Karl (1994: 152) konstatierte und auch heute noch zu beobachtende Nachholbedarf an Auseinandersetzung mit Geschlecht von Seiten der Männer und damit auch der Jungen rechtfertigt diesen Schritt.

Auf einer theoretischen Ebene stellt sich ein anderes Problem, das dann wiederum auch auf die pädagogische Praxis zurückwirkt. Als Grobziel geschlechterpädagogischen Arbeitens habe ich definiert, dass die Jugendlichen die Möglichkeit und die Kompetenz haben sollen, sich kritisch mit der Ordnung der Geschlechter auseinanderzusetzten. Mit der Explizierung der vergeschlechtlichenden und hierarchisierenden Mechanismen ist ein Teilaspekt der kritischen Reflexion der Ordnung der Geschlechter geleistet. Gleichzeitig wird jedoch Zweigeschlechtlichkeit als zugrunde liegende Struktur implizit fortgeschrieben. Aus der Perspektive differenztheoretisch geprägter Feminismen ist diese Struktur fundamental und damit das Endziel feministischer Pädagogik erreicht. Unhinterfragt bleibt die Struktur der Zweigeschlechtlichkeit, ohne welche die momentan hegemoniale heteronormative Geschlechterordnung nicht denkbar ist.

Geschlecht wird als Kategorie gedacht, die unter einer gesellschaftlichen Überformung einen ahistorischen „Kern" hat. Das bedeutet, dass dieser „Kern" jenseits gesellschaftlicher Veränderungsprozesse steht, was sich z.B. auch bei Robert Connell (1999) findet.

Ein weiterer notwendiger Schritt in der theoretischen Analyse ist es daher, nach den Mechanismen der Hervorbringung der Geschlechterdichotomie zu fragen. Dabei gehe ich weder von einer Vorgängigkeit der Hierarchie noch einer der Geschlechterdichotomie aus. Vielmehr ist von einem Konstituierungsprozess auszugehen, in dem die Geschlechterdualität gleichzeitig mit ihrer hierarchischen Struktur hervorgebracht wird.

Was bedeutet dies dann für die pädagogische Praxis? Ein erster Schritt ist die Reflexion der eigenen vergeschlechtlichten Subjektposition. Es kann aus den oben angegebenen Gründen sinnvoll sein, diesen ersten Schritt in getrenntgeschlechtlichen Gruppen zu machen.

In einem zweiten Schritt kann dann in geschlechtshomogenen Gruppen die eigene Gruppe auf Differenzen in ihr selbst befragt werden. Die vereinheitlichende Geschlechtsidentität wird dekonstruiert, und Unterschiede zwischen Individuen treten hervor. Geschlecht wird als Subjektivierungskategorie deutlich, die neben anderen Kategorien steht. Im konkreten Reflexionsprozess ist es möglich herauszuarbeiten, wie Subjektpositionen in kontingenten, multivalenten Prozessen hervorgebracht werden, in denen Geschlechtlichkeiten nur in Beziehung mit anderen Subjektivierungskategorien gedacht werden können. Marita Kampshof (2001) verweist auf britische Diskussionen, in denen die Gleichzeitigkeit von sozialer Herkunft, Geschlecht und kulturellem/ethnischem Hintergrund deutlich wird. Die spezifischen vergeschlechtlichten Positionen konstituieren sich durch das Ineinandergreifen verschiedener Dispositive.

Die je konkreten Geschlechtsidentitäten sind jedoch nicht völlig auf das Ineinandergreifen der in und mit dem Sexualitäts-/Geschlechterdispositiv interagierenden Dispositive abbildbar. Frauen und Männer gleicher kultureller und sozialer Herkunft, gleichen Alters und vergleichbarer körperlicher und geistiger Befähigung können völlig unterschiedliche Weiblichkeiten respektive Männlichkeiten ausbilden. Männlichkeit und Weiblichkeit sind dementsprechend im Plural zu denken (vgl. Connell 1999).

Begreift man Subjektkonstituierung als Prozess, in dem verschiedene Dispositive gleichermaßen und gleichzeitig ineinandergreifen, kann nicht von einer kategorieimmanenten Überordnung einer dieser Kategorien über die anderen ausgegangen werden. Wenn in der Geschlechterpädagogik argumentiert wird, dass diese Arbeit *nur* in geschlechtshomogenen Gruppen möglich ist, wird Geschlecht ein immanenter Sonderstatus vor anderen Kategorien eingeräumt und damit eine hierarchische Struktur der Subjektivierungskategorien etabliert. Das bedeutet nicht, dass nicht getrennt gearbeitet werden darf. Vielmehr richtet sich die Kritik gegen die Argumentationsstruktur, mit der das Arbeiten in getrennten Gruppen als zwingend festgestellt wird.

Inhaltlich lässt sich die Verknüpfung verschiedener Subjektivierungsmechanismen sowohl kognitiv als auch erfahrungsorientiert problemlos vermitteln. Auf der methodischen Ebene muss hinsichtlich der Koedukationsproblematik – Fortschreibung der Geschlechterordnung und Hierarchisierung von Subjektivierungskategorien – nach Möglichkeiten gesucht werden, wie diese Probleme umgangen werden können.

Die theoretischen Debatten, die sich in diesem Punkt mit der geschlechterpädagogischen Praxis kreuzen, beschränken sich nicht auf Diskussionen, die rein feministischen Ursprungs sind. So wurde z.B. der westeuropäische Mainstreamfeminismus von Frauen aus marginalisierten, ethnischen Minderheiten einer Kritik unterzogen (vgl. Hooks 1994). Es wurde auf die Verschränkungen der Kategorien Rasse und Geschlecht hinwiesen, der repräsentative Anspruch dieses Feminismus angezweifelt und die in diesem Repräsentativitätsanspruch implizit enthaltene rassistische Struktur kritisiert.

Geschlechterpädagogische Jugendarbeit

Ab den 1980er-Jahren gab es Versuche, einem Subjektbegriff, der auf ein ahistorisches, authentisches Subjekt Frau rekurriert, Subjektivierungskonzepte entgegenzustellen, die Subjekte als in und durch verschiedene Dispositive hervorgebracht und die Irreduzibilität dieser Strukturen als konstitutiv begreifen (vgl. Anzaldua 1997; Haraway 1995). Ein Moment, das sich durch diese begrifflichen Neubestimmungen zieht, ist die Ablehnung eines konstitutiven ahistorischen Kerns des Subjekts. Damit wird ein Identitätskonzept verworfen, das als vereinheitlichendes Band einer Gruppe fungiert, Differenzen negiert und als Ausschließungsmechanismus wirkt. Die Identität eines Individuums auch als vergeschlechtlichtes ist somit keine abgeschlossene Einheit, weder zeitlich noch kategorial. Für die geschlechterpädagogische Arbeit hat das die Konsequenz, dass die Jugendlichen nicht auf ihr Geschlecht reduziert werden dürfen.

IV

Es lassen sich zwei relevante theoriegeladene Punkte festhalten. Es muss von einer Polyvalenz der Geschlechter, also von Weiblichkeiten und Männlichkeiten, aber auch von der Historizität und damit Möglichkeit der Veränderung und Verschiebung des Geschlechterdispositivs ausgegangen werden. Zudem muss in der Arbeit Beachtung finden, dass Geschlecht nur ein Dispositiv ist, in dem Jugendliche in Subjektivierungsprozesse eingebunden sind. Dementsprechend müssen sowohl die vielfältigen Weiblichkeiten und Männlichkeiten als auch die Verknüpfung von Geschlecht mit anderen Subjektivierungskategorien und Mechanismen thematisiert werden.

Auf einer inhaltlichen Ebene sollte Subjektivierung so thematisiert werden, dass neben dem konstruierten Status von Geschlechtlichkeit auch die Verknüpfung von vergeschlechtlichenden Mechanismen und anderen Subjektkonstituierungsmechanismen deutlich wird. Dies geschieht durch Explizierung derjenigen Momente dieser Mechanismen, in denen sie mit Prozessen der Vergeschlechtlichung interagieren. Trennt man in der pädagogischen Arbeit die Jugendlichen an den Verwerfungslinien verschiedener Subjektivierungsprozesse – z.B. Mädchen und Jungen oder Jugendliche migrantischen und nicht migrantischen Hintergrunds – gilt es diese Trennung zu thematisieren. Das Trennen und Mischen von Gruppen wird an dem Punkt zum pädagogischen Werkzeug, an dem die Verwerfungslinien der Trennung thematisiert werden. Dabei soll klar werden, dass die Trennung nicht in einer ahistorischen und vereinheitlichenden Natur dieser Verwerfungslinie begründet liegt.

In der geschlechterpädagogischen Arbeit bedeutet das für mich, dass nicht nur nach Geschlecht getrennt oder gemischt wird, sondern auch nach anderen Zugehörigkeiten. Die Einbeziehung anderer Subjektivierungsmechanismen ist nötig, da sich Geschlecht nicht unabhängig von ihnen konstituiert. Es soll ein Austausch zustande kommen darüber, was es heißt, Mädchen oder Junge mit migrantischem Hintergrund respektive Eingeborene/r zu sein, was besonders mit Jugendlichen der zweiten oder dritten Migrantengeneration zu spannenden Diskussionen führen kann. Dies bedeutet für die Frage der Koedukation, dass sowohl in homogenen Gruppen als auch in gemischten Gruppen gearbeitet wird.

Ich gehe damit über gängige geschlechterpädagogische Konzepte hinaus, nach denen in geschlechtshomogenen Gruppen und gemischtgeschlechtlichen Plena gearbeitet wird (vgl. Faulstich-Wieland 1995: 161). Eine Möglichkeit, mit den herkömmlichen identitätsstiftenden Kategorien zu brechen und die Gruppen nach ganz anderen Kriterien einzuteilen. Es lassen sich Gruppeneinteilungsmechanismen benutzen, die nicht an den Verwerfungslinien gängiger Subjektivierungsmechanismen entlanglaufen, wie zum Beispiel freche/laute und brave/leise Jugendliche, gut in Sport und gut in Kunst oder mit langen und kurzen Haaren. Dadurch wird auf den von Jutta Hartmann gestellten dekonstruktiven Anspruch, das eigene Arbeiten auf norm(alis)ierende Mechanismen hin zu überprüfen, hingearbeitet (Hartmann 2001: 266).

Literatur

Anzadula, Gloria (1997): La conciencia de la Mestiza, towards a new Consciousness; in: Conboy, Katie u.a. (Hg.): Writing on the Body. Female Embodiement and Feminist Theory, Chichester u. New York, S. 233-245.

Bönold, Fritjof (2003): Geschlecht – Subjekt – Erziehung. Zur Kritik und pädagogischen Bedeutung von Geschlechtlichkeiten in der Moderne, Herbolzheim.

Butler, Judith (1991): Das Unbehagen der Geschlechter, Frankfurt/M.

Connell, Robert (1999): Der gemachte Mann. Konstruktion und Krise von Männlichkeiten, Wiesbaden.

Faulstich-Wieland, Hannelore (1995): Geschlecht und Erziehung, Darmstadt.

Faulstich-Wieland, Hannelore (2004): Genderforschung, in: Krüger, Heinz Herrmann (Hg.): Wörterbuch Erziehungswissenschaft, Wiesbaden, S. 210-215.

Faulstich-Wieland, Hannelore/Gast von der Haar, Nicola (2001): Soziale Konstruktion von Gender in schulischen Interaktionen in der Sekundarstufe I. Werkstattbericht aus einem Forschungsprojekt, in: Lemmermöhle/Schlüter, S. 173-188.

Glücks; Elisabeth (1994): Parteiliche Mädchenarbeit: Wachstum in Würde – Wege aus dem Exil in patriarchalen Strukturen, in: dies. / Ottmeier-Glücks, S. 116-132.

Glücks, Elisabeth/Ottmeier-Glücks, Franz-Gerd (Hg.) (1994): Geschlechtsbezogene Pädagogik, Münster.

Haraway, Donna (1995): Die Neuerfindung der Natur. Primaten Cyborgs und Frauen, Frankrurt/M. u. New York.

Hartmann, Jutta (2001): Normierung und Normalisierung in der Debatte um Lebensformen – Versuch einer dekonstruktiven Bearbeitung für die Pädagogik, in: Lemmermöhle/Schlüter, S. 256-267.

Hooks, Bell (1994): Black Looks, Berlin.

Kaiser, Astrid (2001): Schulversuch in der Grundschule zur Dekonstruktion von Geschlechterstereotypen, in: Lemmermöhle/Schlüter, S. 205-222.

Kampshoff, Marita (2001): Wege zur Gleichstellung. Internationale Beispiele für Schulpolitik aus der Geschlechterperspektive, in: Geißel, Brigitte/Seemann, Birgit (Hg.): Bildungspolitik und Geschlecht. Ein europäischer Vergleich, Opladen, S. 45-66.

Karl, Holger (1994): Der ehrenhafte Abschied des Panzersoldaten – Grundlagen antisexistischer Jungenarbeit, in: Glücks/Ottmeier-Glücks, S. 133-154.

Kreienbaum, Elisabeth (1992): Erfahrungsfeld Schule. Koedukation als Kristallisationspunkt, Weinheim.

Lemmermöhle, Doris/Schlüter, Anne (Hg.) (2001): Lesarten des Geschlechts. Zur De-Konstruktionsdebatte in der erziehungswissenschaftlichen Geschlechterforschung, Opladen.

Nestvogel, Renate (2001): Konstrukte zum Geschlechterverhältnis und Konsequenzen für die interkulturelle Pädagogik, in: Lemmermöhle/Schlüter, S. 223-244.

V.
Ethisches Handeln/Politik des Wissens

Nina von Dahlern

Judith Butler und die Möglichkeiten des ethischen Handelns – eine Einordnung der Probleme der Motivation und der Urteilskraft

Judith Butler entwirft einen neuen Blick auf das Subjekt, der es in einen historischen Rahmen einordnet und die Prozesse seines Entstehens detailliert beleuchtet. Subjekte sind für sie keine sich außerhalb des Diskurses befindenden autonomen Agenten, sondern Subjekte-im-Prozess, die sich durch ihre Handlungen im Diskurs positionieren und gleichzeitig durch diese Positionen erst als Subjekte konstruiert werden. In „Kritik der ethischen Gewalt" wendet sie sich gegen vorherige Lesarten ihres Werkes und betont, dass Subjekte keine reinen Diskurseffekte sind. Sie wendet sich auch gegen den Vorwurf des moralischen Nihilismus, der gegen sie und andere Poststrukturalisten erhoben wurde, und versucht zu zeigen, dass ein Subjekt nicht souverän sein muss, um ethisch zu handeln, dass im Gegenteil sogar nur ein Subjekt-im-Prozess wirklich moralisch sein kann. Ich werde mich im Folgenden damit beschäftigen, ob dies tatsächlich so ist bzw. wie Moral sich überhaupt noch auf ein derart unsouveränes Subjekt beziehen kann. Dabei wird sich herausstellen, dass moralische Kategorien wie Vergebung und Bescheidenheit, mit denen Butler arbeitet, für ihr Subjekt keinerlei Relevanz mehr haben können. Weiterhin wird sich zeigen, dass jegliches moralisches Urteil für Butlers Subjekte äußerst problematisch und die Motivation, sich moralisch zu verhalten und moralisch zu urteilen, untergraben wird. Butler schafft es nicht, für den neuen Subjektbegriff auch einen neuen Moralbegriff zu entwerfen, der sich mit ihm vereinbaren lässt. Sie verstrickt sich stattdessen in traditionelle Definitionen von Moral, die sich mit ihrem Subjekt-im-Prozess nicht mehr denken lassen. Um die Unstimmigkeiten möglichst genau aufzuzeigen, arbeite ich vorab ihre Argumentation heraus und schließe meine Kritik daran an.

Was zunächst in „Kritik der ethischen Gewalt" auffällt, ist die Verbindung der Begriffe *menschlich* und *moralisch*. „Ethik erfordert, dass wir uns eben dort aufs Spiel setzen, in diesen Momenten des Unwissens, wo das, was uns bedingt und uns vorausliegt, voneinander abweicht, wo in unserer Bereitschaft, anders zu werden, als dieses Subjekt zugrunde zu gehen, unsere Chance liegt, menschlich zu werden, ein Werden, dessen Notwendigkeit kein Ende kennt." (Butler 2003: 144) Ethik und Menschlichkeit sind also untrennbar verbunden, und unsere Existenzweise kann erst dann als *menschlich* bezeichnet werden, wenn wir uns nach *der* Ethik richten. Butler schreibt, unsere Beschränkungen seien das, „was an uns menschlich ist", daher sei der Verlust des „Souveränitätsgefühls" wichtig, „um menschlich zu werden." (ebd.: 11) Wie sie bereits in anderen Werken nachhaltig demonstriert hat und wie sie auch in diesem Buch eindrucksvoll zeigt, geht es immer nur um das *Gefühl* der Souveränität. Kein Mensch ist oder war jemals souverän; die Souveränität ist lediglich eine Illusion, eine Phantasie, eine Ausdrucksform, in der er auf der sozio-historischen Bühne erscheint.[1] Es geht also bei diesem *Verlust* um eine Einsicht in unsere Existenzweise, ohne die Menschlichkeit unmöglich ist. Es geht nicht nur um eine bestimmte Art und Weise zu handeln, die man als menschlich oder moralisch bezeichnen könnte, sondern auch um das ständige Bewusstsein, dass man diese Handlung nicht souverän ausführt.

Butler betont, dass man sich, bevor man sich den moralischen Normen zuwendet, nach denen man handeln sollte, die Frage nach den Vorbedingungen des Subjektstatus stellen muss. Wendet man sich einem anderen Subjekt zu und fragt, wie man sich ihm gegenüber verhalten soll, muss man bereits entstanden sein und die Möglichkeit, den anderen zu adressieren, muss sich eröffnet haben. Der Subjektstatus entsteht aufgrund bestimmter moralischer Normen und ist durch diese bedingt. Über ihn muss man sich an ihnen ausrichten. Die eigene Geschichte ist also zum Teil die Geschichte der aktuellen moralischen Normen und der Art und Weise, wie sie gewirkt haben und wie man sich mit ihnen auseinandergesetzt hat. Wenn die gesellschaftlichen Normen dem Ich nicht notwendigerweise inhärent sind, wenn sie aber auch nicht fest und unabänderbar außerhalb des Ichs bestehen, dann heißt dies für Butler, „dass [das Ich] über diese Normen nachdenken muss und dass die Überlegungen auch zu einer kritischen Einsicht in deren gesellschaftliche Genese und Bedeutung führen." (Butler 2003: 20f.) Wenn man seine Existenzweise als das erkennt, was sie ist (nämlich notwendigerweise eine gesellschaftliche), dann kann man die ethischen Normen seiner Gesellschaft nur noch kritisch sehen und sie nicht mehr als gegeben oder natürlich betrachten. Wenn die moralische Norm dazu auffordert, ethische Verantwor-

---

[1] „Dieser Tod, wenn es denn einer ist, ist jedoch nur der Tod einer bestimmten Art von Subjekt, eines Subjekts, das eigentlich überhaupt nie möglich gewesen ist; dieser Tod ist der Tod einer Phantasie und damit der Verlust von etwas, das man nie besessen hat." (Butler 2003: 79)

tung für das eigene Handeln zu übernehmen, sich zu erklären, Rechenschaft von sich zu geben, dann erkennt man, dass diese Norm jede Existenzmöglichkeit bedingt, dass sie Raum gibt zum Sprechen und Gehört-Werden, dass sie aber gleichzeitig auch durch das Handeln erst eingesetzt wird. Butler spricht davon, dass das Subjekt sich gerade aufgrund seiner Gesellschaftlichkeit, aufgrund seiner Beziehungen zu anderen undurchsichtig sei und dass daher diese Beziehung der „Austragungsort der eigenen ethischen Verantwortlichkeit" (ebd.: 29) sei.

Ich halte es für irreführend, hier von *ethischer Verantwortlichkeit* zu sprechen. Bislang wurde nur festgestellt, dass das Subjekt sich an ethischen Normen ausgerichtet verhalten muss. Dieses Verhalten könnte auch ein der Norm völlig entgegengesetztes Verhalten sein. Allein die Tatsache, dass es sich undurchsichtig ist und dass es sich an Normen ausrichten muss, macht es noch nicht zu einem verantwortlich (im Sinne von nach gewissen, bislang noch nicht definierten Normen *richtig*) Handelnden. Allein die Tatsache der Souveränität macht niemanden zu einem verantwortlichen Menschen, genauso wenig, wie allein die Tatsache der Nicht-Souveränität zu einem verantwortlichen Menschen machen kann. Moralisches oder ethisches Verhalten wird hier also explizit nicht als in irgendeinem Sinne als richtig beurteiltes Handeln definiert, sondern als lediglich an den und durch die moralischen Normen auf einen anderen ausgerichtetes Handeln.

Da die Normen nur über ihr Eingesetzt-Werden funktionieren, muss man auf der Suche nach der eigenen Geschichte nach dem anderen fragen, durch dessen normative Anerkennung man eingesetzt wurde. Da er genau wie man selbst in einem Wechselspiel der Normen und dem an ihnen ausgerichteten Handeln existiert, unterliegt „der normative Horizont, in dem ich den anderen sehe oder in dem die Andere sieht, hört und weiß und anerkennt, [...] einer kritischen Öffnung." (ebd.: 35) Für die gegenseitige Ansprache müssen beide Subjekte sich bereits als potentielle Kommunikationspartner anerkannt haben, müssen sie bereits einen Weg gewusst haben, Anerkennung zu geben, der nicht ihr eigener ist. Da ihr Handeln aber auch notwendigerweise nie komplett der Norm entsprechen kann, stehen sie in einer kritischen Differenz zu ihr.

Niemand kann sich in sich oder aus sich selbst heraus anerkennen, sondern immer nur in Bezug zu den Normen, die über den anderen an ihn herangetragen werden. Man existiert also immer schon im Bezug zum anderen, und auch das, was man von sich selbst erkennen und erzählen kann, hängt von ihm ab. Ohne das Gegenüber, in Bezug zu dem man spricht und erkennt, wird die eigene Geschichte also unmöglich. Man ist davon abhängig, von ihm anerkannt, für ihn sichtbar, lesbar zu sein. Dieses dem anderen *Ausgesetztsein* kann nicht mit erzählt werden. Genauso wenig, wie der eigene sozio-historische Ursprung erzählt werden kann. Dennoch kann man sich nicht erklären, ohne „in irgendeinem Sinne Zeugnis" davon abzulegen, wie der Zustand vor dem eigenen Werden war; muss man also etwas erzählen, das man „nicht wissen kann." (ebd.: 50) Da es den Referenten nicht gibt, der man vorher war und auf den man sich beziehen könnte, ist die Rechenschaft von sich selbst immer teilweise Fiktion, wird es im Laufe des Lebens immer verschiedene Fiktionen des Selbst geben. „Meine Rechenschaft von mir selbst ist immer nur eine partielle; sie ist heimgesucht [...]. Ich kann nicht genau erklären, warum ich gerade so geworden bin, und meine Bemühungen um eine narrative Rekonstruktion werden immer wieder revidiert [...]." (ebd.: 53) Erkennt und akzeptiert man diese Beschränkungen, gewinnt man also eine Einsicht in die eigene Existenzweise, Einsicht in die Grenzen der Anerkennung. Wenn dies tatsächlich die Art und Weise der menschlichen Existenz ist und die Prämisse der Souveränität somit als Illusion entlarvt werden kann, die allerdings jedes Subjekt ins Dasein gebracht hat, muss man die Undurchsichtigkeit eigentlich nicht mehr so negativ fassen, wie Butler dies tut. „Um die Grenzen der Anerkennung zu wissen, ist ein selbstbeschränkender Akt und damit eine Erfahrung der Grenzen des Wissens selbst. Diese Einsicht kann im Übrigen zu Bescheidenheit und Großzügigkeit führen, denn ich brauche Vergebung für das, was ich nicht vollständig wissen kann [...], und ganz ähnlich gilt für mich die Verpflichtung, Anderen zu vergeben, die sich ihrerseits konstitutiv undurchschaubar sind." (ebd.: 56)

Die Grenzen der Anerkennung zu erkennen, ist nur dann ein *selbstbeschränkender* Akt, wenn man nach wie vor am souveränen Ich festhält, das sich selbst völlig durchsichtig ist. Genauso scheint *Vergebung* ihren Sinn zu verlieren, wenn man weiß, dass man von sich und anderen nicht mehr erwarten kann. Von einer *Verpflichtung* kann des Weiteren nur die Rede sein, wenn man Normen irgendwelcher Art bereits als richtig anerkannt hat. Hier ist es jedoch so, dass man lediglich Einsicht in den wahren Status seiner Existenz erlangen muss, die letztendlich alle Menschen teilen. Infolgedessen müssen die Erwartungen, die sich auf die Souveränität der Subjekte stützen, zwingend revidiert werden. In dem Moment, in dem es diese Erwartungen nicht mehr gibt, muss auch niemandem *vergeben* werden, wenn er sie nicht erfüllt. Ebenso verlieren die Worte *Bescheidenheit* und *Großzügigkeit* ihren Sinn, wenn das Handeln einfach nur realistisch ist. Wenn „jede Bemühung um Rechenschaft scheitern müssen [wird], eben damit diese Rechenschaft annähernd wahr werden kann", kann niemandem mehr dafür die Schuld gegeben werden, dass die Rechenschaft scheitert. Vielmehr wird hier interessant, warum man die Frage nach der Rechenschaft noch stellen sollte und wie viel von der Rechenschaft man noch glauben darf.

Die erste Frage beantwortet sich sicherlich durch die Art und Weise, in der die Normen Subjekte zur Existenz bringen. Butler erklärt dies mit Rückgriffen auf die Psychoanalyse ausführlicher. Jeder ist ursprünglich durch die Forderungen des anderen hervorgerufen worden, der das Begehren nach Anerkennung geweckt hat. Wenn man jedoch erkennt, dass die Formen, in denen man anerkannt wird, nicht der wahren Existenz entsprechen, erkennt man auch, dass die Frage nach dem anderen immer offen bleiben muss, immer neu gestellt werden muss, um Anerkennung zu gewährleisten. Sobald man ihn auf einen souveränen, unbeweglichen Punkt fixieren will, muss man ihm Gewalt antun. Genauso wird jedem Menschen notwendigerweise Gewalt angetan, wenn an ihn die Forderung nach einer kohärenten Rechenschaft gestellt wird. Damit ist die grundlegende Forderung der moralischen Norm, die sich auf das souveräne Subjekt stützt, als Gewalt entlarvt. Trotzdem ist diese Norm die Norm, aufgrund derer und im Verhältnis zu welcher Subjekte existieren.

Dies bringt uns zum Problem des Urteilens, das Butler auch selbst thematisiert. „Wenn wir vergessen, dass wir schon in Beziehung zu denen stehen, die wir verurteilen, auch zu denen, die wir verurteilen müssen, dann büßen wir die Chance ein, uns ethisch weiterbringen oder ‚adressieren' zu lassen, indem wir überlegen, wer die fraglichen Anderen sind und was ihr Personsein uns über die Bandbreite der existierenden menschlichen Möglichkeiten mitzuteilen hat; und wir verlieren die Möglichkeit, uns auf diese Möglichkeit oder deren Abwehr vorzubereiten." (ebd.: 60f.) Wir sollten dem anderen die grundsätzliche Anerkennung als Gesprächspartner nicht verwehren, um die Norm, welche Kohärenz verlangt, nicht einzusetzen, da sie uns auch selbst schädigen würde. Genauso müssen wir beim Urteil darauf achten, dem anderen die grundsätzliche Anerkennung als menschliches Subjekt nicht abzusprechen. Butler wirft hier das Dilemma auf, dass ein Verurteilter durch das Urteil nicht zum Nicht-Anerkennbaren gemacht werden darf, da er sich sonst nicht weiterentwickeln, sich durch seine Erzählung von sich selbst vielleicht zu dem machen könnte, der dann nicht mehr verurteilt würde. Das Verurteilen der eigenen Undurchschaubarkeit im anderen ist letztlich eine symbolische Säuberung des Selbst, die immer auch einen Teil des Selbst verleugnet. Doch abgesehen von dieser Grundvoraussetzung allen ethischen Handelns, abgesehen von dieser ethischen Form, die eingehalten werden sollte, um unser aller Bedürfnis nach Anerkennung zu befriedigen, spricht Butler hier davon, dass wir urteilen, ja sogar verurteilen *müssen*. Nach welchen Normen kann man sich aber bei diesen Urteilen, die gefällt werden müssen, richten, wenn die der Gesellschaft sich als hochgradig fehlbar erwiesen haben? Aufgrund welcher Basis soll man sich beim Fällen dieses Urteils selbst vertrauen, wenn man sich als undurchsichtig und *beschränkt* erkannt hat?

Diese Fragen bleiben unbeantwortet und das inhaltliche Urteilen des Subjektes immer ein Randphänomen des Buches. Allerdings schreckt Butler selbst nicht vor inhaltlichen Urteilen zurück, ohne zu erklären, anhand welcher Normen sie diese Urteile fällt. Wenn sie herausarbeitet, dass das Ich und das Du, die zueinander sprechen, sich in dem Moment der Anrede möglich machen, durch die Ansprache verändern und so untrennbar miteinander verbunden sind, beschreibt sie dies als einen Zustand der *Auslieferung*: „So kann man nachdenklich und mit einem gewissen Sinn für Bescheidenheit sagen, dass ich zu Beginn *mein Verhältnis zu dir bin*, zweideutig adressiert und adressierend, einem Du ausgeliefert, ohne das ich nicht sein kann und von dem mein Überleben abhängt." (ebd.: 90) Hier stellt sich die Frage nach der Art des *Ausgeliefert-Seins*. Wenn ich „am Anfang *nur in der Adressierung an dich bin*", ohne dich also „gar nichts" (ebd.: 92) bin, dann sind wir verwoben, einander ausgesetzt und in ständigem Kontakt. Doch die negative Bewertung, die in *ausgeliefert* mitschwingt, scheint übertrieben. Genauso wie der Ausspruch „Ich bin verletzt" (ebd.: 95), der sich doch nur auf die Illusion des souveränen Subjekts beziehen kann. Wenn man akzeptiert, dass man abhängig, undurchsichtig und beschränkt ist, dann ist dies eine Beschreibung des eigenen gesellschaftlichen Zustandes. Eine Verletzung kann nur vorliegen, wenn die souveräne, sich selbst durchsichtige Position vorher als *ganz* oder *gesund* definiert wurde. Wenn die Adressierung aufgrund ihrer

Relation zu dieser grundsätzlichen Verletzung *schmerzlich* oder *traumatisch* ist, wäre dies dann nicht eigentlich ein Grund zur Freude, weil sie den Schleier der souveränen Illusion zerstört?

Womit wir bei dem Problem wären, wie wir die Einsicht in unsere Unzulänglichkeit erlangen. Sie ergibt sich in „Kritik der ethischen Gewalt" mehr oder weniger automatisch aus dem ethischen Nachdenken. Allerdings ließe sich die ethische Reflexion schwerlich aus der bloßen Differenz zwischen dem Ich und den Normen, die es hervorgebracht haben, erklären. Man kann wohl auch nicht behaupten, dass sie sich automatisch aus dem Erleiden ethischer Gewalt ergibt, denn dann müsste man sich nicht gegen die Forderung nach Gegengewalt wehren, die sich laut Butler automatisch regt, wenn man Unrecht erleidet (vgl. ebd.: 101ff.). Wie erkennt man sich also so, wie man wirklich ist? Und wenn man es einmal erkannt hat, regt sich dann wirklich noch eine Forderung nach Gegengewalt?

„[Die Entwicklung einer neuen Ethik] könnte bedeuten, dass man sich diesem primären Ausgesetztsein vor dem Anderen nicht verschließt, dass man nicht versucht, das Ungewollte in Gewolltes zu überführen, sondern statt dessen eben die Unerträglichkeit des Ausgesetztseins als Zeichen einer geteilten Verletzlichkeit, einer gemeinsamen Körperlichkeit, eines geteilten Risikos begreift." (ebd.: 100) Wenn es im Folgenden darum geht, wie wir auf Verletzungen reagieren, muss man fragen, wo diese Verletzungen angesiedelt sind. Wenn man sich wirklich als unzulänglich, undurchsichtig und mit dem anderen verbunden begreift, kann man dann überhaupt noch von einer Verletzung sprechen? Ist nicht das, was verletzt werden kann, immer schon auf die Souveränität bezogen, weil die *wahre* Existenz immer neu erzählt werden kann?

Solange man einem Subjekt nicht die grundsätzliche Annerkennung als menschliches Wesen abspricht und ihm den Freiraum lässt, sich neu zu erzählen, kann es dann nicht auf jede Einflussnahme reagieren? Butler schreibt, dass sich „eine gewisse Hinnahme der Unvermeidlichkeit von Verletzungen" (ebd.: 102) ergibt, aber ist es nicht eher Gleichmut, der sich einstellt? Gleichgültigkeit gegenüber der gerade aktuellen Erzählung von sich selbst sowie gegenüber anderen? Wenn man ihrer Definition nach immer ganz *menschlich* und *moralisch* ist, dann ist man sich seiner Unzulänglichkeit, Undurchschaubarkeit und Abhängigkeit jederzeit voll bewusst und muss eigentlich jede Handlungsabsicht sofort hinterfragen. Wie soll man aber aus einer derartigen Dauerkritik seiner selbst zu einem Urteil kommen? Wie kann man seinen verschiedenen Gefühlen vertrauen, die dazu anregen könnten, auf eine bestimmte Art und Weise zu handeln?[2] Butler zeigt zwar immer wieder auf, warum und wie man sich hinterfragen sollte, ignoriert aber die Tatsache, dass ein dauerhafter Selbstzweifel schlichtweg lähmen würde. Zudem würde er urteilsunfähig machen.

Dass sie sich an einigen Stellen des Buches ganz deutlich auf gewisse Normen bezieht, wirft zudem das Problem auf, welche Normen man auf welche Art nutzen kann und sollte, wenn einmal das Problem der Gleichgültigkeit gelöst wäre. Sie thematisiert die Normen nicht, mit denen sie gewisses Verhalten als *vergebend* oder *bescheiden* bewertet, benutzt diese Bewertungen aber trotzdem. Dies zeigt, dass Butler dazu neigt, ihre eigenen Begriffe und die Diskurse, die sie nutzt, nicht auf ihren sozio-historischen Ursprung hin zu problematisieren.[3] Dabei wäre gerade hier sicherlich eine Erklärung möglich, warum sie auf einige moralische Kategorien zurückgreift und auf andere nicht.[4]

Sähe man über das Problem der Gleichgültigkeit und das Problem der impliziten Normen hinweg, müsste man noch einen anderen Punkt kritisieren. Schließlich stellt Butler ihre Beschreibung der menschlichen Existenz als richtig dar, gibt aber keinen Weg an, auf dem man zwingend zur Einsicht in diese richtige Form kommt, die doch ganz grundlegend für das ethische Verhalten ist. Wenn man auch ohne diese Einsicht leben kann, stellt sich die Frage, warum man *menschlich* werden sollte. Und die Frage, wer garantiert, dass der andere auch menschlich wird, wenn man diese *Verantwortung* übernimmt. Das Argument, dass wir nur wirklich ethisch handeln können, wenn wir uns unserer Beschränkungen bewusst sind, dass wir uns gegenseitig schaden, wenn wir unter der Illusion der Souveränität handeln, macht erst dann Sinn, wenn wir bereits eine grundlegende ethische Einsicht erlangt haben. Die Einsicht nämlich, dass es richtig und gut ist, sich nicht gegenseitig

---

[2] „Without some kind of desire-like internal psychological state, the process of reasoning could never produce an action." (Searle 2001: 139)

[3] Dies wurde zuvor unter anderem von Hilde van den Boogart (1994) kritisiert.

[4] Gerade wenn sie mit Freud arbeitet, wäre eine kulturgeschichtliche Argumentation zu den Voraussetzungen ihres Werkes sehr gut denkbar (vgl. Cushman 1995).

zu schaden, dass wir versuchen sollten, uns gegenseitig ein gutes Leben zu ermöglichen. Eine derartige Grundlage sollte man nicht einfach verschweigen und zudem auch problematisieren. Verschweigen sollte man sie deshalb nicht, weil sich darauf ein Argument aufbauen ließe, warum man sich dafür einsetzen sollte, Einsicht in die eigene Unzulänglichkeit zu erlangen.[5] Problematisieren sollte man sie, weil es in einer Zeit, in der das Ethos keinen Anspruch mehr darauf hat, allgemein geteilt zu werden (vgl. ebd.: 14), eben problematisch ist, allgemeine Voraussetzungen einfach zu setzen.[6]

Butler schreibt: „Die Ethik macht in der Praxis einen Fehler, wenn sie sich unmittelbar der Frage ‚Welchen Normen soll ich folgen, wenn ich entscheide, was ich tun soll?' zuwenden zu können glaubt." (ebd.: 8) Ich würde sagen, Butler macht den Fehler, dass sie sich dieser Frage überhaupt nicht zuwendet und nicht thematisiert, welchen Normen man wie weit trauen darf. Sie problematisiert und kritisiert die ethische Form, ohne eine Möglichkeit aufzuzeigen, der Moral inhaltlich zu begegnen.

Literatur

Butler, Judith (2003): Kritik der ethischen Gewalt, Frankfurt/M.

Cushman, Philip (1995): Constructing the Self, Constructing America – A Cultural History of Psychotherapy, Boston.

Salih, Sarah (2002): Judith Butler, London.

Searle, John R. (2001): Rationality in Action, Cambridge u. London.

Tugendhat, Ernst (1993): Vorlesungen über Ethik, Frankfurt/M.

Villa, Paula-Irene (2003): Judith Butler, Frankfurt/M. u. New York.

Van den Boogart, Hilde (1994): Beziehungen: Soziale Kontrolle, Feminismus und Foucault, Bonn.

---

[5] „Ein [anderes] moralisches Urteil kann nur normativ (und d.h. moralisch) in Frage gestellt werden." (Tugendhat 1993: 16)

[6] Zudem möchte ich mich hier Ernst Tugendhat (1993: 26) anschließen: „In einer historischen Situation wie der unsrigen, in der wir uns einer bestimmten Begründung von Moral und daher auch eines bestimmten Moralkonzeptes nicht mehr sicher sind und in der mehrere Moralkonzepte miteinander konkurrieren, müssen wir uns vorweg dessen vergewissern, was unter *einer Moral* zu verstehen ist."

Daniel Schubbe

Wissenschaftskritische Aspekte im politischen Denken Hannah Arendts

> Es sieht geradezu so aus, als hätte das Sein, einmal ans Licht gebracht, die Erscheinungen verdrängt – nur daß es bisher niemandem gelungen ist, in einer Welt zu leben, die sich nicht von sich aus offenbart. *Hannah Arendt*

Hannah Arendts Werk ist durchsetzt von wissenschaftskritischen Überlegungen. Diese Kritik, die sich sowohl auf die Natur- als auch auf die Sozialwissenschaften erstreckt, ist dabei weder eine logische noch eine epistemologische, sondern bezieht sich auf die Rolle und Bedeutung der Konsequenzen wissenschaftlicher Methodologie und Erkenntnis für den öffentlichen Raum. Dementsprechend geht es Arendt nicht um eine Negation der Wissenschaften, sondern vielmehr um die Reflexion ihrer Stellung im lebensweltlichen Bereich menschlicher Existenz. Im Vordergrund steht die Bergung und Formulierung einer der wissenschaftlichen Tätigkeit innewohnenden Ambivalenz. Diese Ambivalenz lässt sich jedoch nur verstehen, wenn man den grundlegenden, existenzorientierten Perspektivenwechsel des Arendt'schen Denkens im Zuge des nach dem Holocaust erfahrenen Traditionsbruches mitdenkt. Die von Arendt beschriebene Sinnlosigkeit des Massenmordes und die Isolation des einzelnen in der Gleichschaltung markieren den Rahmen ihrer Reflexion der Wissenschaften. Diesem Punkt Rechnung tragend, versucht dieser Aufsatz, die Grundlagen der wissenschaftskritischen Überlegungen bei Arendt zu verdeutlichen und sie in den Kontext ihres politischen Denkens zu stellen.

1. Zum Wandel der Wissenschaften in der Neuzeit

Das Ereignis, mit dem Arendt zufolge die neuzeitliche Wissenschaft anhebt, ist die Entdeckung des Fernrohrs durch Galileo Galilei. Wohlgemerkt das Ereignis, nicht die Ideen des Galilei. Diese seien schon vor Galilei durch Cusanus, Giordano Bruno, Kepler und Kopernikus da gewesen: „Indessen haben weder die Spekulationen der Philosophen noch die Vorstellungen der Astronomen jemals ein Ereignis konstituiert. Giordano Brunos Spekulationen haben, bevor Galilei seine teleskopischen Entdeckungen machte, nicht einmal die Aufmerksamkeit der Gelehrten erregt, und auch die Kopernikanische Wendung dürfte ohne die empirische Bestätigung, die sie brachten, nicht nur von Theologen, sondern von ‚allen vernünftigen Leuten als die phantastische Ausgeburt einer ungehemmten Einbildungskraft abgetan worden sein'." (Arendt 2003b: 331)

Das Ereignis, mit dem Galilei die Wissenschaft revolutionierte, ist hingegen für Arendt direkt mit dem Teleskop als einem Gerät verbunden, das die Menschen in die Lage versetzt, weit über ihre angeborenen Fähigkeiten hinauszugehen: „Was aber niemand vor Galilei getan hat, war, ein Gerät, das Teleskop, so zu benutzen, dass die Geheimnisse des Universums sich menschlicher Erkenntnis ‚mit der Gewißheit sinnlicher Wahrnehmung' offenbarten; was nichts anderes heißt, als daß er die Fassungskraft einer erdgebundenen Kreatur mit einem körperlichen Sinnesapparat so erweiterte, daß sie über sich hinauslangen kann in Regionen, die sich ihrem Zugriff entziehen und darum sich bisher nur in der Ungewißheit der Spekulation und der Einbildung überhaupt geöffnet hatten." (ebd.)

Mit der Entdeckung des Teleskops sei die Bemächtigung des Weltalls durch den an die Erde gebundenen Menschen in seiner Möglichkeit bestätigt worden. Dies hatte nach Arendt einen anderen Blick des Menschen auf die Erde selbst zur Folge: Je tiefer man den Punkt der Betrachtung der Erde in das Universum verlegt, desto mehr wird sich die Erde als ein Spezialfall der universell geltenden Gesetze darstellen. Auch der Mensch selbst wird nach Arendt für den Wissenschaftler im Zuge einer allgemeinen Naturalisierung des Menschen zu einem Spezialfall organischen Lebens, wodurch sich der Wissenschaftler endgültig von anthropozentrischen und humanistischen Anliegen emanzipiert hat. Arendt zufolge ist die moderne Naturwissenschaft von dem Paradox heimgesucht, dass „der Mensch, je mehr Wissen und Macht er als Wissenschaftler erringt, um so weniger Respekt für sich, der all dies erreichte, verbuchen kann" (Arendt 2000e: 396). Die Wissensvermehrung der modernen Naturwissenschaft führt zu einem Verlust der menschlichen Statur im Universum.

Die spezifische Bedeutung des Teleskops liegt für Arendt jedoch in dem Verlust des Vertrauens in die prinzipielle Wirklichkeitsvermittlung der Sinne. Dieser Bruch hat für das wissenschaftliche Selbstverständnis und den zugrunde liegenden Wahrheitsbegriff weitreichende Konsequenzen. Der maßgebliche Wahrheitsbegriff, der dem (wissenschaftlichen) Denken bis zur

Neuzeit zugrunde lag, ist nach Arendt das griechische Wort „aletheia". Im Anschluss an Heidegger begreift Arendt „aletheia" als Unverborgenheit in dem phänomenologischen Versuch, „[d]as was sich zeigt, so wie es sich von ihm selbst her zeigt, von ihm selbst her sehen [zu] lassen" (Heidegger 2001: 34). Dieser Wahrheitsbegriff hat sich in der Neuzeit in einen Prozessbegriff gewandelt: „Nicht das Interesse an Wahrheit oder Wissen schwand, sondern die Überzeugung griff um sich, daß Wahrheit sich nur dem Zugreifen und nicht dem Zuschauen erschließen würde." (Arendt 2003b: 368).

Wahrheit tritt demnach nicht mehr in Erscheinung, sondern erschließt sich nur dem direkten Eingriff des Menschen. Reines Betrachten und passives Beobachten werden so ausgeschlossen zugunsten einer aktiven, eingreifenden Suche nach der Wahrheit hinter einer „täuschenden" Erscheinung. Damit wird Arendt zufolge die Kontemplation als reine Anschauung eines Wahren abgelöst[1].

2. Wissenschaft und der öffentliche Raum

Der kritische Blick auf die geschilderte Entwicklung der Wissenschaften erwächst nun aus der Frage, was dies für die Wirklichkeitsempfindung des Menschen bedeutet. Die Wissenschaften werden bei Arendt nicht aus einer wissenschaftsimmanenten Perspektive in den Blick genommen, sondern aus einer lebensweltlichen. Dies hängt eng mit ihrer Vorstellung zusammen, wie sich Wirklichkeit für das menschliche Leben überhaupt konstituiert. Wirklichkeit ist demnach kein dem menschlichen Einzelwesen gegebenes Faktum, sondern bildet sich nur in der Pluralität des zwischenmenschlichen Bereichs: „Aber [...] Lebendigsein und das ihm entsprechende Lebensgefühl [...] ist nicht dasselbe wie Wirklichsein. Menschlich und politisch gesprochen, sind Wirklichkeit und Erscheinung dasselbe, und ein Leben, das sich, außerhalb des Raumes, in dem allein es in Erscheinung treten kann, vollzieht, ermangelt nicht des Lebensgefühls, wohl aber des Wirklichkeitsgefühls, das dem Menschen nur dort ersteht, wo die Wirklichkeit der Welt durch die Gegenwart einer Mitwelt garantiert ist" (Arendt 2003b: 250f.). Arendt prägt für dieses Vermögen des Menschen, alle seine fünf Sinne zu

---

[1] Die neuzeitliche Philosophie seit Descartes begegnet dieser Bedeutungsverlagerung nach Arendt durch die Konzentration des Denkens auf die menschlichen Bewusstseinsvorgänge.

bündeln und in eine gemeinsame Welt einzupassen, den Begriff des „Common Sense"[2]. Nur dort, wo Menschen eine ihnen gemeinsame Welt bewohnen und in ihr miteinander sprechen und handeln, kann sich so etwas wie die Wirklichkeit der Außenwelt und die der eigenen Identität entwickeln. Das Besondere dieses symbolischen Raumes ist, dass er die Aktualität der in ihm ablaufenden Vorgänge nicht überdauert, sondern wieder verschwindet, „und zwar nicht erst, wenn die Menschen verschwunden sind, die sich in ihm bewegten [...], sondern bereits, wenn die Tätigkeiten, in denen er entstand, verschwunden oder zum Stillstand gekommen sind." (ebd.: 251) Das zwischenmenschliche Bezugsgewebe ist äußerst zerbrechlich und kann nicht beliebig produziert oder reproduziert werden. Aus diesen grundlegenden Überlegungen ihres politischen Denkens, das versucht aus dem zwischenmenschlichen Erscheinungsraum heraus zu denken, stellt sich die Frage nach der Bedeutung und den Konsequenzen der modernen Wissenschaften für die Menschen grundlegend neu: Arendt zufolge ist die moderne Naturwissenschaft, indem sie versucht zu entdecken, was hinter den Phänomenen liegt, dadurch charakterisiert, dass sie ständig bemüht ist, den Rahmen des Common Sense – und das meint bei Arendt eben die Welt, insofern sie die gemeinsame Sphäre der Menschen ist – zu verlassen. *Die Suche nach der Objektivität hinter den bloßen Erscheinungen führt somit gerade in den Verlust der Objektivität der natürlichen Welt*, sodass der Mensch „in seiner Jagd nach der ‚objektiven Wirklichkeit' plötzlich entdeckte, daß er immer ‚nur noch sich selbst gegenübersteht'." (Arendt 2000d: 385) Arendt identifiziert die Forschungen der modernen Wissenschaften mit der Tätigkeitsform des Herstellens.[3] Der Herstellende (homo faber) bewegt sich im Gegensatz zum

---

[2] Auf keinen Fall ist „Common Sense" mit einer Art öffentlicher Stimmung gleichzusetzen. Neben dem Begriff des „Common Sense" benutzt Arendt auch die Begriffe „Gemeinsinn", „gesunder Menschenverstand" und „sensus communis". Arendt ist bei der Verwendung der drei Begriffe terminologisch ungenau. Es scheint jedoch so zu sein, dass sie die Begriffe „Common Sense", „Gemeinsinn" und „gesunder Menschenverstand" nahezu synonym gebraucht und den „sensus communis" dagegen abgrenzt. Während der „Common Sense" ein sinnlich-rezeptives Vermögen ist, bezeichnet der „sensus communis" ein geistig-reflexives (vgl. auch Opstaele 1999: 142ff.).

[3] In dem Aufsatz „Natur und Geschichte" ergänzt Arendt diese Charakterisierung mit dem Hinweis, dass die moderne Wissenschaft in Prozessen denkt und sich damit auch der Tätigkeit des Handelns angenommen hat. Das Handeln, das für Arendt ursprüng-

(politisch) Handelnden in der Zweck-Mittel-Rationalität planender Voraussicht, die sich darum bemüht, die Welt schöner oder nutzbringender zu gestalten. Diese Charakterisierung scheint zunächst auf die Trennung zwischen Verfügungswissen und Orientierungswissen hinauszulaufen. Zwar ist in der Tat schwer zu bezweifeln, dass die neuzeitliche Wissenschaft die Tendenz zum Verfügungswissen zu bestätigen scheint, doch ist sie damit natürlich nicht vollständig beschrieben. Der Verweis auf das „Welt-Herstellen" hat bei Arendt daher einen doppelten Verweisungshorizont: Es meint zugleich eine *aus der physikalischen Weltsicht* entspringende Konstruktion einer „realeren" Wirklichkeit, die die wahrgenommene Welt bedingt. Der Verweis auf den phänomenalen Wirklichkeitsverlust ist kritisch auf die Bedeutungsverschiebung in der modernen Wissenschaft zugunsten einer Welt hinter den Erscheinungen gerichtet. Arendt beschreibt hier eine Sichtweise, die nicht nur prinzipiell auf eine „Zwei-Welten-Lehre" idealistischer Provenienz zutrifft, sondern auch einer Wissenschaft eigen ist, die sich epistemologisch im Realismus verortet: „Das Ziel der modernen Wissenschaft, das uns schließlich und ganz wörtlich auf den Mond geführt hat, ist nicht mehr, die menschlichen Erfahrungen ‚zu vermehren und zu ordnen' (wie es Niels Bohr beschreibt, hierin noch einem Vokabular verhaftet, das inzwischen dank seiner eigenen Mithilfe veraltet ist); Ziel ist vielmehr, das zu entdecken, was hinter den Naturphänomenen liegt [...]. In den Worten von Niels Bohr: ‚Nur der Verzicht auf eine Erklärung des Lebens im üblichen Sinne (schafft) uns die Möglichkeit, den charakteristischen Merkmalen des Lebens Rechnung zu tragen.'" (Arendt 2000d: 374f.)

Die spezifisch menschlichen Fähigkeiten des Miteinandersprechens und Miteinanderhandelns gehen jedoch über diese herstellende Tätigkeit hinaus.

---

lich im zwischenmenschlichen Bereich angesiedelt war, ist u.a. dadurch bestimmt, dass es selbst Prozesse loslässt, die weder planbar noch rückgängig zu machen sind. Die wissenschaftliche Tätigkeit hat sich dahin entwickelt, eben solche Prozesse im *Bereich der Natur* zu entfesseln. Die Tatsache, dass wir in der Lage sind, die Welt und die Menschen mit einem Schlag zu vernichten, macht die Grenzen wissenschaftlicher Tätigkeit deutlich. Damit steht Arendt zufolge auch das Ethos der Wissenschaften auf dem Spiel, weil alles entdeckt werden soll, was entdeckt werden kann. Arendt bindet das wissenschaftliche Erkennen in eine der Welt gegenüber bestehende Verantwortung ein. Dieses Vorgehen bezieht sich auch auf die Sozialwissenschaften, die die Fähigkeit gewinnen können, das geistige Gut selbst zu zerstören (vgl. Arendt 2000a: 34).

Im Sprechen und Handeln zeigt sich auch das „Wer einer ist" im Gegensatz zum „Was einer ist". Sprechen und Handeln, die für Arendt politischen Tätigkeiten par excellence, sind auch Offenbarungsformen der Menschen, in denen sie ihre jeweilige Einzigartigkeit zeigen, und im Gegensatz zur herstellenden Tätigkeit reine Aktualitäten, da sie nichts Greifbares im Erscheinungsraum hinterlassen. Die Betonung der reinen Aktualität im Sprechen und Handeln hängt eng mit Arendts Wirklichkeitskonzeption zusammen, denn „[d]ie Art und Weise, in der Menschen Wirkliches als wirklich erfahren, verlangt, daß sie die schiere Gegebenheit der eigenen Existenz realisieren, nicht etwa weil sie sie ändern könnten, sondern um zu artikulieren und zu aktualisieren, was sie sonst nur erleiden und erdulden würden. Und diese artikulierende Aktualisierung vollzieht sich in den Tätigkeiten, die selbst reine Aktualitäten sind". (Arendt 2003b: 264) Der Verweis darauf, dass Sprache *nicht nur* dem Zweck rationaler Kommunikation dient, sondern auch das Moment der Offenbarung birgt, verweist auf einen grundlegenden Perspektivenwechsel in Bezug auf die Beziehung des Denkenden zur Welt, der im nächsten Abschnitt vorbereitet werden soll.

3. Wissenschaft und Weltentfremdung

Die Tendenz der soeben beschriebenen Verschiebung des wissenschaftlichen Blickwinkels steht bei Arendt im Zusammenhang mit einer Reihe von verschiedenen Entwicklungen der Moderne, die sich unter dem Stichwort „Weltentfremdung" zusammenfassen lassen. In dem Aufsatz „Kultur und Politik" beschreibt Arendt unter anderem die wechselseitige Abhängigkeit der Tätigkeiten des Herstellens auf der einen Seite und des Handelns und Sprechens auf der anderen Seite. Sosehr das Handeln auf einen festen Rahmen angewiesen ist, in dem es sich vollziehen und verewigen kann, so ist das Herstellen darauf angewiesen, dass es durch das Handeln und (Be-)Sprechen einen Sinn erhält. Beide Tätigkeiten treffen sich in Arendts Begriff der Welt, beide sind Phänomene des öffentlichen Raumes.

Sofern der Mensch als ein politisches Wesen gedacht wird,[4] lastet auf ihm die Sorge um die Welt. In der Moderne hat sich nach Arendt aber gerade dieser beständige Rahmen der Welt verflüchtigt und ist einer immer schnelleren Veränderung gewichen. Im Zuge dieser Entwicklung wird der Mensch in dem stetigen Wechsel der ihn umgebenden Welt auf sich selbst zurückgeworfen. Dieser Rückwurf des Menschen auf das eigene Leben beschreibt Arendt mit dem Begriff der Weltentfremdung: „Ich habe die Welt dem Leben entgegengesetzt [...]. Ich glaube nicht, daß ich lebensfeindlich bin, das Leben ist etwas Herrliches, aber es ist nicht der Güter höchstes. Wenn das Leben als der Güter höchstes angesetzt wird, ist es sogar gerade mit dem Leben immer schon vorbei. Es gibt in unserer Gesellschaft eine gefährliche Weltentfremdung und mit ihr eine schreckliche Unfähigkeit der Menschen, die Welt zu lieben." (Arendt 2000c: 303)

Wie ist diese Einschätzung der Weltentfremdung als „gefährlich" in Bezug auf ihr politisches Denken zu verstehen? Zunächst muss betont werden, daß es ihr nicht darum geht, aller Veränderung Einhalt zu gebieten. Die Veränderung als solche ist nicht das Problem. Die Ambivalenz geht zurück auf die Konsequenz der Betonung des Lebens auf das Beziehungsgeflecht der Menschen untereinander. Dort, wo der Mensch auf sein eigenes Leben beschränkt bleibt, unterläuft diese Fixierung den Bezug zu anderen.[5] Es ist kein Zufall, dass sie am Ende des Aufsatzes auf das Urteilen zu sprechen kommt, das sie mit dem Begriff des „sensus communis" als die Fähigkeit der erweiterten Denkungsart versteht, die Fähigkeit, aus der Perspektive der anderen zu denken. Die Fixierung auf das Selbst lässt die Tendenz der Zerstörung dieser Fähigkeit aufscheinen.

---

[4] Die Beschreibung des Menschen als politisches Wesen, die Arendt in dem Aufsatz verwendet, darf im Lichte ihres politischen Denkens nicht als ein Substanzbegriff des Wesens des Menschen schlechthin verstanden werden. Das Politische gehört nicht zur Essenz des Menschen, der Mensch ist apolitisch; das Politische entsteht zwischen den Menschen. Der Mensch als politisches Wesen meint hier also, der Mensch gedacht in der Pluralität der Menschen (vgl. auch Arendt 2003a: 11).

[5] Ein wesentlicher Bestandteil der totalen Herrschaft besteht nach Arendt darin, das verbindende Band zwischen den Menschen zu zerstören. Überall dort, wo Tendenzen vorherrschen, die diese Zerstörung fördern, haben es Menschen mit dem Phänomen der Weltentfremdung zu tun.

Das wissenschaftliche Erkennen, dessen argumentative Grundlagen ihre Gültigkeit aus dem Bereich der Logik[6] gewinnen, leistet seinen Beitrag zu dieser Entwicklung: „Gesunder Menschenverstand und Logik unterscheiden sich, politisch, vor allem darin, daß der gesunde Menschenverstand, der Common sense, eine gemeinsame Welt, in die alle hineinpassen, voraussetzt [...], wohingegen die Logik und alle Selbstevidenz, von der das logische Denken ausgeht, für sich eine Gültigkeit beanspruchen können, welche von der Welt und dem Vorhandensein anderer Menschen völlig unabhängig ist." (Arendt 2000f: 121) Aus dieser Perspektive scheint es nur konsequent, wenn Arendt das logische Schlussfolgern als Charakteristikum des totalitären Denkens bestimmt. Fraglich bleibt hingegen, in welchem Verhältnis Arendt logisches Schlussfolgern und Weltentfremdung denkt. Mit Blick auf das letzte Kapitel von „Elemente und Ursprünge totaler Herrschaft" und „Verstehen und Politik" scheint sowohl die Interpretation, dass der Verlust des gesunden Menschenverstandes das logische Schlussfolgern evoziert, als auch die umgekehrte Version möglich. Es drängt sich jedoch der Verdacht auf, dass

---

[6] Arendts Kritik der Logik wird auch mit Blick auf die Sozialwissenschaften geführt. Ihr zufolge haben die Sozialwissenschaften spätestens seit Hegel einen Prozessbegriff zur Grundlage, der sie dazu verführt, politische Ereignisse in die Kontinuität einer umfassenden Geschichte aufzulösen. Der Versuch von Erklärungen oder Analogien, der auch das historische Verstehen begleitet, zeuge von dieser Grundlage. Dieses Vorgehen behindert aber den Versuch, das wirklich Neue der Ereignisse zu verstehen (vgl. auch meinen Aufsatz „In der Welt zu Hause sein wollen").
Problematisch sei auch das deduktive Vorgehen, das eine heuristische Theoriebildung empirischer Bestätigung aussetzt. Nach Arendt hängen unsere Begriffe so eng miteinander zusammen, dass es niemals unmöglich ist, in sich konsistente Theorien zu entwerfen; allerdings ist es dann, „als hätten die Tatsachen nichts Eiligeres zu tun, als sich ihnen zu fügen, das heißt sie zu ‚beweisen' [...]." (Arendt 2000b: 55). Das liegt Arendt zufolge daran, dass den verschiedenen Theorien verschiedene Techniken der empirischen Bestätigung korrespondieren, die sich in der Wirklichkeit bewähren. Diese Kritik lässt sich schnell mit der üblich gewordenen Trennung von Wahrheit und Gewissheit und dem Hinweis auf die Suche nach Widersprüchen und nicht nach Bestätigung wissenschaftlicher Theorien ausräumen. Allerdings bleibt dann die Betonung Arendts, dass sich wissenschaftliches Tun zu einer aktiv eingreifenden Tätigkeit gewandelt hat. An dieser Stelle setzt dann schließlich ihre Kritik auf der „politischen" Ebene ein (s.o.). Hervorzuheben bleibt an dieser Stelle die unter anderem gegen Hegel gerichtete Kritik des spekulativen Denkens.

Arendt beide Aspekte – Verlust des gesunden Menschenverstandes und logisches Schlussfolgern – als gleich ursprünglich denkt.

Gefährlich in Arendts Sinn ist der Glaube an wissenschaftliche Theorien jedoch nicht nur in bezug auf Erklärungsmöglichkeiten der Vergangenheit (vgl. Fn. 6) und Gegenwart, sondern auch mit Blick auf die Zukunft: „Als Projektionen tatsächlich beobachtbarer gegenwärtiger Prozesse haben sie [Theorien; D.S.] immer eine gewisse Wahrscheinlichkeit für sich; gefährlich werden sie erst, wenn sie als in sich schlüssige Theorien auftreten, mit deren Hilfe man angeblich wissen kann, was wirklich war, ist und sein wird. Dann tritt jene hypnotische Wirkung ein, derzufolge der von den Theoretikern ohnehin so verachtete gesunde Menschenverstand auch ganz untheoretisch veranlagte Menschen verläßt und mit ihm der Gemeinsinn oder common sense, dem wir es verdanken, daß wir Wirklichkeit und Tatsächlichkeit wahrnehmen, verstehen und uns handelnd in ihnen orientieren können." (Arendt 2000a: 12) Sie trifft sich beispielsweise mit Karl Popper in der Ablehnung eines prophetischen „Historizismus"[7], dessen Vertreter sich bemühen, den Verlauf der Geschichte vorherzusagen. Zum einen hängt ihre Kritik des „Historizismus" an der Ablehnung eines umfassenden, einheitlichen Geschichtsbegriffes, zum anderen an dessen negativer Beurteilung der von ihr stets betonten Fähigkeit des Menschen, in Freiheit einen neuen Anfang zu machen.

Die Wahrheit und das Beharren auf Wahrheit hat für den politischen Raum sogar eine subversive Wirkung, da sie tyrannische Elemente in den öffentlichen Raum einbringt. Arendt versteht den politischen Raum als einen Raum pluraler Meinungen, die miteinander in Beziehung treten. Auch die normative Frage, wie diese Beziehung aussehen soll, gehört selbst in den zwischenmenschlichen Raum. Ihr Bemühen gilt dem Versuch, eine Form des Denkens zu üben, die den weltentfremdenden Tendenzen entgegenwirkt.

4. Denken und Erkennen

Arendts Versuch, nach dem Traditionsbruch im 20. Jahrhundert ein neues Verständnis des Denkens zu verwirklichen, zeigt sich am deutlichsten

---

[7] Popper versteht unter „Historizismus" eine Einstellung zu den Sozialwissenschaften, die darum bemüht ist, unabänderliche historische Gesetze zu entdecken, die zu historischen Prognosen befähigen.

in der *Unterscheidung* von (philosophischem) Denken und (wissenschaftlichem) Erkennen. Während das Erkennen eine Wahrheitssuche ist, lässt sich das Denken als Sinnsuche beschreiben; jenes fragt danach, warum etwas ist, dieses, was es bedeutet, dass etwas existiert. Zwar ist sich Arendt darüber im Klaren, dass beide Tätigkeiten eng miteinander verknüpft sind, doch lassen sie sich nicht identifizieren. Im Anschluss an Friedrich Nietzsche[8] ist sie davon überzeugt, dass der Verlust der einen Tätigkeit auch den Verlust der anderen nach sich zieht.

Das Arendt'sche Denken selbst lässt sich hingegen weder mit dem wissenschaftlichen Erkennen noch mit dem philosophischen Denken fassen: Sie bildet auf der Grundlage des philosophischen, existenzorientierten Denkens im Anschluss an Martin Heidegger und Karl Jaspers ein politisches „Verstehen" heraus, das sich bewusst gegen Formen des historischen Verstehens à la Wilhelm Dilthey oder Hans-Georg Gadamer absetzt. Ihr politisches Verstehen ist ein existentielles Verstehen, das im Zuge ihrer Wissenschaftskritik dem Zweifel die Betonung einer kommunikativen Begegnisart zwischen Mensch und Welt entgegensetzt (vgl. auch Schubbe 2005). Dieser Begegnisart als Artikulation der eigenen Erfahrung liegt der Versuch des *Menschen qua Menschen* zugrunde, sich mit der Wirklichkeit zu versöhnen; Versöhnung begriffen als das bewusste und formulierte Tragen der weltlichen Last, sich ihr zu stellen und notfalls entgegenzustellen.

Literatur

Arendt, Hannah (2000): Elemente und Ursprünge totaler Herrschaft. Antisemitismus, Imperialismus, totale Herrschaft, München [1951; dt. 1955].

Arendt, Hannah (2000a): Macht und Gewalt, München [1970; dt. 1975].

Arendt, Hannah (2000b): Natur und Geschichte, in: dies.: Zwischen Vergangenheit und Zukunft. Übungen im politischen Denken I, hg. von Ursula Ludz, München, S. 54-79 [1957].

---

[8] „Die wahre Welt haben wir abgeschafft: welche Welt blieb übrig? die scheinbare vielleicht?... Aber nein! mit der wahren Welt haben wir auch die scheinbare abgeschafft!" (Nietzsche 2000: 31)

Arendt, Hannah (2000c): Kultur und Politik, in: dies.: Zwischen Vergangenheit und Zukunft. Übungen im politischen Denken I, hg. von Ursula Ludz, München, S. 277-304 [1958].

Arendt, Hannah (2000d): Die Eroberung des Weltraums und die Statur des Menschen, in: dies.: In der Gegenwart. Übungen im politischen Denken II, hg. von Ursula Ludz, München, S. 373-388 [1968; dt. 2000].

Arendt, Hannah (2000e): Der archimedische Punkt, in: dies.: In der Gegenwart. Übungen im politischen Denken II, hg. von Ursula Ludz, München, S. 389-402 [1969; dt. 2000].

Arendt, Hannah (2000f): Verstehen und Politik, in: dies.: Zwischen Vergangenheit und Zukunft. Übungen im politischen Denken I, hg. von Ursula Ludz, München, S. 110-127 [1953; dt. 1994].

Arendt, Hannah (2002): Vom Leben des Geistes. Bd. 1: Das Denken, Bd. 2: Das Wollen, hg. von Mary McCarthy, München [1977/78; dt. 1979].

Arendt, Hannah (2003a): Was ist Politik?, hg. von Ursula Ludz, München [1993].

Arendt, Hannah (2003b): Vita activa oder Vom tätigen Leben, München [1958; dt. 1960].

Heidegger, Martin (2001): Sein und Zeit, Tübingen [1927].

Nietzsche, Friedrich (2000): Götzendämmerung oder Wie man mit dem Hammer philosophiert, Frankfurt/M. [1889].

Opstaele, Dag Javier (1999): Politik, Geist und Kritik. Eine hermeneutische Rekonstruktion von Hannah Arendts Philosophiebegriff, Würzburg.

Popper, Karl R. (1987): Das Elend des Historizismus, Tübingen [1944/45; dt. 1965].

Schubbe, Daniel (2005): In der Welt zu Hause sein wollen – „Verstehen" als Denkhaltung bei Hannah Arendt, in: Leerhoff, Holger/Wachtendorf, Thomas (Hg.): Das Wahre. Das Gute. Das Schöne. Beiträge zur Philosophie, Oldenburg, S. 69-78.

Janine Böckelmann

Leben ist immer politisch. Zur Ontologie Giorgio Agambens

Kein Diskurs über die Frage nach Stellenwert, Möglichkeit und Aufgabe gegenwärtiger politischer Philosophie kommt zurzeit ohne Erwähnung Giorgio Agambens und seines *Homo sacer*-Projekts aus. Die Ursache hierfür ist in erster Linie der Tatsache geschuldet, dass Agamben Gefangenenlager, Flüchtlinge oder die Einreisebedingungen in die USA als gegenwärtige Folgephänomene der Globalisierung bezeichnet, um sie auf eigenwillige Weise als Begleiterscheinungen abendländischen Denkens und Lebens zu dechiffrieren. Damit einher geht eine Absage an all jene politischen Theorien, die konflikthafte und agonistische Momente des Politischen verdrängen.

Die Forderung nach konkreten politischen Handlungsanweisungen im Anschluss an seine Analyse liegt nahe – und liegt doch nicht auf der Ebene der Konsequenzen im Sinne von Agambens politischem Denken. Denn bezieht man andere Werke, die nicht in erster Linie auf politische Phänomene rekurrieren, ein, wird deutlich, dass seine Analyse derselben in einem fundamentalontologischen System fundiert ist, dass Agamben eher als theoretischen denn als praktischen Denker ausweist. Seine Analyse zielt letztlich auf einen Begriff des Politischen, der die Möglichkeit als menschliche „Lebens-Form" betont, den Bereich des Virtuellen, Hypothetischen jedoch nicht verlässt.

Subjektkonstitution als Verhältnis

Agambens Fragestellung, die den Ausgangspunkt für die Thesen seiner Werke bildet (und stets implizit bleibt), ist die nach den Bedingungen der Möglichkeit menschlichen Daseins bzw. Lebens. Agamben folgt damit Heideggers fundamentalontologischem Ansinnen: Beide wissen die Frage nach dem Sinn von Sein bzw. den Bedingungen dieses Seins nur durch die konkrete Betrachtung des Menschen zu beantworten.

Dies liegt für Heidegger darin begründet, dass nur der Mensch dasjenige Wesen ist, welches als einziges immer schon ein Verständnis seines Seins hat: *„Seinsverständnis ist selbst eine Seinsbestimmtheit des Daseins."* (Heidegger 2001: 12; vgl. auch 8) „Dasein", der Mensch, verhält sich jeweils spezifisch (indem er Möglichkeiten, zu sein oder nicht zu sein, auswählt) zu seinem jeweiligen Sein; dieses Verhältnis bezeichnet Heidegger als „Existenz" (ebd.: 12). Durch dieses spezifische Seinsverhältnis begründet sich unsere Individualität. Gleichzeitig ist dieses Seinsverhältnis Ursache dafür, dass wir nie ganz mit unserem Sein zusammenfallen können und so kein umfassendes Verständnis unseres Seins, und d.h. keines von uns selbst, erreichen können: „Das Dasein ist zwar ontisch nicht nur nahe oder gar das nächste – wir *sind* es sogar je selbst. Trotzdem oder gerade deshalb ist es ontologisch das Fernste." (ebd.: 15)

Dass Agamben Heidegger in dieser Bestimmung des Menschen folgt, wird in dem kurzen, prosaischen Text „Idee der Kindheit" deutlich: Der Text beginnt mit der Beschreibung eines seltsamen Tieres, eines Albino-Salamanders aus Mexiko, der in seiner äußeren Erscheinung einem Fötus ähnelt, Kiemen hat und seinem Larvenstadium nicht entwachsen zu sein scheint, aber dennoch fortpflanzungsfähig ist. Diese Daseinsform, die die Anlage der Entwicklung und Ausdifferenzierung zwar in sich trägt, sich jedoch der eigentlichen Form der Bestimmung (eines Salamanders mit Lungenatmung) entzogen hat, ist für Agamben Sinnbild der Idee von Kindheit schlechthin: Idealiter ist das Kind „so wenig spezialisiert und so totipotent, daß es keiner besonderen Bestimmung und keiner besonderen Umwelt mehr untersteht und sich nun mehr an seine Unreife und Unausgerüstetheit hält." (Agamben 2003: 92) Dieses Kind ist für Agamben dasjenige menschliche Lebewesen, welches dazu in der Lage wäre, in seinem Verhältnis zu seinem Sein ganz aufzugehen und es zu erfassen: „In seiner infantilen Allmacht wäre es fassungslos, ekstatisch außer sich geworfen, doch nicht, wie die anderen Lebewesen, in ein bestimmtes Abenteuer und eine bestimmte Umwelt, sondern zum ersten Mal in eine *Welt*: es würde wahrhaft das Sein vernehmen." (ebd.: 93) Sobald der Mensch also der Bestimmung seiner Existenz folgt und den Schwebezustand zwischen Potenz und Akt durch die Wahl verlässt, wird für Agamben die vollständige Erfassung des eigenen Seins unmöglich.

Anders als Heidegger scheut Agamben sich nicht, als Bedingung der Möglichkeit des Menschen der Moderne seine Konstitution als Subjekt zu nennen. Diese vollzieht sich für Agamben dadurch, dass Sprache ein Spannungsfeld von selbstbestimmenden und fremdbestimmenden Faktoren aufzieht, innerhalb dessen sich der Mensch als triebsublimierendes Subjekt konstituiert, sich aber gleichzeitig dem Bereich seiner unmittelbaren Erfahrung entzieht: Mit dem Erlernen der Sprache subjektiviert sich der Mensch (indem er lernt, durch „Ich" auf sich zu referieren) und tritt gleichzeitig in eine vorab gegebene Objektivität ein. Dadurch jedoch erfährt sich der

Mensch für Agamben nicht als eine Einheit mit dem „ich" seines Subjekts. Denn die Aneignung von Sprache, die die Subjektkonstituierung begründet, vollzieht sich anhand deiktischer Ausdrücke. Diese werden jedoch nicht durch einen realen Bezug definiert, sondern referieren auf die jeweilige Sprechsituation. Das Pronomen ‚ich' bedeutet damit nicht einen Gegenstand, sondern die Person, die eine Aussage trifft, die ‚ich' enthält; das sprechende Individuum muss sich mit dem sprachlichen Ereignis identifizieren und nicht mit dem Inhalt des Aussageaktes. Dadurch wird „das Ich, die Subjektivität, [...] eine rein diskursive Realität, die weder auf einen Begriff noch auf ein reales Individuum verweist. Dieses Ich, das als Einheit die mannigfaltige Gesamtheit der Erfahrungen transzendiert, garantiert die Fortdauer dessen, was wir Bewußtsein nennen." (ebd.: 106)

Das Pronomen ‚ich' bildet das selbstgegenwärtige Zentrum, welches zusammen mit den Adverbien ‚jetzt' und ‚hier' die Origo des räumlich-zeitlichen Koordinatensystems der inneren und äußeren Wahrnehmung des Individuums – und damit seine Welt – konstituiert, dem Erlebnisse und Handlungen zugeordnet werden und auf das sich „Empfindungen und Seelenzustände" beziehen. Durch diesen Bezug auf das innere Zentrum konstituiert sich zwar der Mensch, gleichzeitig aber spaltet „die reine Gegenwart der jeweiligen Rede [...] endgültig die Selbstgegenwart der Gefühle und Erlebnisse" (ebd: 107) von sich ab.

Fremdbestimmung

Ein gänzlich selbstbestimmtes Leben (d.h. auch: ein Sein, das ganz bei sich selbst ist) ist für den Menschen also nicht möglich, weil er als Subjekt das „immer schon von den glühenden, historisch determinierten Strömen der Potenz (Faktoren der Selbstbestimmung, J.B.) und Impotenz (Faktoren der Fremdbestimmung, J.B.) [...] durchflossene Kraftfeld ist." (Agamben 2003: 128) Dort, wo Heidegger vage bleibt – in der Frage nach fremdbestimmenden Operatoren, die bei ihm nur durch die Abhandlung über das „Man" im ersten Teil von „Sein und Zeit" oder durch den Begriff des „Ge-Stells" angerissen werden –, begibt sich Agamben auch auf die Ebene des Materiellen und benennt konkret die Strukturmomente (wie Philosophie, souveräner Rechtsstaat oder die sogenannten Life-Sciences), durch die sich das menschliche Wesen der Moderne als Subjekt konstituiert.

Agamben sieht diese Faktoren der Fremdbestimmung nicht nur in jüngeren Mechanismen, wie z.b. der von Foucault beschriebenen Biopolitik, begründet, die uns, mittels Individualisierungstechniken, die in politische und kulturelle Machtstrukturen eingebettet sind, dazu bringen, uns dem gegenwärtigen Zustand so souverän wie möglich anzupassen. Er macht die Ursache der unausweichlichen Subjektivierung, die die Faktoren der Fremdbestimmung immer schon inhäriert, am Anfang der abendländischen Zivilisation aus, die für ihn mit Aristoteles beginnt: Durch dessen Bestimmung des Menschen als vernunftbegabtes Lebewesen, das in der Folge als Emanzipation des menschlichen Lebens vom tierischen aufgefasst wird, ist das menschliche Leben als *bios*, als Leben in einer bestimmten Form, immer vom bloßen Leben der *zoé* getrennt (vgl. Aristoteles 1960: 1098a; ders. 1966: 413a). Für Aristoteles ist der Mensch vernunftbegabt, da er das einzige Lebewesen ist, welches über Sprache verfügt, die es, im Unterschied zur Stimme, mit der nur Angenehmes und Unangenehmes auszudrücken sei (und die deshalb auch den Tieren zukomme), dem Menschen ermögliche, auch Vorstellungen des Guten, wie etwa von Nützlichkeit oder Gerechtigkeit, zu entwickeln, die den Grund menschlicher Gemeinschaft (in Haus und Staat) bilden (vgl. ders. 1991: 1253a).

Definiert man Politik – wie Agamben es westlichen Demokratien unterstellt – im Sinne der *polis* als Gemeinschaft vernunftbegabter menschlicher Lebewesen, die die Instanz der Gerechtigkeit dem Souverän zusprechen, so ist für ihn die basale Aufgabe des Souveräns, als konstituierendes und hütendes Moment dieser Gemeinschaft, die Bestimmung des Begriffs „Mensch" durch die Bedeutung des Terminus „vernunftbegabtes Lebewesen". Da diese Worte keine Substanz aufweisen, wird die Bedeutung für Agamben immer durch Definition eines Positiven mittels Ausschließung eines negativen Moments festgesetzt. Als vernunftbegabt werde das festgesetzt, was nicht animalisch sei; dementsprechend gründe der Souverän die staatliche Gemeinschaft, indem er bestimmte Menschengruppen (Sklaven, Flüchtlinge, Obdachlose, Ultrakoma-Patienten) als nicht menschliche ausschließe: „Die souveräne Gewalt gründet in Wahrheit nicht auf einem Vertrag, sie gründet in der ausschließenden Einschließung des nackten [animalischen, J.B.] Lebens in den Staat." (Agamben 2002: 117)

Diese Einschließung durch Ausschließung geschieht für Agamben performativ durch das Recht bzw. durch dessen Gesetze. Durch die Unterstellung menschlichen Eigentums (dessen basale Form die eigene Arbeitskraft ist) wird das Subjekt zur Rechtsperson und damit der Macht des Souveräns als Operator der Fremdbestimmung unterstellt (vgl. Agamben 2005: 81). In diesem performativen Sinne ist auch der Staat in Abgrenzung zum Naturzustand eine willkürliche Festlegung, der für seine Definition den Ausnahmezustand logisch notwendig braucht, weil sich erst von diesem Punkt der Ausnahme die Dichotomie der Regeln von Staat und Naturzustand definieren lässt.

Agamben interpretiert politische Phänomene, wie Gefangene in Guantanamo Bay oder junge Franzosen der Banlieus, als Symptome des sich auf Performanz gründenden abendländischen politischen Systems. Dabei dient ihm das Recht als Paradigma der Konstitutionsweise dieses Systems. Innerhalb desselben lassen die Symptome sich deshalb nicht eliminieren, weil sie konstitutive Momente der Legislative, d.h. des Systems selbst sind. Eine Lösung gegenwärtiger politischer Probleme ist für Agamben schlechterdings nur durch eine Reformulierung bisheriger politischer Begriffe möglich; dies heißt für ihn auch die Überwindung des Prinzips von Souveränität wie es bisher verstanden wird: „Die Begriffe von *Souveränität* und *verfassunggebender Gewalt [potere]*, die im Zentrum unserer politischen Tradition stehen, müssen deshalb aufgegeben oder zumindest von Grund auf neu gedacht werden. Sie markieren den Punkt der Indifferenz zwischen Gewalt *[violenza]* und Recht, Natur und *logos* [im Sinne von animalisch und human, J.B.] [...], und als solche bezeichnen sie kein Attribut oder Organ der rechtlichen oder der staatlichen Ordnung, sondern deren Ursprungsstruktur selbst." (Agamben 2001: 107)

Selbstbestimmung

Wie kann nun das moderne Subjekt, welches seinem Wesen nach immer aus fremd- und selbstbestimmenden Faktoren besteht, einer totalen Vereinnahmung durch die fremdbestimmenden Faktoren entgegenwirken? Oder anders gefragt: Gibt es Möglichkeiten, sich der souveränen Entscheidung über den Einschluss von *bios* und den Ausschluss des bloßen Lebens – zumindest zeitweise – zu entziehen und damit letztlich auch eine (staatliche?) Gemeinschaft jenseits des Souveränitätsprinzips zu schaffen?

Agamben findet die Prämissen seiner angedeuteten Antwort auf diese Fragen auf der Ebene der Sprache – und wieder am Anfang der westlichen Zivilisation: Der Mensch als vernunftbegabtes Lebewesen zeichnet sich für Aristoteles dadurch aus, dass er allein über Sprache verfügt. Das, was in der Stimme des Menschen den Übergang von der animalischen Stimme zur menschlichen Sprache gliedert, sind für Aristoteles die Buchstaben (vgl. Aristoteles 1994: 1253a). Buchstaben aber, so stellt Agamben fest, sind nicht nur Zeichen, sondern zugleich konstitutive Momente der Stimme, index sui.

Damit bleibt der Raum zwischen *phoné* und *lógos* jedoch leer und öffnet sich für eine Reformulierung im Sinne der Möglichkeit einer selbstbestimmten „Lebens-Form". Denn durch die Subjektivierung durch das Erlernen der Sprache spaltet der Mensch zwar seine unmittelbaren Empfindungen und Erfahrungen von sich ab. Gleichzeitig jedoch bleibt dem Menschen durch die Abspaltung immer ein Rest von Erfahrung erhalten, der vor der Sprache liegt und nicht durch sie ausgedrückt werden kann. Dieser Rest, der sich durch die Differenz zwischen *phoné* und *lógos* ergibt, bezeichnet die Potenz des Denkens selbst, welches die Möglichkeit des Sprechens (des Übergangs in den Akt) beinhaltet, aber auch die Möglichkeit des Nicht-Sprechens, des Verweilens, des Neu- und Anders-Denkens, der Revision und Reformulierung von Worten (vgl. Agamben 2004: 12f.). Erst durch diese Differenz von *phoné* und *lógos*, Sprache und Rede wird nach Agamben die Vorstellung von Kindheit, Geschichte, Wissen oder Ethik möglich (vgl. ebd.).

Für Agamben bietet uns die Differenz die Möglichkeit, uns eine „Lebens-Form" zu geben, die die oktroyierte ‚Lebensform' des Souveräns, d.h. die Reduktion auf ein virtuell immer bloßes Leben, das innerhalb des Staates in Formen von *zoé* und *bios* kategorisiert wird, überschreitet: „Was bedeutet dieser Ausdruck [Lebens-Form, J.B.]? Er definiert ein Leben – das menschliche Leben –, in dem die einzelnen Formen, Akte und Prozesse des Lebens niemals einfach *Fakten* sind, sondern immer und vor allem *Möglichkeiten* des Lebens, immer und vor allem potentielles Sein. Keine Verhaltensweise und keine Form menschlichen Lebens wird je von einer spezifischen biologischen Anlage noch von irgendeiner Notwendigkeit vorgeschrieben. Wie auch immer sie der Gewohnheit unterworfen sein mag, sie sich wiederholen und gesellschaftlichem Zwang gehorchen mag, sie behält doch immer den Charakter einer Möglichkeit und setzt also immer das Leben selbst aufs Spiel." (Agamben 1994: 251) Da es dem Menschen – hier nimmt Agamben

Zur Ontologie Agambens

die Definition des aristotelischen Denkers Marsilius von Padua zur Hilfe – als einzigem Lebewesen um Glückseligkeit geht, ist sein Leben immer schon politisch angelegt und jede „Lebens-Form" die Tatsache wie die Möglichkeit eines politischen Aktes, der sich bereits durch seine Potenz ergibt (vgl. ebd.: 252).

Aus der Leere des Raumes bzw. der Differenz und der sich daraus ergebenden Möglichkeit der „Lebens-Form" ist für Agamben eine „radikale Revision der Idee vom Gemeinschaftlichen selbst" möglich (Agamben 2004: 17). Denn was die Differenz aufzeigt, ist, dass es Sprache lediglich gibt „und daß wir uns diesen Umstand nicht nach dem in unserer Kultur dominierenden Modell einer *Sprache*, eines Bestandes oder Besitzes an Namen und Regeln, die jedes Volk von Generation zu Generation weitergibt, vorstellen können." (ebd.: 16) So wie der Begriff „ich" letztlich eine performative Tautologie birgt, sind auch Begriffe wie Gemeinschaft, Politik, Recht oder Ethik an sich leer, weil sie ihre Bedeutung nur innerhalb der Differenz wirklich aufzuweisen vermögen. Ihre Bedeutung kann allenfalls axiomatisch festgelegt oder metaphysisch aufgeladen sein und kann sich deshalb immer reformulieren.

Derjenige, der gemäß seiner „Lebens-Form" lebt, ist derjenige, der das eigene Denkvermögen als Potential auch des Anders-Denkens, des Nichtsagen-Müssens, des Entzugs vom äußeren, souveränen Zwang der Definition, Formulierung und Bestimmung des eigenen Lebens innerhalb der souveränen Spielregeln entdeckt hat: „Denken, d.h. Politik." (Agamben 2003: 95, vgl. auch ders. 1994: 255) Wie dies praktisch aussehen könnte, deutet Agamben in „Lob der Profanierung" an: Er unterstellt hier (den Gedankengängen von Benjamins „Kapitalismus als Religion" und Debords „Die Gesellschaft des Spektakels" folgend) das gegenwärtige gesellschaftliche Leben des abendländischen Menschen der Logik einer säkularen Spektakelgesellschaft, die vergeblich versucht, aus dem Kult der Ware sinnstiftende Momente zu filtrieren. Und so wie in der religiösen Sphäre den Göttern geweihte, heilige Dinge durch bestimmte Rituale wieder in die profane, irdische Sphäre zurückgeholt werden, können für ihn auch im säkularen Kapitalismus Gegenstände und Zusammenhänge „profaniert" werden: Dies wird der menschlichen Lebens-Form möglich, wenn jene ihrer gängigen Semantik entzogen und in einen anderen Bedeutungszusammenhang überführt werden, wie es z.B. in der Praxis situationistischer Kunst geschieht oder im Spiel des Kindes zu beobachten ist. Die radikalste Behauptung der eigenen Lebens-Form nimmt Melvilles Bartleby in Anspruch: In seiner Antwort „Ich möchte lieber nicht" wird die Potenz des Denkens selbst ausgesprochen, die in der Konsequenz eine reine Passivität bedeutet, die letztlich der Idee des Kindes in der Form der Salamander-Larve entspricht. (vgl. Agamben 2002: 59; ders. 1998: 75)

Die Antwort auf Agambens fundamentalontologisch inspirierte Ausgangsfrage nach den Bedingungen der Möglichkeit menschlichen Seins ist also eine konkrete Ausführung von Heideggers Daseinsbestimmung: „Das Dasein versteht sich selbst immer aus seiner Existenz, einer Möglichkeit seiner selbst, es selbst oder nicht es selbst zu sein. Diese Möglichkeiten hat das Dasein entweder selbst gewählt (im Sinne der Lebens-Form von Agamben, J.B.), oder es ist in sie hineingeraten oder je schon darin aufgewachsen." (Heidegger 2001: 12) Diese Möglichkeiten zeigt Agamben – im Gegensatz zu Heidegger – auf. Politik ist ein Existenzial, weil sie Modus der „Lebens-Form" ist: Sowohl durch die Operatoren der Fremdbestimmung des Subjekts als auch durch die der Selbstbestimmung durch die Möglichkeit.

Die Forderungen nach konkreten politischen Handlungsanweisungen des politischen Philosophen Agamben können von dieser daher nicht erfüllt werden. Vielmehr ist es seine „politische Aufgabe", auf das changierende Verhältnis von Operatoren der Selbst- und Fremdbestimmung (als Grundlage der Konstitution des Menschen) dann hinzuweisen, wenn die Operatoren der Fremdbestimmung überhandnehmen und die Möglichkeiten der Selbstbestimmung verdrängt zu werden drohen. Agambens Analyse gegenwärtiger Faktoren der Fremdbestimmung globaler Politik und Ökonomie, wie er sie in „Homo sacer" oder „Ausnahmezustand" darstellt, können zwar sinnvolle Erklärungsmuster für eine politische Theorie der Gegenwart sein. Fraglich bleibt jedoch zum einen, ob die im Verhältnis zu dieser Analyse doch vage und abstrakt klingenden Möglichkeiten der Selbstbestimmung als Techniken privater Subversion die realen politischen Verhältnisse auch tatsächlich – und nicht nur sprachlich virtuell – zu verändern vermöchten. Zum anderen erscheint die Möglichkeit des Denkens als subversives Moment selbst fraglich: Inwiefern ist die in der Möglichkeit sich konstituierende „Lebens-Form" nicht selbst Produkt der Ideologie? Denn Agambens Bezugsautor Debord sieht in seiner Analyse der ‚Spektakelgesellschaft' alle kulturellen Praktiken – und das bedeutet für ihn auch das widerständige Denken, das sich den Verhältnissen entziehen oder sich gegen sie stellen möchte – schon in den Entfremdungs- und Aneignungsprozess des Kapitals integriert bzw.

als sein Ergebnis an (vgl. Debord 1978: 1ff.). *„Die Ideologie ruft die Individuen als Subjekte an"*, so die These Althussers (1977: 136), denn *„die Kategorie des Subjekts [ist] nur insofern konstitutiv für jede Ideologie, als jede Ideologie die (sie definierende) Funktion hat, konkrete Individuen zu Subjekten zu ‚konstituieren'."* Das Brechen der (kulturellen, souveränen, kapitalistischen) Spielregeln durch die Möglichkeit des Denkens würde so durch die Spielregeln des Produktionsdispositivs selbst vorgegeben.

Literatur

Agamben, Giorgio (1994): Lebens-Form, in: Vogl, Joseph (Hg.): Gemeinschaften. Positionen zu einer Philosophie des Politischen, Frankfurt/M., S. 251-257.

Agamben, Giorgio (2001): Mittel ohne Zweck. Noten zur Politik, Freiburg u. Berlin.

Agamben, Giorgio (2002): Homo sacer, Frankfurt/M.

Agamben, Giorgio (2003): Idee der Prosa, Frankfurt/M. [1987].

Agamben, Giorgio (2003): Was von Auschwitz bleibt. Das Archiv und der Zeuge, Frankfurt/M.

Agamben, Giorgio (2004): Kindheit und Geschichte, Frankfurt/M.

Agamben, Giorgio (2005): Profanierungen, Frankfurt/M.

Althusser, Louis (1977): Ideologie und ideologische Staatsapparate. Aufsätze zur marxistischen Theorie, Hamburg.

Aristoteles (1960): Nikomachische Ethik, in: ders.: Werke in deutscher Übersetzung, hg. v. Ernst Grumach, Darmstadt.

Aristoteles (1966): Über die Seele, in: ders.: Werke in deutscher Übersetzung, hg. v. Ernst Grumach, Darmstadt.

Aristoteles (1991): Politik I, in: ders.: Werke in deutscher Übersetzung, hg. v. Hellmut Flashar, Darmstadt.

Debord, Guy (1978): Die Gesellschaft des Spektakels, Hamburg.

Heidegger, Martin (2001): Sein und Zeit, Tübingen [1927].

Frank Meier

Aufstand des Denkens. Denkordnung, Wahrheits-Ereignis und logische Revolte bei Alain Badiou

Die Frage der Wahrheit ist heute zu stellen unter der Maßgabe eines wechselseitig negativen Verhältnisses von Philosophie und Politik. Die Politik steht unter dem Primat der öffentlichen Meinung, während die Philosophie dem der Wahrheit unterstellt ist. Diese irreduzible Opposition von Wahrheit und Meinung findet sich bereits bei Platon, doch erst in der Traditionslinie der politischen Philosophie im Anschluss an Kant und Arendt wird die sophistische Idee wieder aufgegriffen, „daß die Politik (das ‚politische Leben') auf ewig der Meinung verfallen, auf ewig von jeder Wahrheit abgetrennt wäre." (Badiou 2003a: 28)

In der abendländischen Denkordnung hat sich damit eine politische Philosophie durchgesetzt, die Politik nicht als eine Wahrheitsprozedur, nicht als einen Modus des Denkens, sondern lediglich als öffentliches Urteilen über Meinungen begreift. Da die Meinungen auf keine ihnen zugrunde liegende transzendentale Figur verweisen, bleibt die Frage ihrer Entstehung im Dunkeln. Zu betonen ist, dass jede Meinung in Wirklichkeit von einem Politikmodus, von einer Politik determiniert ist. „Die reale Pluralität ist die der Politiken, die Pluralität der Meinungen ist nur der Referent einer bestimmten Politik". (Badiou 2003a: 38)

Gegen diese Verengung vertritt der französische Philosoph Alain Badiou die These, dass es die Hauptaufgabe gegenwärtigen Denkens ist, „mit der ‚politischen Philosophie' Schluß zu machen." (Badiou 2003a: 25) Gemeinsam mit Jacques Rancière, Rado Riha, Jelica Šumič und Slavoj Žižek projektiert er eine *Politik der Wahrheit* mit dem Ziel, einen nach-metaphysischen Widerstandspunkt innerhalb der herrschenden Ordnung des Denkens zu errichten. Entgegen der klassischen Metaphysik einer rationalen Wahrheit und der pragmatischen Pluralität der Meinungen entwirft Badiou eine Theorie des Wahrheits-Ereignisses.

Das Ereignis wird dabei gedacht als die universale Wahrheit einer konkreten historischen Situation, die aufscheint und die Inkonsistenzen der herrschenden Ordnung des Denkens lesbar macht. Doch dieses Ereignis ist flüchtig und unentscheidbar, es benötigt die Treue des Subjekts, obwohl es keinen Beweis für seine Existenz gibt. Das bedeutet eine kontinuierliche

Anstrengung, das Feld des Wissens nachträglich vom Standpunkt des Ereignisses aus zu durchqueren, in diesem Feld zu intervenieren und nach den Zeichen der Wahrheit zu suchen. Dies ist ein Widerstand, der logisch verfährt, keine Meinung. Er ist ein logischer Bruch mit den gängigen und vorherrschenden Meinungen, *eine logische Revolte*. „Jeder Widerstand ist ein Bruch mit dem, was ist. Und jeder Bruch beginnt für den, der sich darin engagiert, mit einem Bruch mit sich selbst." (Badiou 2003a: 21)

Müsste man das philosophische und politische Denken Alain Badious an einem Beispiel verdeutlichen, so böte sich die Figur des Paulus an, dessen Existenz gänzlich dem Ereignis einer göttlichen Offenbarung auf der Straße nach Damaskus untergeordnet ist, von diesem Punkt seine eigentliche Begründung erfährt und auf die tätige Bewahrheitung dieses Ereignisses ausgerichtet ist.

„Als er aber auf dem Wege war und in die Nähe von Damaskus kam, umleuchtete ihn plötzlich ein Licht vom Himmel; und er fiel auf die Erde und hörte eine Stimme, die sprach zu ihm: Saul, Saul, was verfolgst Du mich? Er aber sprach: Herr, wer bist Du? Der sprach: Ich bin Jesus, den Du verfolgst." (Apg 9,3-5)[1]

Mit diesem Offenbarungs-Ereignis findet eine Konversion statt von dem orthodoxen Juden und Pharisäer Saulus von Tarsus, der sich mit Eifer an Christenverfolgungen beteiligt hat, zum christlichen Subjekt Paulus, wie er von nun an mit seinem zweiten Namen genannt wird (vgl. Apg 13,9), der auf seinen ausgedehnten Missionsreisen und in Briefen das Evangelium im Gebiet des Römischen Reiches verbreitet hat und schließlich unter Nero in Rom zum Tode verurteilt und 64 n. Chr. als Märtyrer hingerichtet wurde.

Diese Figur des Paulus begleitet das Leben Badious, sie ist bereits als Heldin Paule in seinem 1984 geschriebenen Theaterstück „L'Incident d'Antioche" identifiziert und steht noch als Namenspatron für seine 1997 erschienene Schrift „La fondation de l'universalisme".[2] Doch entgegen dem philosophischen Trend der letzten Jahre, von einer *Rückkehr des Religiösen* zu sprechen, interpretiert Badiou die Figur des Paulus areligiös, nicht als

---

[1] Die Angaben der Bibelzitate beziehen sich auf die revidierte Fassung der Übersetzung Martin Luthers.

[2] Folgend zitiere ich die deutsche Übersetzung.

Wahrheits-Ereignis und logische Revolte bei Badiou

Heiligen oder Apostel, sondern als *militant*, als politischen Kämpfer. Damit knüpft er an die Ausführungen Friedrich Engels an, der in seiner „Geschichte des Urchristentums" auf die sozialrevolutionäre Bedeutung der urchristlichen Bewegung hingewiesen und die Nähe zum modernen Sozialismus betont hat:

> „Die Geschichte des Urchristentums bietet merkwürdige Berührungspunkte mit der modernen Arbeiterbewegung. Wie diese, war das Christentum im Ursprung eine Bewegung Unterdrückter: es trat zuerst auf als Religion der Sklaven und Freigelassenen, der Armen und Rechtlosen, der von Rom unterjochten oder zersprengten Völker. Beide, Christentum wie Arbeitersozialismus, predigen eine bevorstehende Erlösung aus Knechtschaft und Elend; das Christentum setzt diese Erlösung in ein jenseitiges Leben nach dem Tod, in den Himmel, der Sozialismus in diese Welt, in eine Umgestaltung der Gesellschaft." (Engels 1894: 449)

Die historische Bedeutung der paulinischen Mission für den unglaublichen Erfolg der Bewegung des Urchristentums ist unbestritten. Bereits 300 Jahre nach der Geburt Christi ist das Christentum im Römischen Reich weit verbreitet, und im Jahre 337 empfängt Konstantin der Große auf dem Totenbett die christliche Taufe. Damit unterstellt Kaiser Konstantin sich der Wahrheit der christlichen Auferstehung, einer Wahrheit, die jedes Gesetz der antiken Welt, insbesondere auch das Römische Recht und das jüdische Gesetz, außer Kraft setzt. Mit der Konzentration auf die Auferstehung Jesu Christi proklamiert Paulus den revolutionären Gedanken der Abschaffung jeder sozialen Ungleichheit. „Hier ist nicht Jude noch Grieche, hier ist nicht Sklave noch Freier, hier ist nicht Mann noch Frau; denn ihr seid allesamt einer in Christus Jesus." (Gal. 3,28)

Das christliche Subjekt wird also niemals durch eine Kategorie des Rechts oder eine andere ontologische Struktur identifiziert, es bekennt sich einzig und allein zur Auferstehung Jesu Christi. Dieser Punkt macht das Spezifische der paulinischen Argumentation aus. Er spricht nicht vom Leben und den Predigten Jesu Christi, sondern konzentriert das Christentum einzig auf die Aussage „Jesus ist auferstanden" und begründet von diesem singulären Ereignis die universale Wahrheit der Egalität, die für alle Menschen gleichermaßen gilt. „Denn es ist kein Ansehen der Person vor Gott." (Röm 2,11)

Paulus denkt damit erstmals

> „die Verbindung, die einen Übergang zwischen einer Aussage über das Subjekt und der Frage nach dem Gesetz herstellt. Es geht darum, dass Paulus ergründen will, welches Gesetz ein jeder Identität beraubtes Subjekt strukturieren kann, ein Subjekt, das von einem Ereignis abhängt, dessen einziger ‚Beweis' genau darin besteht, dass ein Subjekt sich zu ihm bekennt." (Badiou 2002: 13)

Dieses zirkuläre Verhältnis von Ereignis und Subjekt ist der Kerngedanke von Badious Theorie. Das Ereignis steht zunächst vor dem Subjekt. Ähnlich Althussers Konzept der ideologischen Anrufung entsteht das Subjekt erst, indem es von einem Ereignis angerufen wird (vgl. Žižek 2002: 196). Dieses Ereignis gehört jedoch nicht der positiven Ordnung des Seins an, denn, wie der Titel von Badious Hauptwerk andeutet, besteht eine Kluft zwischen „Sein und Ereignis". Das Ereignis ist vielmehr das „Was-nicht-das-Sein-als-Sein-ist" (Badiou 1997a: 116). Das Sein, als positive, ontologische Ordnung, ist dem Wissen zugänglich und steht für die Mannigfaltigkeit dessen, was sich uns in der Erfahrung zeigt; kurz: alles, was wir wissen und erfahren können. In diesem Sinne könnte man das Konzept des Seins auch Wissensordnung nennen. Das Ereignis zeigt sich in den Bruchstellen und Fehlfunktionen dieser Wissensordnung. Es offenbart, was in einer konkreten, historischen Situation zwar vorhanden, aber unterdrückt, vergessen, nicht repräsentiert ist. Das Ereignis heftet sich an diese Leerstelle einer Situation (vgl. Hetzel 2004).

> „Ich bin ein absoluter Immanentist – Ich bin überzeugt, falls es eine Wahrheit gibt, ist sie nicht transzendent, sondern liegt innerhalb der Situation – aber nichtsdestotrotz bin ich zu dem Schluss gekommen, dass die Situation als solche ohne Wahrheit ist. Diese Antinomie muss gelöst werden. An dieser Stelle führe ich die Kategorie des Ereignisses ein, die das System in eine andere Richtung dreht." (Sedofsky 1994, Übersetzung F.M.)

Das Ereignis lässt sich nicht unter die Enzyklopädie der Situation subsumieren, sein Erscheinen ist durch keine bestehende Struktur vorherbestimmt und seine Wahrheit ist, vom Standpunkt des Wissens aus gesehen, nicht bezeichen- oder beweisbar, sondern in einem radikalen Sinn neu. Damit hat die Wahrheit eines Ereignisses eine ununterscheidbare bzw. generische Dimension. Badiou gebraucht diese Begriffe weitestgehend synonym, wobei die Ununterscheidbarkeit eher eine Lücke in der bestehenden Wissensordnung markiert, wohingegen die Generizität die Entstehung neuen Wissens betont.

„,Generisch' bezeichnet positiv, dass dasjenige, das sich nicht unterscheiden lässt, in Wirklichkeit die allgemeine Wahrheit einer Situation ist, die Wahrheit ihres eigentlichen Seins, die als Fundament jedes noch kommenden Wissens gefasst wird." (Badiou 2005: 369)

Wahrheit steht also in einem diametralen Missverhältnis zum Feld des Wissens. Es kann kein Wissen von der Wahrheit eines Ereignisses geben. Ein Subjekt, das mit dem radikalen Neuanfang eines Ereignisses konstituiert wird, kann sich deshalb auch nicht auf Wissen stützen, sondern nur in treuem Glauben an der Bewahrheitung des Ereignisses arbeiten. „Es ist nicht die Arbeit des Wissenschaftlers, sondern des militanten Aktivisten." (ebd.: 371) Dies trifft ebenso auf die Handlungen des Heiligen Paulus zu, wie auf die Kämpfer einer politischen Organisation. So sind bei Badiou alle Elemente der paulinischen Triade von Glaube, Liebe und Hoffnung (vgl. 1. Kor 13,13) versammelt, der Glaube an das Ereignis, die Hoffnung auf die Versöhnung, die das Ereignis ankündigt, und die Liebe als treue Arbeit, dies wahr werden zu lassen.

An dieser Stelle schließt sich die Zirkularität von Ereignis und Subjekt. Ein Ereignis konstituiert sein Subjekt, und das Subjekt entfaltet durch sein Bekenntnis und seine Treue zu diesem Ereignis eine generische Wahrheitsprozedur, indem es, ausgehend vom überzähligen Punkt der Situation, der sich im Eindringen des Ereignisses zeigt, das Feld des Wissens durchkreuzt. Weil es zu Beginn keinen Beweis, keine andere Sicherheit hat als den Glauben, wird sich erst nachträglich bewahrheiten, ob dieses Ereignis ein Ereignis gewesen sein wird. „Die Subjektivierung ist somit dasjenige, durch das eine Wahrheit möglich ist. Sie richtet das Ereignis auf die Wahrheit der Situation, für die dieses Ereignis ein Ereignis ist." (Badiou 2005: 441) Die Struktur dieser Argumentation, die man als eine autopoietische Schließung des Glaubens interpretieren könnte, ist schon bei Paulus in einer Formulierung des Römerbriefes auf den Punkt gebracht: „Denn darin wird offenbart die Gerechtigkeit, die vor Gott gilt, welche kommt aus Glauben in Glauben". (Röm 1,17)

Im Anschluss an die Theologie des Paulus entwickelt Badiou seine Philosophie als praktisch-politisches Projekt, das er selbst als einen „Aufstand des Denkens" (Badiou 1997b: 9) bezeichnet. Er verbindet die Idee eines ereignishaften Bruchs in einer Situation mit der subjektiven Praxis des Widerstands als Wahrheitsprozess. Dies ist die aktivistische Dimension seiner Philosophie: „Eine Wahrheit, welche auch immer, ist nicht das, was man weiß, sondern was man ins Unendliche im Wagnis einer Bahn tut." (Badiou 1997c: 51) Wesentlich ist also die Treue des Subjekts, die vom Punkt des Ereignisses die Situation durchkreuzt und den immanenten Bruch verlängert und weiter aufspannt. Nur auf diesem Wege kann eine neue Seinsweise, die nicht schon in der alten enthalten war, entstehen.[3] Neben dem paradigmatischen Beispiel der Auferstehung Christi nennt er dafür eine Reihe weiterer Ereignisse, die einen solchen Riss in der Ordnung des Wissens bewirkt haben: u.a. die Französische Revolution, Galileis Schöpfung der Physik, die Oktoberrevolution, die Erfindung der Zwölftonmusik durch Schönberg oder eine persönliche Liebesbeziehung. Damit sind auch gleichzeitig die vier generischen Diskurse benannt, in denen für Badiou Wahrheits-Ereignisse auftreten können: die Liebe, die Kunst, die Wissenschaft und die Politik.

An dieser Stelle ist der Einwand unumgänglich, dass der Name der Wahrheit auch missbraucht werden kann und historisch missbraucht wurde. Die Theologie des Paulus, um bei diesem Beispiel zu bleiben, ist bis heute verknüpft mit der Unterdrückung der Frauen in der katholischen Kirche. Deshalb entwirft Badiou vor dem Hintergrund dieser Evidenz des Bösen in der Geschichte eine Ethik der Situation, in der die Versuchungen aufgezeigt werden, denen das Subjekt erliegen kann. Er fasst dabei drei Möglichkeiten zusammen, vom Wahrheitsprozess abzufallen: das Trugbild, den Verrat und das Desaster.

Am Beispiel dessen, was Nazis die „national-sozialistische Revolution" nennen, lässt sich das *Trugbild* verdeutlichen, das, wie im Falle Heideggers geschehen, mit einem Ereignis verwechselt werden kann (vgl. Farias 1989: 131ff.). Das Gefährliche daran ist, dass es mit der Benennung auf den Wahrheitsprozess verweist und alle seine formalen Kriterien aufweist, sich jedoch

---

[3] Mit dieser aktivistischen Konzeption des Ereignisbegriffs weicht Badious Philosophie deutlich von der des späten Heidegger ab, mit dem er die Grundüberzeugung teilt, „dass sich die Neubestimmung der Philosophie als solcher auf die ontologische Frage stützt." (Badiou 2005: 16)

nicht auf die Leere, sondern die Besonderheit oder Substanz einer Situation beruft. So ist das Trugbild

> „durch ein Vokabular der Fülle oder der Substanz definiert: die nationalsozialistische Revolution lässt – sagen die Nazis – eine besondere Gemeinschaft, nämlich das deutsche Volk, zu einem wahrhaften Schicksal als Schicksal universeller Herrschaft kommen. Derart dass das ‚Ereignis' angeblich nicht die Leere der voraufgehenden Situation zum Sein kommen lässt, sondern ihre Fülle. Nicht die Universalität dessen, was ja eben von keinem besonderen Merkmal (von keinem Vielfachen) unterstützt wird, sondern die absolute Besonderheit einer Gemeinschaft, die ihrerseits in den Merkmalen des Bodens, des Blutes und der Rasse verwurzelt ist." (Badiou 2003b: 96)

Somit verknüpft sich das Trugbild nicht mit einer universalen Wahrheit, die an alle gerichtet ist. Im Gegenteil: in der Treue zum Trugbild versucht eine geschlossene Gemeinschaft, die Herrschaft über alle auszuüben. Dies ist der Terror, dem Alain Badiou mit seiner Ethik entgegenzutreten versucht.

Der *Verrat* bezeichnet das Moment einer Krise der Treue im Wahrheitsprozess, wenn das Subjekt den Glauben an das Ereignis verliert, von dem es selbst konstituiert wurde. Wir kennen alle solche Momente, wenn wir uns nach Jahren fragen, ob das noch Liebe ist, weil das Ereignis der Liebe verblasst ist, oder ob es noch Sinn macht, sich weiter politisch zu engagieren, weil sich doch nichts verändert. Es stellt sich die Frage, ob die Wahrheit, der das Subjekt die Treue hält, vielleicht ein Trugbild ist und das Subjekt in seiner Treue Terror gegen sich selbst entfaltet? Diese Frage ist genauso unentscheidbar wie der Wahrheitsprozess selbst. Das Subjekt konstituiert sich im Glauben an ein Wahrheits-Ereignis in einem Akt reiner Entscheidung. Von diesem Zeitpunkt an orientiert es sich einzig am Ereignis. Deshalb kann es auch nicht einfach aufhören, Subjekt eines Wahrheitsprozesses zu sein. Im Verrat muss das Subjekt deshalb aktiv den immanenten Bruch leugnen, der vom Ereignis ausgeht.

> „Und der Bruch eines Bruchs begründet sich in der Kontinuität. Kontinuität der Situation und der Meinungen: es hat hier unter dem Namen ‚Politik' oder ‚Liebe' bestenfalls nur eine Illusion, schlimmstenfalls ein Trugbild gegeben." (ebd.: 104)

Die Möglichkeit des *Desasters* liegt in der Tatsache begründet, dass die Durchsetzung der Wahrheit gegenüber den Meinungen einen Machtkampf um die Benennung einer Situation impliziert. Die Wahrheit zeigt sich jedoch immer nur als singulärer Durchbruch im Feld der Meinungen. „Ihr einziges Sein ist die Herankunft (advenue) als Situation einer einzigartigen Wahrheit. Es ist also nötig, dass die Macht einer Wahrheit auch eine Ohnmacht ist." (ebd.: 110) Das Desaster entsteht durch die Verabsolutierung der Macht einer Wahrheit. Wenn beispielsweise die Roten Garden der chinesischen Kulturrevolution die vollständige Abschaffung des Egoismus ankündigen und damit eine Serie von Greueltaten auslösen. Dies ist der gnostische Versuch, eine wahre Welt zu errichten, aus der das Böse verbannt ist. Die Welt bleibt jedoch diesseits von Gut und Böse, weil zu jedem Wahrheitsprozess notwendig ein Element des Unnennbaren gehört, das der Sprache der Wahrheit entzogen und den Meinungen ausgeliefert ist. „Das Böse besteht diesmal darin, unter einer Wahrheitsbedingung um jeden Preis die Benennung des Unnennbaren erzwingen zu wollen." (ebd.: 112)

Trugbild, Verrat und Desaster sind die drei Erscheinungsformen des Bösen, die Badiou skizziert. Ihre Bedeutung erschließt sich an den Stellen, wo sie vom Wahrheitsprozess abweichen. So ist das Trugbild das Negativ des Ereignisses, der Verrat stellt einen Treuebruch dar und das Desaster die korrumpierte Macht der Wahrheit. Das Böse wird also nicht radikal oder außerweltlich gedacht, sondern immanent, von der Position des guten Wahren ausgehend. Die ethische Leitmaxime Badious kann deshalb zusammengefasst werden als Treue im Glauben an das Ereignis und im Kampf für seine Wahrheit.

„Wie ist es möglich, dass man aufhört, das Subjekt einer Wahrheit zu sein? Wie ist es möglich, dass man sich zum Alltagstrott mit seiner notwendigen Opazität gesellt, und dass man diese Opazität – oder diese Resignation – gegen den anfänglichen Aufbruch, dessen Zeuge oder Urheber man war, wendet. [...] Wie kommt es, dass die einen gewissermaßen zur Propaganda des Schattens zurückkehren und dass die anderen versuchen, das schöpferische Thema zu erneuern, welches auch immer ihre Schwierigkeiten seien? Diese Meditation gibt meiner Überzeugung Nahrung, dass das, was für die Philosophie konstitutiv ist, nicht nur darin besteht, im Glanz des Ereignisses zu verharren, sondern in seinem Werden, das heißt, im Abhandeln seiner Konsequenzen. Eigentlich konstitutiv für die Philosophie als Denken ist, nie zur strukturellen Passivität zurückzukehren. Dies habe ich ganz einfach Treue genannt. Und die Treue bildet einen Knoten, sie ist ein Konzept, das Subjekt, Ereignis und Wahrheit versammelt. Sie ist das, was das Subjekt hinsichtlich eines Ereignisses durchquert, das eine Wahrheit zu konstituieren fähig ist." (ebd.: 132f.)

Dies sind die Kernpunkte, die Alain Badious *Aufstand des Denkens* ausmachen. Er weist auf die Gefahr hin, die sich ergibt, wenn ein Subjekt in treuem Glauben militant handelt. Letzten Endes liegt diese Gefahr in der Struktur des Wahrheits-Ereignisses selbst, für das es keinen Beweis, keinen Maßstab innerhalb der herrschenden Ordnung des Denkens geben kann. So zeigt sich auch erst im Nachhinein, ob die Opfer einer Wahrheitsprozedur gerechtfertigt sind. Doch die Universalität des Ereignisses und die logische Konsequenz des Handelns sind die Waffen im Kampf für eine egalitäre Gesellschaft, an die Alain Badiou glaubt.

„Letztlich aber lehrt uns Paulus selbst, dass es weder auf die Zeichen der Macht noch auf exemplarische Lebensläufe ankommt, sondern darauf, wozu eine Überzeugung imstande ist – hier, jetzt und für immer." (Badiou 2002: 59)

Literatur

Badiou, Alain (1997a): Manifest für die Philosophie, Wien.

Badiou, Alain (1997b): Die gegenwärtige Welt und das Begehren der Philosophie, in: Riha, Rado (Hg.): Politik der Wahrheit, Wien, S. 9-30.

Badiou, Alain (1997c): Lacans Herausforderung der Philosophie, in: Riha, Rado (Hg.): Politik der Wahrheit, Wien., S. 46-53

Badiou, Alain (2002): Paulus. Die Begründung des Universalismus, München.

Badiou, Alain (2003a): Über Metapolitik, Zürich u. Berlin.

Badiou, Alain (2003b): Ethik: Versuch über das Bewußtsein des Bösen, Wien.

Badiou, Alain (2005): Das Sein und das Ereignis, Berlin.

Engels, Friedrich (1894): Zur Geschichte des Urchristentums, in: Karl Marx, Friedrich Engels: Werke, Bd. 22, Berlin 1972, S. 449-473.

Farias, Victor (1989): Heidegger und der Nationalsozialismus, Frankfurt/M.

Hetzel, Andreas (2004): Politik als Wahrheitsereignis: Alain Badiou, in: Oliver Flügel, Reinhard Heil, Andreas Hetzel (Hg.): Die Rückkehr des Politischen: Demokratietheorien heute, Darmstadt, S. 207-226.

Sedofsky, Lauren (1994): Being by numbers: Interview with Artist and Philosopher Alain Badiou, in: ArtForum, Oct. 1994: http://findarticles.com/p/articles/mi_m0286/is_n2_v33/ai_16315394.

Žižek, Slavoj (2002): Die Tücke des Subjekts, Frankfurt/M.

Antke Engel

Unter Verzicht auf Autorisierung. Foucaults Begriff der Akzeptanz und der Status des Wissens in queerer Theorie und Bewegung

Im Kontext queer/feministischer Theorie und neuer sexueller Bewegungen hat sich in den letzten zwei Dekaden ein neues Wissen von Geschlecht und Sexualität etabliert.[1] Es zeichnet sich durch eine Denaturalisierung und Delegitimierung der Zwei-Geschlechter-Ordnung und eine Ver-Uneindeutigung[2] der Begehrensrelationen aus, die nicht auf die Alternativen homo-, hetero- oder bisexuell zu beschränken seien. Ich möchte auf dem Hintergrund des Denkens von Michel Foucault nach dem Status dieses Wissens fragen. Ich werde argumentieren, dass es mit einer immanenten Wahrheitskritik und der Anerkennung seiner eigenen Kontingenz einhergeht. Das heißt, dass die Infragestellung der Zweigeschlechtlichkeit sich nicht auf eine Wahrheitsbehauptung beruft. Vielmehr erhält dieses nicht-neutrale, nicht-objektive Wissen dadurch Relevanz, dass es für Menschen handlungsleitend wird und praktische Effekte zeitigt. Die These, die ich hier vertreten möchte, lautet, dass es als Stärke anzusehen ist, wenn queer/feministische Theorie und Bewegung auf eine Autorisierung ihres Wissens verzichten und stattdessen darauf setzen, dass es sich performativ entfaltet.[3] Durch die performative Einsetzung verändert sich der Status des Wissens. Es erscheint nicht länger als Begründung oder Rechtfertigung sozialer Existenz, sondern als Herstel-

---

[1] Queer Theory ist ein junges Theorie- und Forschungsfeld, das sich mit den kulturellen Vorstellungen, sozialen Praxen und gesellschaftlichen Institutionalisierungsformen von Geschlecht und Sexualität befasst. Die historischen Formen rigider Zweigeschlechtlichkeit und normativer Heterosexualität werden als Machtregime analysiert. Nicht nur deren Normativität und Normalisierungsmacht, sondern auch daran geknüpfte Hierarchisierungen, nicht zuletzt im Zusammenspiel mit weiteren Kategorien sozialer Differenzierung, werden problematisiert (vgl. Engel 2005).

[2] Zum Begriff der VerUneindeutigung vgl. Engel (2002). Er bietet eine Alternative zu den Strategien der Vervielfältigung oder Auflösung von Geschlechtern oder Sexualitäten an, die der queeren Kritik an normativ-hierarchischen Kategorisierungen nicht gerecht werden.

[3] Ich verwende die Begriffe performativ und Performativität in Butlers Sinne als eine diskursive Wiederholung von Normen, mittels derer soziale Machtverhältnisse und Identitäten nicht etwa gespiegelt, sondern hervorgebracht werden (vgl. Butler 1995: 31ff.; 304ff.).

lungsverfahren und gleichzeitig Effekt eben dieser. Entstanden aus der Verwicklung in sozio-historische Macht/Wissen-Komplexe, wird es gleichzeitig zum Diskurs, der deren Umarbeitung betreibt. In diesem Sinne ist der Verzicht auf Autorisierung nicht als Ausdruck „weiblicher Bescheidenheit" oder verinnerlichter homo- oder transphober Selbstzensur zu verstehen. Vielmehr verweist er auf grundlegende Veränderungen des Politischen, insofern die Bedeutung autorisierender Instanzen infrage gestellt und Kontexte partikularer Selbstautorisierung bzw. kollektive Anerkennungspraxen gestärkt werden.

Die Infragestellung der Zweigeschlechtlichkeit – ein machtvolles Hirngespinst?

Einer der wichtigsten Gedanken, die uns Michel Foucault hinterlassen hat, ist der Hinweis auf eine unhintergehbare Verflechtung von Wissen und Macht. So heißt es in „Was ist Kritik?":

„(...) nichts kann als Wissenselement auftreten, wenn es nicht mit einem System spezifischer Regeln und Zwänge konform geht [...] und wenn es nicht, gerade weil es wissenschaftlich oder rational oder einfach plausibel ist, zu Nötigungen und Anreizungen fähig ist. Umgekehrt kann nichts als Machtmechanismus funktionieren, wenn es sich nicht in Prozeduren und Mittel-Zweck-Beziehungen entfaltet, welche in Wissenssystemen fundiert sind. Es geht also nicht darum zu beschreiben, was Wissen ist und was Macht ist und wie das eine das andere unterdrückt oder mißbraucht, sondern es geht darum einen Nexus von Macht-Wissen zu charakterisieren, mit dem sich die Akzeptabilität eines Systems erfassen lässt." (Foucault 1992: 33)

Im Anschluss an Foucault erweist sich das Streben nach Objektivität und neutralem Wissen als ein selbst zutiefst in sozio-historische Machtverhältnisse eingebundenes Unternehmen, und Wahrheit relativiert sich zu „Wahrheitseffekten", die aus diskursiv konstituierten Macht/Wissen-Komplexen hervorgehen. An diesen Gedanken konnte von feministischer Seite gut angeknüpft werden, denn feministische Erkenntnistheorie war seit den 1970ern bemüht aufzuzeigen, dass abendländisches Denken und moderne Wissenschaft keineswegs objektiv und neutral, sondern durch ein androzentristisches Vorurteil geprägt sind, das nicht nur den Ausschluss von Frauen legitimiert, sondern Wissen und Erkenntnis geschlechterhierarchisch formt. In anderen Worten: die sozio-symbolische Kategorie Geschlecht gilt als ein konstitutiver Machtfaktor in der Entwicklung von Wissen und Er-

Verzicht auf Autorisierung

kenntnis.[4] Während die frühen feministischen Ansätze die Wirkungsmacht einer hierarchischen Geschlechterdifferenz aufzeigen und die gegenseitige Absicherung des androzentristischen Herrschaftswissens und der gesellschaftlichen Unterordnung der Frauen herausarbeiten,[5] richtet sich die Aufmerksamkeit später zunehmend auf die sozio-kulturellen Prozesse, mittels derer die Geschlechter als differente hervorgebracht werden. Mittlerweile haben nicht nur die spezifischen Ausformungen von Geschlecht, sondern auch die binäre Geschlechterdifferenz als solche ihre „naturgegebene" Selbstverständlichkeit verloren (vgl. Butler 1991; Fausto-Sterling 1993; Sgier 1994; Genschel 2001; Engel 2002; polymorph 2002). Untersucht werden – oft unter Bezugnahme auf Foucault – die Macht/Wissen-Komplexe, die Geschlecht als exklusive, notwendige Zweigeschlechtlichkeit formen und legitimieren.[6] Zudem entwickelten sich im frühen wie im späten 20. Jahrhundert sexualpolitische Bewegungen, die die Beschränkung auf zwei Geschlechter – sei es durch den Verweis auf nicht-heterosexuelle Begehrensformen, auf Praxen des *cross-dressing* und des Geschlechterwechsels oder

---

[4] Zu feministischer Erkenntnistheorie vgl. Harding (1994), Scheich (1993; 1996), Ernst (1999), Singer (2005); mit explizitem Bezug auf Foucault vgl. McNay (1994), Raab (1998).

[5] Hierbei stehen gesellschaftliche Institutionen und Praxen wie Ehe- und Verwandtschaftssysteme, geschlechtliche Arbeitsteilung, Kontrolle der Reproduktion, Zurichtung der Körper durch Mode, Bewegungsregulation, Medizin und Gewalt, aber auch kulturell vermittelte Weiblichkeitsbilder und Diskurse im Fokus der Kritik.

[6] Foucault selbst hat zur Befragung der binären Geschlechterdifferenz durch die Herausgabe der Tagebücher der/des Hermaphroditen Herculine Barbin beigetragen (vgl. Foucault 1998). Während er in „Der Wille zum Wissen" (1983) den Fokus auf das Sexualitätsdispositiv legt, arbeitet er im Vorwort der Tagebücher heraus, wie sich der Diskurs eines „wahren Geschlechts" durch eine juridische und medizinische Vereindeutigung der binär unterschiedenen Körper durchsetzt. Wobei er die Historizität der Körper verdeutlicht, jedoch weder die Kontingenz der Binarität betont noch explizit nach der Funktion der binären Geschlechtertrennung für die Durchsetzung einer androzentristischen und normativ heterosexuellen Gesellschaftsordnung fragt. Genau diese Gedanken werden aber später im Kontext der Queer Theory unter direkter Bezugnahme auf Foucault formuliert.

auf transgender oder intersexuelle Lebensformen zwischen den Geschlechtern – infrage gestellt haben.[7]

Meine Überlegungen setzen bei diesem queer/feministischen Wissen an, dem auch die Materialität der Körper und das anatomische Geschlecht als Effekte machtvoller kultureller Formierung gelten, die sozio-kulturellen Konstruktionsprozessen unterliegen und keineswegs notwendig die Form einer exklusiven Geschlechterbinarität annehmen müssen.[8] Für diejenigen, die dieses Wissen teilen, entstehen hieraus neue Selbstverhältnisse, soziale Praxen und politische Perspektiven. Für diejenigen, die dieses Wissen nicht teilen, erscheint die Infragestellung der Zweigeschlechtlichkeit als Hirngespinst, und es gelingt vergleichsweise problemlos, Irritationen gängiger Wahrnehmungs- und Darstellungsweisen in vertraute Geschlechterraster zurückzuschreiben.[9] Wie ist diese Ungleichzeitigkeit einzuschätzen? Artiku-

---

[7] Die Infragestellung der Zweigeschlechtlichkeit ist keine neue Errungenschaft der Queer-Bewegung; vgl. z.b. Schader (2004), bezogen auf die Repräsentationsformen lesbischer Kultur im Berlin der 1920er. Aktuelle bewegungspolitische Einbindung, speziell bezogen auf Intersex, vermittelt NGBK (2005), wo sich auch Texte zum frühen 20. Jahrhundert, z.B. zu Magnus Hirschfelds Theorie der sexuellen Zwischenstufen, finden.

[8] Im Anschluss an Judith Butlers Veröffentlichung „Das Unbehagen der Geschlechter" (1991) ist in der feministischen Theorie eine Debatte um den Status des Körpers und seiner Materialität ausgebrochen. Welche Bedeutung kommt dem Körper bezogen auf die gesellschaftlichen Geschlechterverhältnisse und die Subjektivität zu? Provokant war Butlers These, dass eine „Matrix der Heterosexualität" die rigide zweigeschlechtliche Unterscheidung der Körper organisiere und sich durch deren Naturalisierung selber legitimiere. Indem Butler die Kohärenz zwischen Geschlechtskörper (*sex*), sozialem Geschlecht (*gender*), Geschlechtsidentität und Begehren nicht als Naturgegebenheit, sondern als normatives Ideal und als Effekt mühsamer Zurichtungsmaßnahmen fasst, kann das heteronormative Herrschaftsregime aufgezeigt werden, das diese Prozesse anleitet. Damit gerät jedoch die feministische sex/gender-Unterscheidung, die bislang nützlich war, um die Naturalisierung von Geschlecht anzufechten, in die Kritik, weil im Begriff des *sex* eine binäre Geschlechterdifferenz stillschweigend vorausgesetzt werde, die sich nun als Absicherung der normativ heterosexuellen, hierarchischen Geschlechterordnung erweist.

[9] Hierbei spielen die Figuren des „Irrtums" oder der „Täuschung" als Gegenspieler zum „wahren Geschlecht" eine wichtige Rolle (vgl. Foucault 1998; Genschel 2000; Klöppel 2002; Butler 2004).

liert sich die Unvereinbarkeit eines subkulturell und in speziellen Theoriekreisen verfügbaren gegenüber einem dominanz-kulturell verfügbaren Wissen als Widerspruch? Oder bleibt der Widerspruch unbemerkt, weil sie unvermittelt nebeneinanderstehen? Welche Bedeutung hat dies bezüglich der gesellschaftspolitischen Relevanz, die ein Wissen sexueller Subkulturen bzw. queerer Theorie entfalten kann?

In „Körper von Gewicht" (1995) verdeutlicht Butler den Zwangscharakter und die Gewaltförmigkeit der heteronormativen Geschlechterordnung. Sie stelle kein Minderheitenproblem dar, sondern treffe „alle" Menschen: Um eine sozial verstehbare Existenz zu führen, müssten als „normal" anerkannte Geschlechtsidentitäten ausgebildet, das heißt, die Vorgaben einer zweigeschlechtlichen und heterosexualisierten „Matrix der Intelligibilität" erfüllt werden. Diejenigen, denen dies nicht gelingt, erlitten als verworfene Wesen einen „sozialen Tod". Ohne diese Gewaltförmigkeit zu leugnen, betonen demgegenüber AutorInnen wie Jacob Hale (1998), Chris Straayer (1996), Judith Halberstam (1998) oder Corinna Genschel (2001), dass auch Menschen, die diese Verwerfungen erfahren, dennoch soziale Räume bewohnen, Repräsentationen schaffen, Subjektivitäten ausbilden und Subjektstatus reklamieren. Die Infragestellung der Zweigeschlechtlichkeit sowie insbesondere Transgender und Intersexualität sind neben epistemischen Konzepten auch soziale Lebenspraxen, die für Einzelne – nicht nur, aber immer auch – mit der Erfahrung einhergehen, in der gegebenen gesellschaftlichen Ordnung keinen sozialen Ort und keine Ausdrucksformen für ihre Subjektivität zu finden bzw. als deviant, pathologisch oder als gänzlich unverständlich angesehen zu werden. Entgegen diesen Entwertungs-, Ausschluss- oder Verwerfungserfahrungen entwickeln sich unterschiedliche soziale oder subkulturelle Projekte und Kontexte ebenso wie individuelle Strategien, die darauf abzielen, sozio-kulturelle Räume und Artikulationen zu besetzen oder neu zu schaffen und in die bestehenden Herrschaftsmechanismen verändernd einzugreifen, um binär-hierarchische Geschlechterverhältnisse und heterosexistische Dominanz abzubauen.

Corinna Genschel arbeitet unter der Überschrift „Erstrittene Subjektivität" (2001) anhand der biographischen Zeugnisse des Transgender-Aktivisten Louis Sullivan heraus, wie sich unter den Bedingungen der zweigeschlechtlichen Zwangsordnung Eigensinn und politisches Handlungsvermögen dadurch entfalten, dass jemand eine subjektive Lösung für etwas finden muss, was gesellschaftlich als unlösbar gilt, nämlich ein Leben, das nicht in der zweigeschlechtlich heteronormativen Ordnung aufgeht. Im Ringen darum, wie ein maskulines Begehren in und jenseits der identitären Vorgaben eines weiblichen Transvestiten oder eines schwulen Transsexuellen gelebt wird, erstreitet sich Sullivan seine Subjektivitäten sowie Möglichkeiten der gesellschaftspolitischen Artikulation. Entscheidend seien hierbei, so Genschel, die Einbindung in bzw. das Schaffen kollektiver Kontexte sowie die gegendiskursive Wissensproduktion. Letztere orientiert sich an den Bruchstellen bestehender Diskurse und nimmt Wünsche und Phantasien zum Anlass für neue Denkweisen, die in soziale Praxen münden, so z.b. das Betreiben eines Archivs oder einer Zeitschrift als Formen, Geschichte zu schreiben und öffentlich zu artikulieren.

In ihrer jüngsten Aufsatzsammlung „Undoing Gender" (2004) greift Butler diese Überlegungen auf und formuliert den politischen Anspruch einer Handlungsmächtigkeit, die nicht durch die heteronormative Ordnung autorisiert ist: „What moves me politically, and for which I want to make room, is the moment in which the subject – a person, a collective – asserts a right or entitlement to a livable life when no such prior authorization exists, when no clearly enabling convention is in place." (Butler 2004: 224) Zugleich gelte es aber die Gewaltförmigkeit der Verwerfung nicht aus dem Blick zu verlieren. Deshalb entwickelt sie ihr politisches Anliegen in Relation zu der epistemischen Gewalt, mittels derer manche Menschen bzw. Lebensweisen als „unwirklich", „inauthentisch", als „Imitation", „Schauspiel" oder „Betrug" bezeichnet werden (vgl. ebd.: 217). In einer rhetorischen Wendung greift sie diesen Vorwurf des „ als ob" (*as if*) auf und entwickelt hieraus den prekären und ambivalenten Ort des Handlungsvermögens, das den Vorgaben der binären Geschlechterordnung nicht gerecht wird. In der Figur des „to live as if one were human" (vgl. ebd.: 216) verdeutlicht sich zugleich die Grausamkeit der Verweigerung des Subjektstatus (Verwerfung)[10] und die Handlungsmöglichkeit, die aus der Imitation bzw. der betrügerischen Aneignung des Subjektstatus erwächst.

---

[10] Butlers jüngere Überlegungen betonen wiederholt, dass diese Verweigerung des Subjektstatus zumeist über eine noch fundamentalere Negation des Menschseins legitimiert wird, was sich hier im Gebrauch der Wendung „as if you were *human*"

Verzicht auf Autorisierung

Auch Butler betont in diesem Zusammenhang die Bedeutsamkeit kollektiver Kontexte, die Anerkennung und Ermächtigung verleihen (vgl. ebd.: 216). Während es in „Körper von Gewicht" schien, als ob die Existenz als geschlechtliches Subjekt auf die Anerkennung durch die normative symbolische Ordnung angewiesen sei, tritt nun das Potenzial subkulturell geteilter Vorstellungen, Diskurse, Wissenshorizonte und Praxen hervor, die die Subjektivitäten ermächtigen und ihnen erlauben, Handlungsvermögen über den subkulturellen Kontext hinaus im hegemonial Gesellschaftlichen zu entfalten. Die Figur des politischen Subjekts wird zum *trickster*, dessen gesellschaftspolitische Artikulations- und Gestaltungsmacht performativ hervorgebracht wird, indem sie aus der Position des „als ob" in Anspruch genommen wird. Damit, so ließe sich schlussfolgern, eröffnet sich mit der Figur des „to live as if you were a subject" eine Perspektive politisch machtvoller gesellschaftlicher Existenz, die nicht mehr auf eine Autorisierung durch die normative symbolische Ordnung oder „das Gesetz" angewiesen ist.

Doch was rechtfertigt es, in diesem Zusammenhang von „machtvoll" zu sprechen? Kann auf diese Weise nicht maximal Toleranz für ein subkulturelles Nischendaseins errungen werden? Und muss es nicht im Hinblick auf gesellschaftliche Veränderungen darum gehen, eine Autorisierung des queer/feministischen Wissens zu erringen, um die dominanten Geschlechter- und Begehrensverhältnisse zu unterminieren? Im Folgenden werde ich mich auf dem Hintergrund der von Michel Foucault 1978 gehaltenen Vorlesung „Was ist Kritik?" genauer mit der gesellschaftlichen Konstituierung von Wissen und dessen gesellschaftspolitischem Potenzial befassen. Was bedeutet es, dass ein Wissen gesellschaftliche Akzeptanz findet? Was heißt es, wenn diese Akzeptanz auf einen partikularen Kontext begrenzt ist – und wenn auf eine Autorisierung verzichtet wird? Und bewirkt dieser Verzicht auf Autorisierung eine Selbstbeschränkung, oder liegt gerade darin eine politische Intervention, die Herrschaftslogiken unterbricht? Um mich diesen Fragen zu nähern, sind zunächst einige begriffliche Klärungen nötig.

---

spiegelt. Die Formulierung „as if you were a subject" stammt von mir, nicht von Butler.

Unter Verzicht auf Autorisierung

„Verzicht auf Autorisierung" meint zweierlei: Zum einen, sich unabhängig davon zu machen, dass das queer/feministische Wissen durch eine hegemoniale Instanz anerkannt und legitimiert wird. Zum anderen, das Wissen weder zur neuen Geschlechterwahrheit zu küren noch mit universellem Geltungsanspruch zu versehen. Beiden Gesten werden, wie oben verdeutlicht, dadurch soziale Kontexte ermöglicht, in denen der Verzicht auf Autorisierung nicht zum Verlust wissenschaftlicher Glaubwürdigkeit oder sozialer Intelligibilität führt bzw. in denen Wissen Relevanz entfaltet, indem es sich für die gelebten Subjektivitäten und deren soziale Beziehungen als brauchbar erweist. Heißt das, so wäre kritisch zu fragen, dass lediglich andere, partikulare, subkulturelle Kontexte der Autorisierung geschaffen werden, die intern dennoch universalistischen Anspruch erheben? Oder sind diese Kontexte dadurch gekennzeichnet, dass das Wissen als eines anerkannt wird, das kontingent, machtverbunden und nicht universalisierbar ist?[11]

Diese Fragen nach einem partikularen oder universellen Wissen bzw. nach dessen kontextspezifischer Relevanz lassen mich eine Begriffsunterscheidung vorschlagen, die ich im weiteren Textverlauf zu plausibilisieren trachte: Unter *Autorisierung* verstehe ich die Prozesse, mittels derer ein „universelles Wissen mit Wahrheitsanspruch" durchgesetzt wird – Prozesse, die immer zugleich epistemologische sowie sozio-politische Machtprozesse sind. Mit Foucault werde ich diese Prozesse später als Herstellung von *Akzeptanz* und deren Absicherung durch *Systeme der Akzeptabilität* diskutieren. Dies verschiebt den Fokus von der Frage der Reichweite (partikular/universell) zur Frage nach den Rechtfertigungsgründen – die bei Foucault weniger als epistemologische, denn als Macht- bzw. Autoritätsgründe decodiert werden. Dem entgegen möchte ich drittens den Begriff der *Anerkennung* des Wissens ins Spiel bringen. Dieser geht von der positivistischen Frage, wo welches Wissen Akzeptanz findet und auf welchen Systemen der Akzeptabilität es gründet, zu einer politisch-strategischen Frage über: Einem Wissen Anerkennung zu verleihen – sei es in partikularen Kontexten, die

---

[11] Wobei auch dieses Verständnis von Wissen durchaus Anerkennung in bestimmten wissenschaftlichen (poststrukturalistischen, konstruktivistischen) Kreisen genießt und auf deren Autorisierung hoffen kann.

dieses Wissen anerkennen, weil es als Gegenwissen widerständige Selbst- und Weltverhältnisse ermöglichen oder begründen kann, sei es in hegemonialen Kontexten, die Anerkennung in Form von Kanonisierungen, rechtlichen Kodifizierungen oder durch (symbolische oder ökonomische) Förderung der Forschung oder Verbreitung verleihen – heißt immer auch einen politischen Akt zu vollziehen und in die herrschenden Machtverhältnisse einzugreifen.

Entscheidend ist: Anerkennung kann, muss aber nicht die Form einer Autorisierung annehmen. Entsprechend dieser Überlegungen möchte ich den Verzicht auf Autorisierung als eine politische Geste stark machen, die zwar auf Anerkennungskontexte angewiesen ist, diese aber nicht nutzt, um in den Kampf um universelle Wahrheiten einzutreten. Vielmehr verschiebt sie das Feld der Auseinandersetzung vom Epistemologischen auf das Politische und eröffnet die Frage, wie sich Bedingungen schaffen lassen, die es erlauben, divergenten Positionen Anerkennung zu verleihen. Eben diese Verschiebung soll nun anhand von Foucaults Überlegungen zum Zusammenspiel von Macht, Wissen und Politik genauer betrachtet werden.

Akzeptanz, Akzeptabilität und die Produktivität der Akzeptanzschwierigkeit – Foucaults Wissenskonzeption

In der Vorlesung „Was ist Kritik?" schlägt Foucault (1992: 30) vor, die Frage des Wissens nicht über die „Legitimitätsprüfung historischer Erkenntnisweisen" – d.h. die Fragen, wahr oder falsch, rational oder irrational, subjektiv oder objektiv – zu verhandeln, sondern als Machtfrage, die sich für die „Verschränkungen zwischen Zwangsmechanismen und Erkenntnisinhalten" (ebd.: 31) interessiert. Zu diesem Zwecke gelte es sich damit zu befassen, wie ein bestimmtes Wissen akzeptabel wird. Um dies herauszufinden, sei von dem auszugehen, was im Konkreten Akzeptanz finde, um von dort aus die Systeme der Akzeptabilität zu erarbeiten, die dies absichern. Diese machtfokussierte Perspektive geht davon aus, dass nicht das akzeptiert wird, was als legitim gilt oder was erzwungen wird, sondern was sich in der Verkettung verschiedener Praxen gegenseitig bestätigt. Die Frage nach einer historischen Akzeptabilität erfordert

> „eine Analyse des Nexus von Macht-Wissen, der die Tatsache seines Akzeptiertseins auf das hin verständlich macht, was es akzeptabel macht – nicht im Allgemeinen, sondern eben dort, wo es akzeptiert ist: das heißt, es in seiner

Positivität erfassen. Es handelt sich also um ein Verfahren, das sich nicht um Legitimierung kümmert und das folglich den grundlegenden Gesichtspunkt des Gesetzes eliminiert: es durchläuft den Zyklus der Positivität, indem es vom Faktum der Akzeptiertheit zum System der Akzeptabilität übergeht, welches als Spiel von Macht-Wissen analysiert wird." (ebd.: 34)

Bezüglich queer/feministischen Wissens erscheint mir diese Position aus drei Gründen interessant: Erstens kann die lokal auftretende Tatsache eines Akzeptiertseins ernst genommen und epistemologisch aufgewertet werden. Zweitens kann das partikulare Wissen als Moment eines Machtspiels gelten, das potentiell die Chance hat, sich mit einem System der Akzeptabilität zu verknüpfen und dadurch in erweiterte Akzeptanzfelder einzutreten. Drittens ist das Wissen nicht an ein universelles Erklärungsmuster („die symbolische Ordnung", „die heterosexuelle Matrix", „die binäre Logik") gebunden. Foucault betont, es gehe nicht um das Verhältnis von Herrschaft und Wissen, also nicht darum, ein grundlegendes Gesetz zu ergründen, sondern darum, zwischen Wissen und Macht strategische, aber dynamische, umkehrbare und anfechtbare Beziehungen zu sehen (ebd.: 40). Somit würde eine „Verstrickung zwischen Prozesserhaltung und Prozessumformung" (ebd.: 39) und damit das Verhältnis zwischen Wissen und gesellschaftlichen Machtverhältnissen überhaupt erst thematisierbar.

Ein konkretes Phänomen der Akzeptanz oder auch ein System der Akzeptabilität resultiert aus der Zustimmung unter Bedingungen des Macht-Wissens, die als Interaktionsbeziehungen erfolgen, „d.h. sie implizieren Subjekte, Verhaltenstypen, Entscheidungen, Optionen ... Ungewissheit" (ebd.: 38). Foucault formuliert hier einen der Performativität ähnlichen Gedanken, dass die Durchsetzung der Regeln im Vollzug und der fortwährenden Wiedereinsetzung erfolge; im Unterschied zum Konzept der Performativität tritt Veränderung jedoch nicht nur als Scheitern der Wiederholung auf, sondern wird auf zwei weiteren Ebenen forciert: zum einen durch die Ungewissheiten, die jede Interaktion aufgrund bedingter, aber nicht determinierter Entscheidungen, Verhaltensweisen und Optionen beinhaltet, und zum anderen aufgrund einer Heterogenität der Diskurse und Interaktionen, die zu Widersprüchen, Anfechtungen und Ungleichzeitigkeiten zwischen verschiedenen Interaktionsniveaus führen kann:

Verzicht auf Autorisierung

„Die Logik der Interaktionen, die sich zwischen Individuen abspielen, kann einerseits die Regeln, die Besonderheit und die singulären Effekte eines bestimmten Niveaus wahren und doch zugleich mit den anderen Elementen eines anderen Interaktionsniveaus zusammenspielen dergestalt, dass keine dieser Interaktionen als vorrangig oder absolut totalisierend erscheint. Jede kann in ein Spiel eintreten, das über sie hinausgeht; und umgekehrt kann sich jede, wie lokal beschränkt sie auch sein mag, auf eine andere auswirken […]." (ebd.)

Stellen wir uns eine solche indeterminierte, komplexe Interaktionssituation bezogen auf die Prozesse der Herstellung zweigeschlechtlicher Ordnung vor: Dies könnte z.B. heißen, dass Menschen in einer Seminarsituation die Regeln zweigeschlechtlicher Interaktionspraxis erfüllen, insofern sie die feministische Dozentin in ihrem Bild bestätigen, die Wissenschaft profitiere von wohl artikulierten, intellektuellen Frauen. In einem anderen Seminar kann es passieren, dass die gleichen Menschen mit ähnlichen Äußerungen als „dumme Hühner" decodiert werden. In beiden Seminaren können sie die Norm stützen, indem sie die DozentInnen in der Annahme lassen, all ihre Studierenden würden heterosexuelle Paarbeziehungen leben oder anstreben. Gleichzeitig können sie sich aber – vor den Augen und Ohren der DozentInnen und doch von diesen unbemerkt – als Lesben, Schwule und transgender Personen adressieren. Vielleicht sind sie miteinander in diverse polyamouröse Beziehungen verstrickt? Die Maskulinität der einen lässt sie einer anderen als attraktive Lesbe erscheinen, während sie einem dritten dessen schwules Begehren weckt. Die dominante Wahrnehmung weiß Ersteres als „freundschaftliche Arbeitsbeziehung" und Letzteres als „Heterosexualität" zu dekodieren.

In diesen beispielhaften Interaktionen kommen dezidierte, aber höchst unterschiedliche Geschlechterwissen zum Einsatz, die bedingt sind durch Machtverhältnisse und die Machteffekte implizieren, aber von denen, so Foucault, keines absolut oder totalisierend sei und die, wie lokal beschränkt sie auch sein mögen, aufeinander einwirken. Keinesfalls kann der komplexen Singularität dieser Situationen Genüge getan werden, wenn lediglich die Frage gestellt wird, ob eine binär-heterosexuelle Ordnung bedient oder unterlaufen wird, ohne die Prozesse und Mechanismen zu betrachten, entlang derer sich die nicht-heteronormativen Geschlechter- und Begehrensrelationen ausprägen. Deutlich ist auch, dass Geschlecht in diesem Szenario nicht als Wahrheitsfrage erscheint. Weder Erkenntnisdrang noch eine Wissbegierde, die bei den Einzelnen ein „wahres Geschlecht" zu erkunden trachtet, helfen weiter, um die Interaktionen und die darin wirksamen Macht/Wissen-Komplexe zu analysieren. Gefragt werden sollte, so Foucault, danach, was akzeptiert wird, was es akzeptabel macht, wo die Akzeptanzschwierigkeiten ansetzen und ob sich ein System der Akzeptabilität herausbildet.

Zwar ist es nahe liegend, dass eine konkrete Akzeptanz oder ein System der Akzeptabilität sich eine Autorisierung des Wissens zunutze macht – womöglich eine Autorisierung, die auf der Naturalisierung eines Herrschaftsverhältnisses beruht, die sich ihre Legitimität aus einer Tradition zieht oder sich auf die Authentizität eines Begehrens beruft. Werden jedoch im Sinne Foucaults Fundierungsdiskurse und universelle Gesetze einer Machtanalytik unterzogen, so ermöglicht dies, den legitimatorischen Gestus unhinterfragter Autorität anzufechten. So eröffnet sich im Anschluss an Foucaults Konzept der Akzeptanzproduktion die Chance, strategisch darauf zu setzen, dass ein bestimmtes Wissen akzeptabel wird, indem es performativ vollzogen, in Interaktionsbeziehungen zum Einsatz gebracht oder sogar, indem dessen Kontingenz betont wird. Akzeptanz findet womöglich ein Wissen, das sich als sozio-kulturell umkämpftes präsentiert.

„Akzeptabel" bedeutet aus Foucaults Sicht weder normativ noch erstrebenswert oder gar vorbildlich, sondern verweist auf eine Faktizität, die in ihrer Machtbedingtheit notwendig anfechtbar bleiben muss und unweigerlich mit Akzeptanzschwierigkeiten zu rechnen hat. Unter diesen Bedingungen auf Autorisierung des Wissens als „Wahrheit" zu verzichten, ist als Versuch zu verstehen, normative Ein- und Ausschlussmechanismen zu untergraben. So schreibt Thomas Schäfer über Foucaults Ansatz:

> „Die Vermeidung von universellen ‚wissenschaftlichen' Geltungsansprüchen soll [...] verhindern, daß sein kritisches Denken in den Dienst einer (vermeintlichen) ‚Befreiung' gestellt werden kann, die gegebenenfalls zur Rechtfertigung sozialer Sanktionen, Ausschlüsse oder Diskriminierungen geeignet wäre". (Schäfer 1995: 73)

Schäfer versteht Foucaults Anti-Universalismus und Antinormativismus, die ich meinerseits als Formen des Verzichts auf Autorisierung interpretiere, als konsequente Haltung seiner Machtkritik. Diese erfordere es, die Kontingenz und Perspektivität auch des eigenen Kritikstandpunkts anzuerkennen und Praxen zu entwickeln, die Engagement mit der Kontingenz dieses Standpunkts verbinden.¹² Hinsichtlich dieser Praxen betont Schäfer, dass es Foucault nicht darum gehe, argumentativ zu überzeugen, sondern neue Darstellungsweisen anzubieten, um „eine Person von ihrer Ausgangsposition *abzubringen*, indem die Voraussetzungen ihrer Meinungsbildung geändert werden". (Schäfer 1995: 81)¹³

> „Bestimmte Gegenstandsbereiche werden dabei so dargestellt, dass die Bereitschaft entsteht, übliche oder gewohnte Sichtweisen, Perspektiven oder Vorstellungen aufzugeben oder zumindest zu problematisieren. Die damit verbundene Erschütterung traditioneller Bestände soll also nicht dadurch erreicht werden, dass das Gewohnte oder Geltende mit Argumenten kritisiert wird. Nicht zuletzt deshalb charakterisiert Foucault seine Arbeiten ja als ‚Erfahrungen' mit der Gegenwart, als neue Erfahrungen mit nur scheinbar Vertrautem." (ebd.: 85)

Dies ließe sich als Programmatik queer/feministischer Repräsentationspolitik lesen und kondensiert das Verständnis eines Geschlechterwissens, von dem ich behaupte, dass es auf Autorisierung verzichtet. Entsprechend sehe ich Anknüpfungspunkte an die Überlegungen, die Sabine Hark (2005) in ihrer abschließenden Reflexion über die Diskursgeschichte feministischer Theorie und geschlechtertheoretischen Wissens darlegt. Da das Ziel nicht sei, „eine neue, kanonisierte Disziplin zu werden, sondern neue Formen und Modi der Produktion von Wissen zu entwickeln" (ebd.: 395), seien, so Hark, „dissidente Wissenspraktiken" dort zu suchen, wo Wahrheiten, Festschreibungen oder Kategorisierungen immer wieder problematisiert und auf ihre Grenzen und Ausschlüsse betrachtet werden, wo eine fortwährende Produktion neuer Diskurse, Erzählungen, Begriffe und Perspektiven entwickelt und eine „Lust am dissonanten Widerstreit inkommensurabler Perspektiven" (ebd.: 396)

---

¹² Der hieraus resultierende Partikularismus sei insofern nicht relativistisch, als er mit einer radikalen Kritik aller Fundierungs- und Legitimationsdiskurse von Herrschaft einhergeht.

¹³ Hierbei bedient sich Foucault bestimmter rhetorischer Techniken: 1. der genealogischen Diskreditierung vermeintlicher Evidenzen, 2. der Darstellung bestehender sozialer Verhältnisse als Machtverhältnisse, 3. der psychologisierenden oder politisierenden Beschreibung traditioneller Denkweisen, 4. eines konstruktivistischen Vokabulars, um den Eindruck von Festigkeit zu unterminieren und 5. nichtsubjektzentrierter Satzformen, um subjektphilosophische Metaphern zu untergraben (vgl. Schäfer 1995: 84f.).

kultiviert wird. „Dissidente Wissenspraxis wäre mithin eine Praxis, in der die eigenen Gewissheiten als verhandelbar betrachtet." (ebd.: 395)[14]

Wenn sich somit Praxen entwickeln, die das Wissen in seiner Kontingenz anerkennen und artikulieren, so bedeutet dies nicht nur, dass die Machtkonstituiertheit und Konstituierungsmacht des Wissens ernst genommen werden, sondern dass eine Veränderbarkeit der jeweiligen Machtverhältnisse sowie bezüglich dessen Gestaltungsmacht reklamiert wird. Entscheidend ist dementsprechend nicht, eine Autorisierung des in queeren Praxen vollzogenen Geschlechterwissens zu erlangen – weder im Sinne einer Anerkennung durch äußere Instanzen noch im Sinne eines eigenen Universalisierungsanspruchs – sondern a) Repräsentationen (Bilder, Diskurse, Rhetoriken) zu gestalten, die das Wissen zu artikulieren erlauben, b) Kontexte zu schaffen, in denen es gelebt werden kann und c) über Ressourcen zu verfügen, die beides ermöglichen. Repräsentationen, Kontexte und Ressourcen sind die Bedingungen, mittels derer die Kämpfe um Akzeptanz ausgefochten werden können. Sie können diese Aufgabe genau deshalb erfüllen, weil sie nicht universell, d.h. nicht normativ und vereinheitlichend sind.

Kontingenz leben als „Freiheitsbekenntnis in der Machtbedingtheit"

Es kann also auf die universalistischen Ansprüche und Wahrheitsanmaßungen der Autorisierung verzichtet werden, wenn es Anerkennungskontexte gibt, die die Bedingung dafür darstellen, dass (auch ein partikulares) Wissen sozio-kulturelle Macht entfalten, d.h. Subjektivitäten sowie soziale und womöglich gesellschaftliche Beziehungen konstituieren kann. Machtpolitisch ist die entscheidende Frage, ob diese Subjektivitäts- und Beziehungsformen zum Abbau normativer, normalisierender und hierarchischer Verhältnisse beitragen. Angesichts dieses Anspruchs, der von queer/feministischer Seite aus mindestens für die Geschlechter- und Sexualitätsverhältnisse gestellt wird, vollzieht die Argumentation eine reflexive Wende. Denn der „Verzicht auf Autorisierung" begründet sich nicht nur aus diesem herrschaftskritischen

---

[14] Skepsis äußerte Hark dennoch gegenüber meinem Konzept des „Verzichts auf Autorisierung", da ihrer Ansicht nach das Ziel der Anerkennung feministischer Positionen und entsprechender politischer Partizipation mit einem solchen Gestus der Bescheidenheit nicht zu erlangen ist (Diskussion nach meinem Vortrag am ZIFG der TU Berlin, 06.12.2005).

Anspruch, sondern trägt auch dazu bei, ihn umzusetzen: Indem die Kontingenz des Wissens und damit auch des eigenen Standpunkts anerkannt wird, gewinnen die eigenen epistemischen, ethischen und politischen Selbst- und Weltverhältnisse genau in dem Maße Relevanz, wie sie sich innerhalb von Machtverhältnissen interrelational umsetzen. Zugleich wird damit Möglichkeitsraum für andere Positionen geschaffen, die untereinander nicht um Wahrheit ringen, sondern um Anerkennung und Ressourcen. Obwohl dies verdeutlicht, dass die erfahrene oder fehlende Akzeptanz nicht auf Wahrheit, sondern auf Macht/Wissen gründet, kann damit der eigene Standpunkt zuallererst als ein verantwortbarer, anfechtbarer und veränderlicher anerkannt werden. Obwohl ich über seine Bedingungen nicht verfüge und der Macht unterworfen bin, liegt im Ausleben der Kontingenz somit ein Bekenntnis zur „Freiheit in der Machtbedingtheit".

Zu folgern wäre somit, dass das neue, nicht-binäre, nicht-heteronormative Geschlechterwissen an Überzeugungskraft gewinnt, sobald es beginnt, gesellschaftliche Wirklichkeit zu konstituieren, in der sich Gestaltungsmacht als Abbau sozialer Hierarchien und Normalitätsregime entfaltet. Damit wäre das Interessante an einer queer/feministischen Infragestellung der Zweigeschlechtlichkeit zuallererst einmal, dass sie erlaubt, sich in ein kritisches Verhältnis zum Wahrheitsregime der heteronormativen, zweigeschlechtlichen Ordnung zu setzen. Wenn es somit denkbar wird, die angebliche Wahrheit, Natürlichkeit oder Notwendigkeit unserer geschlechtlich-sexuellen Subjektivität „einzuklammern" und sie in ihrer Kontingenz anzunehmen, verlangt dies konsequenterweise, sie nicht stattdessen durch eine neue Rationalitätsform, die ihrerseits beansprucht, „primär und fraglos" zu sein, zu ersetzen. Dies bedeutet zwar eine Verunsicherung – die allerdings durchaus mit Lust besetzt sein kann: „to find it exciting, to understand something of the desire that gender trouble is" (Butler 2004: 207). Weiterhin liegt darin auch ein Versprechen, das Versprechen, so Butler mit Foucault, neue Arten der Subjektivität entstehen zu lassen – und zwar nicht durch einen schöpferischen Akt, sondern aus dem kritischen Selbstverhältnis, das die bislang gültigen Wissensformen und Wahrheitsregime als machtbedingt und veränderlich ansieht:

> „Sie [neue Arten der Subjektivität, A.E.] werden hervorgebracht, wenn die uns hervorbringenden begrenzenden Bedingungen sich als formbar erweisen; diese neuen Arten der Subjektivität entstehen, wo ein bestimmtes

Selbst in seiner Verständlichkeit und Anerkennbarkeit bei dem Versuch aufs Spiel gesetzt wird, die nach wie vor unmenschlichen Arten des ‚Menschseins' offenzulegen und zu erklären. Das geschieht, wenn wir an die Grenzen der epistemologischen Horizonte stoßen und uns klarmachen, dass die Frage nicht einfach lautet, ob ich dich erkennen kann oder erkennen werde, sondern vielmehr ob ‚du' für das Schema des Menschlichen, in dem ich mich bewege, in Frage kommst." (Butler 2003: 144)

Sollte dies nicht der Fall sein, dann bist nicht „du" das Problem, sondern die Verantwortung liegt bei mir, die ich mein „Schema des Menschlichen" als eines erkennen muss, das „dich" ausschließt. Keine moralische oder epistemische Instanz, sondern meine ethische Erfahrung fordert mich auf, „anders zu werden" (ebd.) – und anders zu wissen.

Literatur

Butler, Judith (1991): Das Unbehagen der Geschlechter, Frankfurt/M. [1990].

Butler, Judith (1995): Körper von Gewicht. Die diskursiven Grenzen des Geschlechts, Berlin [1993].

Butler, Judith (2003): Kritik der ethischen Gewalt, Frankfurt/M.

Butler, Judith (2004): Undoing Gender, London u. New York.

Engel, Antke (2002): Wider die Eindeutigkeit. Sexualität und Geschlecht im Fokus queerer Politik der Repräsentation, Frankfurt/M.

Engel, Antke (2003): Wie regiert die Sexualität? Michel Foucaults Konzept der Gouvernementalität im Kontext queer/feministischer Theoriebildung, in: Encarnación Guttiérez Rodríguez/Marianne Pieper (Hg.): Gouvernementalität. Eine sozialwissenschaftliche Debatte im Anschluss an Foucault, Frankfurt/M., S. 224-239.

Engel, Antke (2005): Entschiedene Interventionen in der Unentscheidbarkeit. Von queerer Identitätskritik zur VerUneindeutigung als Methode, in: Harders, Cilia/Kahlert, Heike/Schindler, Delia (Hg.): Forschungsfeld Politik, Wiesbaden, S. 261-284.

Ernst, Waltraud (1999): Diskurspiratinnen. Wie feministische Erkenntnisprozesse die Wirklichkeit verändern, Wien.

Fausto-Sterling, Anne (1993): Why Male and Female are not Enough, in: The Sciences, March/April, S. 20-25.

Foucault, Michel (1983): Der Wille zum Wissen. Sexualität und Wahrheit Bd. I, Frankfurt/M. [1976].

Foucault, Michel (1992): Was ist Kritik?, Berlin [Vorl. 1978; 1990].

Foucault, Michel (1998): Das wahre Geschlecht, in: Schäffner, Wolfgang/Vogl, Joseph (Hg.): Herculine Barbin. Michel Foucault. Über Hermaphrodismus, Frankfurt/M., S. 7-18 [1980].

Genschel, Corinna (2000): Wann ist ein Körper ein Körper mit (Bürger-)Rechten?, in: quaestio (Hg.): Queering Demokratie. Sexuelle Politiken, Berlin, S. 113-129.

Genschel, Corinna (2001): Erstrittene Subjektivität: Die Diskurse der Transsexualität, in: Das Argument, Bd. 243.6, S. 281-283.

Halberstam, Judith (1998): Female Masculinity. Durham u. London.

Hale, Jacob (1998): Consuming the Living, Dis(re)membering the Dead in the Butch / FTM Borderlands, in: GLQ, 4.2, S. 311-348.

Harding, Sandra G. (1994): Das Geschlecht des Wissens: Frauen denken die Wissenschaft neu, Frankfurt/M.

Hark, Sabine (2005): Dissidente Partizipation. Eine Diskursgeschichte des Feminismus, Frankfurt/M.

Klöppel, Ulrike (2002): XX0XY ungelöst. Störungsszenarien in der Dramaturgie der zweigeschlechtlichen Ordnung, in: polymorph (Hg.): (K)ein Geschlecht oder viele? Transgender in politischer Perspektive, Berlin, S. 153-180.

MacNay, Lois (Hg.) (1994): Foucault and feminism: power, gender and the self, Cambridge.

NGBK (2005): 1-0-1 [one o one] intersex. Das Zwei-Geschlechter-System als Menschenrechtsverletzung, Berlin.

polymorph (Hg.) (2002): (K)ein Geschlecht oder Viele? Transgender in politischer Perspektive, Berlin.

Raab, Heike (1998): Foucault und der feministische Poststrukturalismus, Dortmund.

Schader, Heike (2004): Virile, Vamps und wilde Veilchen: Sexualität, Begehren und Erotik in den Zeitschriften homosexueller Frauen im Berlin der 1920er Jahre, Königstein/Ts.

Schäfer, Thomas (1995): Reflektierte Vernunft. Michel Foucaults philosophisches Projekt einer antitotalitären Macht- und Wahrheitskritik, Frankfurt/M.

Scheich, Elvira (1993): Naturbeherrschung und Weiblichkeit: Denkformen und Phantasmen der modernen Naturwissenschaften, Pfaffenweiler.

Scheich, Elvira (Hg.) (1996): Vermittelte Weiblichkeit: feministische Wissenschafts- und Gesellschaftstheorie, Hamburg.

Sgier, Irena (1994): Aus eins mach zehn und zwei laß gehn. Zweigeschlechtlichkeit als kulturelle Konstruktion, Bern u.a.

Singer, Mona (2005): Geteilte Wahrheit: feministische Epistemologie, Wissenssoziologie und cultural studies, Wien.

Straayer, Chris (1996): Deviant Eyes, Deviant Bodies. Sexual Re-Orientation in Film and Video, New York u.a.

Zu den AutorInnen

Janine *Böckelmann*, geb. 1979, studierte Philosophie, Germanistik und Medienwissenschaft in Düsseldorf. Momentan promoviert sie zum Thema „Die Möglichkeit des Politischen. Ontologische Dimensionen von Sprache, Politik und Theologie im Werk Giorgio Agambens".

Nina *von Dahlern*, geb. 1980, studierte Amerikanische Literatur, Sprache und Kultur sowie Soziologie und Englische Literatur und Kultur. Ihre Magisterarbeit schrieb sie zum Thema „The Man Who Heard the Song of Truth: Love as e.e.cummings' Concept of Reality". Ihre Schwerpunkte sind Liebe und Individualität als gesellschaftliche Phänomene in der Moderne sowie die afro-amerikanische Literatur im 20. Jahrhundert. Momentan bereitet sie ihre Promotion vor und arbeitet als Redakteurin in Hamburg.

Roman *Eichler*, geb. 1980, studiert Soziologie und Philosophie in Oldenburg. Seine Schwerpunkte sind Systemtheorie, Konstruktivismus, Soziologie der Interaktion und Regionalisierung, Philosophie der Technik und Ästhetik sowie Wahrheitstheorien.

Antke *Engel* ist Philosophin, feministische Queer Theoretikerin und Leiterin des Instituts für Queer Theory (Hamburg/Berlin: www.queer-institut.de). Zwischen 2003 und 2005 vertrat sie die Professur für Queer Studies in Hamburg. Ihre Promotion zu Repräsentationskritik, kulturellen Politiken und der „Strategie der VerUneindeutigung" ist 2002 unter dem Titel „Wider die Eindeutigkeit. Sexualität und Geschlecht im Fokus queerer Politik der Repräsentation" bei Campus erschienen.

Silke *Förschler* studierte Kunstgeschichte, Neuere deutsche Literatur und Theaterwissenschaft in Tübingen, Zürich und Berlin. Momentan ist sie Stipendiatin des Trierer Graduiertenkollegs „Identität und Differenz. Geschlechterkonstruktion und Interkulturalität (18.-21. Jahrhundert)" und arbeitet dort an ihrer Dissertation zum Thema „Haremsdarstellungen. Medienhistorische Untersuchungen zu geschlechtlicher und kultureller Differenz im Frankreich des 19. Jahrhunderts".

Rainer *Grübel* ist seit 1980 Professor für slawische Literaturwissenschaft, früher in Utrecht und Leiden, gegenwärtig in Oldenburg. Seine Hauptinteressen gelten der Literatur, bildenden Kunst und Philosophie Russlands im 19. und 20. Jahrhundert. Er hat sich letzthin besonders mit Fragen der Axiologie und dem Werk des russischen Philosophen, Journalisten und Schriftstellers Vasilij Rozanov beschäftigt. Außerdem hat er Arbeiten Jurij Lotmans und Michail Bachtins in deutscher Sprache ediert.

Josch *Hoenes* studierte Ethnologie, Sozialpsychologie und Interkulturelle Kommunikation in München. Derzeit promoviert er im Rahmen des Kollegs „Kulturwissenschaftliche Geschlechterstudien" in Oldenburg zum Thema „Visuelle Politiken in Repräsentationen von Transmännlichkeiten" und ist Lehrbeauftragter an der Universität Oldenburg.

Reto *Holzner* promovierte 1985 an der ETH Zürich mit einer Arbeit über den Kernspin-Resonanz-Laser. Anschließend war er an an der Otago University Duneden, New Zealand sowie als Oberassistent am Physik-Institut der Universität Zürich tätig. Er ist Mitbegründer der Firma Spectraseis AG, Zürich (Detektion von Öl- und Gasvorkommen durch Hydrocarbon-Microtremor-Analysis tieffrequenter seismischer Wellen). Zudem ist er Präsident der Physikalischen Gesellschaft Zürich und Vorstandsmitglied der Schweizerischen Gesellschaft für Optik und Mikroskopie.

David *Kaldewey*, geb. 1977, studierte Architektur in Zürich sowie Sozialwissenschaften in Berlin und Oslo. Seine Diplomarbeit aus dem Jahr 2006 trägt den Titel „Der Realitätsunterbau der Gesellschaft – Realismus und Konstruktivismus in der Umweltsoziologie". Aktuelle Arbeitsschwerpunkte sind Wissenschaftsforschung, Systemtheorie, Umwelt- und Stadtsoziologie.

Ronald *Langner*, geb. 1979, studiert Sozialwissenschaften in Oldenburg. Zu seinen Schwerpunkten zählen soziologische Systemtheorie und die Soziologie der Intimbeziehungen.

Timo *Luks*, geb. 1978, studierte Geschichte und Politikwissenschaft in Oldenburg. Zu seinen Schwerpunkten gehören die Theorie und Geschichte historiographischer Praxis sowie die Geschichte politisch-sozialer Ordnungen. Gegenwärtig ist er wissenschaftlicher Mitarbeiter im Forschungsprojekt „Ordnungsdenken und *social engineering* als Reaktion auf die Moderne Nordwesteuropa, 1920er bis 1950er Jahre" am Institut für Geschichte der Universität Oldenburg.

Tanja *Maier* promovierte 2005 im Rahmen des Aufbaustudiengangs „Kulturwissenschaftliche Geschlechterstudien" an der Universität Oldenburg zu Desideraten der bundesdeutschen Fernseh- und Rezeptionsforschung. Sie ist wissenschaftliche Mitarbeiterin am Zentrum für interdisziplinäre Medienwissenschaft der Georg-August-Universität Göttingen. Zu ihren Forschungsschwerpunkten zählen Medienforschung, Cultural Studies und Geschlechterforschung.

Frank *Meier* studiert Philosophie, Sozialwissenschaften und Germanistik in Düsseldorf. Seine Arbeitsschwerpunkte liegen im Gebiet der politischen Philosophie, Ethik und historischen Semantik. Momentan schreibt er an seiner Magisterarbeit zu einer Archäologie der Unreinheit.

Stefan *Meißner*, geb. 1980, studiert Soziologie, Neuere und Neueste Geschichte sowie Kommunikationswissenschaft an der TU Dresden und der Università degli Studi di Trento (Italien). Seine Arbeitsschwerpunkte sind soziologische Theorie, Wissens- und Architektursoziologie sowie ästhetische Soziologie. Momentan arbeitet er an seiner Magisterarbeit mit dem Titel: „Leben und Bauen. Eine Diskursanalyse deutscher Architekturzeitschriften 1924-1929".

Thomas *Nocke*, geb. 1975, ist Assistent am Lehrstuhl Computergrafik des Instituts für Informatik in Rostock. Er promovierte u.a. über die Anreicherung von Rohdaten mit ergänzenden Metadaten, um dadurch dem Anwender bei der Analyse der Daten zusätzliche Hilfestellung bei Auswahl und Parametrisierung der Analysemethoden zu geben. Zu seinen Forschungsarbeiten gehört u.a. eine Kooperation mit dem Institut für Klimafolgenforschung in Potsdam, in deren Rahmen auch neuartige Analyseansätze wie das Visuelle Data Mining zur Anwendung kommen.

Anette *Schlimm*, geb. 1980, studierte Geschichte und Politikwissenschaft an der Universität Oldenburg. Ihre Magisterarbeit beschäftigte sich mit der Verwendung der Statistik in der Bevölkerungswissenschaft zu Beginn des 20. Jahrhunderts. Neben der Wissenschaftsgeschichte gehören die Theorie und Geschichte der Geschichtswissenschaft sowie diskurs- und kulturgeschichtliche Ansätze in der Zeitgeschichte zu ihren Schwerpunkten.

Andreas *Schneider*, geb. 1980, studierte 2001 bis 2004 Geschichte, Anglistik, Politikwissenschaft und Soziologie in Oldenburg. Seit 2004 studiert er Neuere und Neueste Geschichte und Soziologie sowie Politikwissenschaft in Berlin. Zu seinen Schwerpunkten zählen Geschichtstheorie, die Geschichte der deutschen Geschichtswissenschaft im 20. Jahrhundert sowie die Kulturgeschichte der Bundesrepublik Deutschland. Gegenwärtig arbeitet er an seiner Magisterarbeit zum Thema „Emanzipation, Gleichberechtigung und Antifeminismus. Die Geschlechterdebatte in der Bundesrepublik der siebziger Jahre".

Daniel *Schubbe*, geb. 1980, studierte Politikwissenschaft, Germanistik und Philosophie in Oldenburg. Er ist momentan wissenschaftliche Hilfskraft am Sonderforschungsbereich „Institutionalität und Geschichtlichkeit" der TU Dresden sowie Lehrbeauftragter an der Universität Oldenburg, der TU Dresden und der Hochschule für Bildende Künste Dresden. Er ist Träger des Schopenhauer-Essay-Preises der Schopenhauer-Gesellschaft (2004) und des OLB/EWE-Preises für besondere studentische Leistungen (2006). Seine Forschungsschwerpunkte sind die Philosophie des 19. und 20. Jahrhunderts, Arthur Schopenhauer und Hannah Arendt.

Hans-Jörg *Schulz*, geb. 1979, promoviert am Lehrstuhl Computergrafik des Instituts für Informatik in Rostock über die Anwendung visueller Data Mining Techniken auf die Analyse komplexer Netzwerke und Hierarchien. Anwendungen seiner Arbeit reichen von Analysen komplexer Versorgungsnetze bis hin zu Fragestellungen der inneren Sicherheit.

Kasra *Seirafi*, geb. 1978, studiert Philosophie, Soziologie und Politikwissenschaften in Wien. Im Rahmen seiner Mitarbeit an der „philosophischen akademie" (Wien) organisierte er u.a. wissenschaftliche Tagungen. Er arbeitet zu Hegel, Marx, Frankfurter Schule und Poststrukturalismus und veröffentlicht zu den Spannungsfeldern von Postmoderne, Politik und Ethik. Derzeitig ist er mit seiner Diplomarbeit zum Thema „Postmoderne Ethik (Versuch einer Rekonstruktion von Judith Butler über ein Rereading der Ethik Kants und die Effekte auf politische Theorie)" beschäftigt.

Gregor *Straube* studierte Sozialwissenschaften in Oldenburg und Greeley/USA und anschließend im Aufbaustudiengang „Kulturwissenschafliche Geschlechterstudien" in Oldenburg. Seine Schwerpunkte sind Repräsentationen von Männlichkeiten und Geschlechterpädagogik. Seit 2003 ist er in der außerschulischen politischen Jugendbildung tätig. Gegenwärtig arbeitet er im Projektmanagement am „Kulturzentrum Lagerhaus Bremen".

Dirk *Thomaschke*, geb. 1981, studiert Geschichte und Philosophie, gegenwärtig in Oldenburg, zuvor in Hamburg, Osnabrück und Aarhus. Zu seinen Schwerpunkten zählen neuere Theorien der Geschichtswissenschaft und Geschichtsschreibung sowie die Theorie sozialer Systeme.

René *Thun*, geb. 1970, studierte Philosophie und Musikwissenschaft in Berlin und ist momentan wissenschaftlicher Mitarbeiter am Institut für Philosophie in Marburg. Seine Schwerpunkte sind Hermeneutische Philosophie, Ästhetik, Handlungstheorie sowie Wissenschaftstheorie. Sein Promotionsprojekt befasst sich mit der Rekonstruktion eines hermeneutischen Freiheitsbegriffs und vergleicht diesen mit der neurophilosophischen Rede von der „Unfreiheit" des Menschen. Er ist zudem Mitglied der Arbeitsgruppe „Anthropologie zwischen Biowissenschaften und Kulturforschung" sowie der „Arbeitsgruppe für französische Hermeneutik".

Claas *Wehlen*, geb. 1979, studierte Chemie und Geschichte in Oldenburg und Jyväskylä/Finnland. In seiner Examensarbeit beschäftigte er sich mit „Erkenntnisgewinnung am Beispiel der Kunststoffe – Analyse wissenschaftlicher Vorstellungen und populärwissenschaftlicher Darstellungen". Seine Schwerpunkte sind Naturwissenschaftsgeschichte, Beziehungen von Naturwissenschaften und Gesellschaft sowie die Implementierung wissenschaftshistorischer Inhalte in den Schulunterricht.

Verhandlungen mit der Gegenwart
Hrsg. im Auftrag von *Denkräume e. V.* von Mario Goldmann, Martin Krol, Timo Luks, Michael Matzky-Eilers und Gregor Straube

Martin Krol, Timo Luks, Michael Matzky-Eilers und Gregor Straube (Hg.)

Macht – Herrschaft – Gewalt

Gesellschaftswissenschaftliche Debatten am Beginn des 21. Jahrhunderts

Verhandlungen mit der Gegenwart   Band 1   LIT

Martin Krol; Timo Luks; Michael Matzky-Eilers; Gregor Straube (Hg.)
Macht – Herrschaft – Gewalt
Gesellschaftswissenschaftliche Debatten am Beginn des 21. Jahrhunderts
Die im vorliegenden Band versammelten Texte untersuchen Bedingungen und Analysemöglichkeiten von Macht, Herrschaft und Gewalt. Neben theoretischen Rahmungen geraten deren Manifestationen im Raum des Politischen, in Geschlechterordnung, Erinnerungsdiskursen und Repräsentationen, in den Blick. Die programmatische Vielfältigkeit der Zugriffe verweist auf die Kontingenz von Wahrheitszuweisungen. Durch die Polykontexturalität der Positionen, die vom transformativen Charakter der thematisierten Kategorien ausgehen, weiden Felder eröffnet und weiterführende Diskussionsangebote gemacht.
Bd. 1, 2005, 264 S., 19,90 €, br., ISBN 3-8258-8721-9

LIT Verlag Berlin – Hamburg – London – Münster – Wien – Zürich
Fresnostr. 2 48159 Münster
Tel.: 0251 – 62 032 22 – Fax: 0251 – 23 19 72
e-Mail: vertrieb@lit-verlag.de – http://www.lit-verlag.de